U0929789

军民融合研究丛书

国防工业发展

主　编　李湘黔
副主编　旷毓君　纪建强

Development of National Defense Industry

经济管理出版社
ECONOMY & MANAGEMENT PUBLISHING HOUSE

图书在版编目（CIP）数据

国防工业发展/李湘黔主编．—北京：经济管理出版社，2016.11
ISBN 978－7－5096－4921－3

Ⅰ.①国…　Ⅱ.①李…　Ⅲ.①国防工业—工业发展战略—研究—中国　Ⅳ.①F426.48

中国版本图书馆 CIP 数据核字(2017)第 025330 号

组稿编辑：王光艳
责任编辑：许　兵
责任印制：黄章平
责任校对：王淑卿

出版发行：经济管理出版社
（北京市海淀区北蜂窝 8 号中雅大厦 A 座 11 层　100038）
网　　址：www. E－mp. com. cn
电　　话：（010）51915602
印　　刷：三河市延风印装有限公司
经　　销：新华书店
开　　本：720mm×1000mm/16
印　　张：19.25
字　　数：378 千字
版　　次：2018 年 1 月第 1 版　　2018 年 1 月第 1 次印刷
书　　号：ISBN 978－7－5096－4921－3
定　　价：98.00 元

军民融合研究丛书

编委会

总　序

国防科技大学是一所直属中央军委领导的军队综合性大学，是首批进入国家“211 工程”建设计划的院校，是军队唯一进入国家“985 工程”和唯一被纳入国家“双一流”建设支持的院校。国防经济学科是国防科技大学第一个人文社会科学类学科点，1995 年获得硕士学位授予权，2005 年获得博士学位授予权，2006 年被评为湖南省“十一五”重点学科，2007 年获批湖南省“国防建设与区域经济社会发展研究基地”，2011 年被评为湖南省“十二五”重点学科，2013 年设立学校“军民两用技术知识产权运用研究中心”，2014 年获批“应用经济学博士后科研流动站”。

多年来，国防科技大学国防经济学科聚焦军民融合发展，着眼破解经济建设和国防建设融合发展中的重大理论和实践问题，承担了以国家社会科学基金重大项目“中国特色军民融合式国防建设资源配置与管理研究”为代表的一大批国家和军队重要科研课题；出版了《战略性新兴产业军民融合式发展研究》《军民融合武器装备研发投资》等一批高水平学术专著；在《经济研究》、*Defence & Peace Economics* 等国内外权威期刊发表《军民融合何以能富国强军》等多篇论文；撰写的《加快新常态下军民融合科技创新体系建设的意见和建议》等一批研究报告受到了中央军民融合发展委员会办公室、国家发展改革委员会、工业和信息化部、军委政治工作部、军委装备发展部、军委战略规划办公室等相关部门领导和机关的高度肯定；建成了“国防与财富”国家精品视频公开课等多门重点课程，在军民融合研究领域取得了丰硕成果。

本丛书围绕军民融合发展主题，从学校国防经济学科点多年的研究成果中遴选出 350 余篇优秀论文，分为《国防研发投资》《国防工业发展》《国防科技创新》《国防采购改革》《国防人力资源》和《国民经济动员》六个专题，集中展示了学科点军民融合领域的理论研究成果。希望这些研究成果能够为军民融合理论和实践工作者提供一定的参考借鉴，对促进军民融合发展战略深入实施，推动我国经济建设和国防建设在更广范围、更高层次、更深程度上实现协调发展、平衡发展、兼容发展，加快形成全要素、多领域、高效益的军民融合深度发展格局有所裨益。

目　录

论军转民的约束关系*

周建设

作为一种独特的生产力运动，军转民势必受到其技术—经济循环过程的种种约束。这类约束既可能是一般生产力运动所共有的；既也可能是打上军转民印记后所特有的；既可能是世界各国军转民历史进程均在所难免的，也可能是中国特有的历史环境、社会文化环境、经济环境及政策环境所滋生的独一无二的现象。概括起来，可从以下几方面考察：

一、资源供给约束

从最原始的动机看，国家防务和军备消费的要求是军转民直接的动力。同时，从过程上看，军转民本质上是军备消费的延伸，它的起点就是和平时期军备消费的终点。因此，军转民首先是从属于国防的。而实际上，军转民的类型、规模和流向，无不受退出军备消费领域的资源类型和数量，以及供给方式等的制约，换言之，其受军备消费提供的资源条件的制约。毫不夸张地说，军备消费的资源供给在创造军转民的同时，也约束着军转民的全过程。

第一，军备消费规模的影响。军备消费规模的直接表现，是处在军备消费领域的各类防务资源存量规模。既然军转民要以军备消费的资源供给为前提，那么，军备消费资源存量对军转民规模的影响就是直截了当的。

在其他条件不变的情况下，一个国家军转民的总规模与该国家军备总规模是成正比例变化的。即国家军备消费规模越大，供给军转民的资源就越多，军转民的总规模就越大；反之，则越小。

---

* 原载于《军事经济研究》1994 年第 2 期。

军备消费规模不仅影响军转民的总规模，而且影响军转民开发的过程规模或微观经营规模。一般而言，生产过程的规模要受生产要素供给和产品的市场需求的约束，而其中生产要素的供给显然是基本的物质前提。在军转民领域，国家军备消费的规模越大，某类淘汰资源形成批量供给的可能性越大，能形成批量供给的资源种类也越多，这对军转民开发的影响是至关重要的。如果说，一般的民用经济过程的规模经营，着眼点是怎样获取最大的规模效益，那么，大多数的军转民行为，首先要解决的问题是如何使其开发经营超过最低技术和经济限度，达到起码的规模，获得生存必需的规模效益。在这里，问题的关键是资源供给。因为，国防资源的供给比一般生产资源的供给有更多的限制；同时，军转民企业需要克服种种困难，才能步入从民用市场寻找资源替代的道路。而在我国近 10 年的军转民实践中，开发效益大但达不到最低限度的经营规模的国防资源无法进入军转民过程的现象是司空见惯的。可见，军备消费规模在约束军转民过程规模的同时，也决定着军转民的经济可行性。

军备消费规模对军转民的影响，实际上表现为一种动态变化过程。受平战交替律制约，社会的军备消费规模表现出明显的起伏波动。即便在相对稳定的和平时期，影响军备消费的各种因素，也要通过扩充军备、军备控制或裁军等方式，不断改变军备消费的规模。扩充军备势必导致军转民资源的暂时短缺，从而带来军转民规模的紧缩，但同时又预示着军转民规模扩大的远景。紧缩军备则将造成可供军转民的资源的暂时过剩，从而为军转民扩大提供可能性，但同时预示着军转民规模紧缩的远景。当然，在市场需求和其他替代资源供给等因素的作用下，军转民规模变化曲线，不可能与军备消费规模变化曲线完全对应，但前者不可能不以后者为基础。

第二，军备消费结构的影响。按资源形式划分，军备消费结构表现为国防用品、军事人员、国防工业、国防科技等各类资源的配置与组合。很明显，军备消费结构由来自国家防务方面的因素决定，它通常是一个国家军备的技术构成、战略要求以及国家防务投入等因素综合作用的结果。

军转民并不能改变军备消费结构，相反，军转民自身的结构，却不能不受军备消费结构的制约。军备消费结构直接决定了军备消费对军转民的资源供给结构，而军转民要以军备消费的资源供给为基本前提，那么，军备消费结构就是军转民系统的结构包括项目结构、产品结构乃至产业结构的基础。无论剖析某个时期的横断面，或者考察较长时期的动态演变，均可从一个国家的军转民总体结构及其趋势，透视该国军备消费结构概貌。

另外，即便不考虑市场需求等因素的影响，我们也能发现军转民结构及其变化与军备消费结构及其变化并非完全一致。首先，军备消费结构与军备消费对军

转民的资源供给结构存在着差异。其次，军备消费的供给结构与军转民现实结构也不可能完全相同。当某种资源不能形成军转民的规模开发时，当某种资源的开发技术尚不成熟而无法军转民时，诸如此类，就会使军转民结构偏离军备消费结构。因此，这里能够把握的是，在不考虑资源替代的前提下，军转民结构及其变化的弹性范围不会超越军备消费总体结构提供的可能性。

第三，军备消费技术水平的影响。军备消费的技术水平是一个含义广泛的范畴。而在特定的意义上，它不过是一种标志。它标志着军事武器装备和其他军用物资的质量、技术性能、品种档次，军事人员教育的科学文化水平、基本技能、知识结构，国防生产的技术水平，国防科学技术进步和应用程度，等等。

一般而言，军备消费的总体技术水平较高，它提供给军转民的各类资源就会具较明显的质量优势和技术优势，可能使军转民一开始就置于较高的技术基础。对于将面临完整而有序的民用市场以及坚挺的市场壁垒的军转民而言，技术优势有着举足轻重的特殊意义。技术优势意味着军转民产品的较高质量、性能优势和较低成本，也意味着较强的竞争能力。同时，在军备消费领域，技术优势通常是高新技术密集的代名词。而在高新技术方面具有优势的军转民在开拓市场时占据极为有利的地位。甚至可以断定，借助于高新技术开拓新市场的方式，比已占明显传统优势的民用企业展开殊死竞争的方式更适合军转民，也更有利于社会经济系统的进步。

但是，倘若军备资源的技术势能不高，或者技术性能的军用专门化程度太高，而军民兼容程度太低，上述军备消费技术水平的积极影响很快就会消失，随之而来的是需极费力气克服的技术屏障和市场屏障。

无论如何，上述军备消费规模、结构、技术水平对军转民的影响或制约，都是基础性的。因为我们至此还没有考虑一个极为重要的中介因子的作用，事实上，只有通过这一中介，军备消费与军转民才能真正融为一体。这一中介就是军备消费更新。

军备消费更新在这里显然是指要素更新，即军备消费过程中国防资源的实物更替和价值补偿。军事技术进步肯定是当代军备消费更新的决定性因素，而国家的军备投入则是其可靠的物质基础，甚至可以说，一个国家的军备消费更新态势，是它的军事经济实力、军事活力和战略方针走向的重要标志。

处于军备消费与军转民的中介的军备消费更新，与军转民有着客观的密切联系。军转民本来是应现代军备消费更新的要求而产生的，军转民存在的价值，首先就在于它能源源不断地吸收、消化和转换军备消费的更新资源。军转民越是广泛、彻底和富有效益地转化军备消费更新资源，军备消费更新就越有可能获得广泛的自由空间。

但是，这种关系在此处不是研究重点。我们感兴趣的是，军备消费更新的介入，军备消费对军转民的资源供给约束发生了哪些变化，亦即军备消费更新对军转民有什么约束。我们已知道，军备消费规模是军转民规模的基本前提。但是，最终决定军备消费对军转民的资源供给规模的，并不是军备消费总规模，而是加上军备消费更新这一乘数以后的规模。只有通过更新而退出军备消费的国防资源，才构成对军转民的现实供给。在更新水平变化的情况下，军备消费规模与军转民规模失去了直接对应的数量关系。这一关系将由军备消费更新规模与军转民规模之间更确切的数量关系取而代之。

结构上的情况也是显而易见的。由于军备消费更新，军备消费中各部分资源的更新比例不同，以及某种资源在不同时期更新速度的差异，军备消费的结构与其对军转民的资源供给结构并不完全一致。而军备消费对军转民的供给结构，最终表现为以军备消费结构为基础，经更新而退出军备消费的国防资源的结构，军转民结构也将在这一更现实的基础上形成。

技术方面的突出矛盾是更新造成的技术落差。由于军备消费更新是对过时陈旧资源的淘汰。一般而言，军备消费供给军转民的资源的技术价值要比正处在军备消费中的资源低一些。因此，从军备消费到军转民会存在技术落差。落差的幅度与军备消费的更新速率直接相关。不过，技术落差也不是绝对的。例如，不是因为技术升级而是由于数量调整而退出的资源就没有技术落差，某些空军民通用技术复制民用的情况，更是如此。

以上我们分析了军备消费对军转民的资源供给约束的主要方面，以及介入军备消费更新后的现实过程。除此之外，还有必要对这种约束的特征作一些讨论。

总的特征是，军备消费的资源供给约束具有不可逾越的刚性。

军转民在开拓市场的竞争中，肯定会将市场需求信息反馈至军备消费领域。但它不可能因此而改变军备消费。即使军备消费对军转民的资源供给是满负荷的，它也不可能改变军备消费的资源供给。

因为，军备消费的运行有其固有的逻辑。它的现模、结构、技术水平等无不受其内在因素的制约。军转民是军备消费的衍生物，但并不是决定军备消费的内在因素。它是缓解军备消费矛盾的手段，但绝不是先扩大矛盾再解决矛盾的手段。

因此，军备消费对军转民的资源供给，具有不受军转民市场反作用影响的约束刚性。而且这种约束刚性还不同于一般资源约束型经济的资源供给的约束刚性。后者通常是在市场产品需求过于旺盛或资源配置不当时，才会有明显表现。某种资源的短缺显然是相对的短缺，即相对市场需求的短缺，是结构矛盾的产物。经过市场供求关系的刺激和调节，资源的供给状况是可改变的，短线可能成

为长线，长线亦可能成为短线。然而，前者则表现为不受市场供求波动的影响，而只取决于军备消费状况的资源供给规模上的绝对界限。

二、市场需求约束

在市场经济条件下，市场需求和市场销售对于任何微观经济过程都是关键性的。就军转民而言，这更是生死攸关的大问题。

因为，军转民的销售市场就是民用市场，它必然受到民用市场上铁的规律的无情制约。不仅如此，种种先天不足又使军转民必须付出更高的代价才可能立足于激烈的市场竞争之中。军转民市场的先天不足与军转民市场的下述特性密切相关。

首先，军转民销售市场是追加的市场。在传统的社会再生产系统中，军备消费部门是纯粹的非生产部门，它所消费的国防资源要么是最终产品，要么是将转化的国防用品的中间产品。军备消费的结果，仅“产出”国家防务，社会再生产链至此便断绝了回路。与此相应，在社会再生产系统中，也没有需依赖军备消费的供给才能正常循环的子系统。军转民的出现，改变了这种状况，它疏通了军备消费中部分国防资源的循环回路，并逐步形成向社会再生产的供给市场。显然，这一市场是社会再生产系统本来没有的，完全是额外追加的。新追加的市场势必坚定地开辟生存之路，巩固并扩大自己的市场份额，同时，它也将面临原有民用市场的顽强反弹。

其次，军转民的销售市场又是分散的市场。众所周知，在社会化大生产的历史进程中，各个经济行业或部门逐步形成相对独立和集中的销售市场，新兴产业也以与自身迅速增长同样的速率，开创着属于自己的市场。这种市场的相对集中和分工，是以生产的行业分工与协作为依据的。军转民显然不具备这样的条件。作为经济资源的消费者和国家防务的供给者，军备消费部门完全是一个独立的部门，但作为新的产品供给者，军备消费部门通过军转民所形成的市场则是十分分散的。这是因为，军备消费的资源多种多样，在此基础上形成的对军转民的资源供给亦是多种多样的；民用市场多种多样，它向军转民提出的市场需求亦是多种多样的。这样，以军备消费的资源供给为基础、适应市场需求而形成的军转民在脱离母体后，就不可能按社会化大生产的分工原则形成相对独立和集中的市场。军转民一旦进入民用市场的大海，就迅速分散到各个行业、各个领域，军转民企业的竞争伙伴、联营伙伴或者垄断伙伴，也大多是不同的民用企业。军备消费部门那种高度独立、高度集中的特性，在这里已荡然无存。

最后，军转民的销售市场通常是重叠的市场。在社会化大生产高度发达、行业分工日趋精细的今天，军转民的销售市场通常是与民用企业的销售市场重叠的。由于民用市场竞争压力的限制，也由于军转民的资源供给和总投入的限制，在这类市场上，军转民市场通常只能占市场总量的较小份额。但也不排除军转民强占某些民用新市场的可能。而新市场吸引其他民用企业渗透的结果，将迅速使独占转为重叠。

由于上述军转民的市场特性，民用市场需求对军转民的约束似乎格外苛刻。我们只需看两种经常存在的市场状况，就会知其大体：

市场需求充分的状况。一方面，市场需求充分是军转民发展的良好时机，它将对军转民形成强有力的刺激。但是，这种刺激同样作用于其他民用企业。换言之，就是在这种宽松的市场环境中，军转民企业仍无法避免与民用企业的激烈竞争，只不过这种竞争更多的是发展竞争而不是生存竞争。因此，军转民企业能否增加市场供给并使之在市场上实现，不仅取决于它的经营状况和资源供给状况，而且取决于它与民用企业的竞争结局。不仅如此，充分的市场需求的种类和方向，必然对军转民产生强烈的导向作用，当这种导向与军转民的资源种类和开发方向发生矛盾时，军转民企业难免陷入迷乱和痛苦之中，难以取舍抉择。另一方面，军转民的市场供给却很少能反作用于市场需求，更难造成左右市场之局。经济学家认为，市场供给是能够制约市场需求的实现的。当市场总供给充分时，市场实际购买量与购买者的初始需求量是相等的；而当市场总供给短缺时，市场实际购买量只能等于市场供给量，而有部分市场需求得不到满足。但是，由于军转民的市场供给只是市场总供给的一部分，而且通常是份额较小的部分。它的市场供给不足并不意味着其他民用企业也供给不足，也不意味着市场总供给的短缺，购买者会将目光转向其他企业的产品，购买者的需求与实际购买也就不会脱节。事实上，只有在军转民的市场供给缺口与同类民用企业的市场供给缺口交织作用，造成市场总供给缺口时，才会造成购买缺口。而市场份额很小的军转民在这一约束中的作用力是十分微弱的。从以上两方面分析可以看出，市场需求与军转民的市场供给的关系，基本上是前者对后者的单向约束关系。

市场需求不足的状况。不管市场需求不足是怎样造成的，它不仅对军转民企业和同类民用企业的市场供给具有刚性约束力，而且常迅速将军转民企业与民用企业的发展竞争转换为生存竞争，竞争的激烈程度空前增加了。由于军转民是追加的市场，它在挤入市场的过程中，必然面临有序而系统的民用市场的反弹；由于民用市场上已形成行业保护或地区保护的市场范围分割，与军转民迎头相撞的是坚硬的市场壁垒；也由于军转民企业自身的资源限制和经营管理弱点，等等，

在这种竞争中，军转民企业要么付出高昂的代价以站稳脚跟，要么就是败北的结局。由于市场需求不足通常与社会的经济结构、国民经济总量关系等因素密切相关，或者说，它是由更广泛、更复杂的因素造成的。因而，通过市场供给创造市场需求的可能性不大，期望以军转民这一局部的市场供给来改变市场总需求状况的企图更是难以实现。

在市场需求的强力约束下，军转民的前途不乏种种困境，为摆脱困境，军转民实体不能不调整自己的经营战略和经营行为，军转民的实际过程与期望目标难免不发生矛盾。换言之，在市场需求约束下，军转民势必产生自适应性调整：

1. 资源替代和军转民蜕变

由于军备消费是按非经济的原则和军转民供给为开发对象，那么，军转民开发过程中，将随时可能出现军备消费资源的供给短缺。在市场需求的刺激下，面临资源供给短缺的军转民实体可能有如下选择：

从民用市场上购买同类资源替代短缺的资源；停工停产待料；改变生产或经营方向；解散军转民实体；等等。

很明显，只要在民用市场上能购置到价格可以接受的替代资源，那么，第一种选择是保证生产或经营延续性和最大限度减少损失的最佳选择。例如，改造加工退役坦克的装甲钢板的开发实体，在这种铜板供给紧缺时，就可在民用市场上购买同类铜板以供生产之需。又如，利用国防工业生产线生产民品的开发实体，当其中某台机器报废而又无法从国防工业部门购置时，从民用市场上买一台同样的机器，就可维持生产过程。除替代资源的价格高于原有资源的情况外，军转民开发实体不会有任何损失。

只有当第一种选择失败时，即在民用市场上不能购买到价格、种类合适的替代资源时，军转民开发实体才会考虑其余几种选择。

上述资源替代是在军备消费的资源供给出现相对或绝对短缺时产生的一种强制性替代。深入分析还可发现，即使军备消费的资源供给并不短缺，当满足下述所有条件时，军转民开发实体将自愿地用民用资源替代国防资源，即出现自愿替代。

某种开发对象在军备消费资源供给市场和民用资源市场上同时存在；民用市场上的同类资源具有优势，可能是其价格比军备消费供给的资源更低，或价格相同质量更好，或运输方便，或者是几种因素的综合优势；主管部门或其他上级机关不对开发实体的资源购买实行严格控制，不要求它非购买军备消费供给的资源不可，而是任其由市场调节。

无论强制替代或自愿替代都可能产生一个副作用，使军转民开发发生向一般经济活动的性质蜕变。

我们知道，军转民的根本目的是通过经济、技术开发军备消费的退役国防资源，缓解军备消费的矛盾。在资源替代后，就意味着军转民开发的对象由过去的退役国防资源变为民用资源，局部改变了军转民开发的性质。如果资源替代的规模不断扩大，比例不断增加，由量变到质变，就可能使军转民活动完全蜕变成一般的经济活动。

一般而言，军转民开发实体产生资源强制替代后，军备消费的资源供给若长期不能补足，将不能发生蜕变。军转民开发实体实施自愿替代的情况下，则更容易导致蜕变。换言之，军备消费资源供给长期短缺或与同类民用资源相比处于相对劣势，是军转民蜕变的主要原因。

对军转民的蜕变现象如何评价？就军备消费而言，如果对某类军转民开发实体的资源供给由于某种原因已完全中断；已发生蜕变的开发实体，由于规模扩大仍能吸纳军备消费部门资源的计划供给或某些军转民开发实体的蜕变不会造成这类退役国防资源的闲置，被其他开发实体吸纳后，甚至宏观效益更好，等等；那么，军转民的蜕变就是合理而有益的。相反，由于某些军转民实体的蜕变，造成了某些退役国防资源的闲置，降低了宏观效益，这类蜕变就应受到限制。

从社会经济角度来看，在产品市场需求充分的前提下，如果导致军转民蜕变的资源替代，不会带来这类民用资源市场供给的紧张，那么，这种蜕变就是有益的，并将为市场所接受。相反，如果它导致民用资源供给短缺和结构矛盾，对社会则是无益的，它可能受到市场调节机制的抑制，也可能受到宏观调控体系的限制。

2. 市场竞争

在价格竞争方面，军转民开发实体最有希望降低产品或项目售价的途径包括：其一，通过发掘内部潜力降低生产经营成本。其二，通过开发对象价格的降低减少生产经营成本。开发对象作为再生资源，其价格的弹性范畴本来就较大。市场竞争中降低逆向开发产品或项目售价的要求和压力，最终会表现为开发对象供求波动及价格相应的倾向。其三，在许多情况下，开发实体可以通过减少上缴利润或者争取政策性补贴等途径，把因产品售价降低带来的损失转移到主管部门。如果市场售价降低是普遍的，这类做法一般能得到主管部门的认可。所以，在价格竞争方面，军转民并非没有内在的和部门保护的竞争优势。

在非价格竞争方面，军转民开发实体最明显的优势是技术优势，这既取决于军备消费同民用经济系统的技术落差所形成的先天条件，也取决于在激烈的市场竞争中军转民开发实体技术进步的要求和努力。当然，并非所有的军转民开发实

体都有技术优势。但是我国国防科技工业开发民用品和民用项目的实践证明，那些以产品选型起点高、产品质量高性能好且稳定持久、力创名牌产品等为手段，并在竞争中成效显著的企业，总是以先进的生产技术作为其竞争的可靠基础。在这类企业，买方市场的压力通常是它进一步改进生产技术的强有力的动因。反之亦证明，将市场竞争转化为更有利于自己的技术竞争，是军转民开发实体能充分发挥优势的合理而有效的选择。

面对市场需求不足和买方市场的压力，军转民开发实体完全可以选择另一种战略即通过供给创造需求，开拓新市场。

通过开创新市场，军转民开发实体回避了在重叠的民用市场上同民用企业的竞争，也意味着避开了自己的竞争劣势。在新市场上，军转民可能获得独占的地位。如果不能独占，它亦占据了先声夺人的位置。无论怎样，都是十分有利的格局。从社会再生产的角度看，则减轻了因军转民的市场供给加入，而带来的市场过于集中的压力和结构性矛盾。

三、国家调节约束

就军转民而言，社会主义国家是双重代表。从军备消费角度看，国家是军转民对象的所有者和销售者，是通过军转民开发缓解军备消费矛盾的唯一受益者。从经济角度看，国家通常是军转民开发实体的所有者，是逆向开发效益的最大受益者。这决定国家必须对军转民过程进行宏观干预和调节。同时，军转民开发过程的资源供给矛盾、市场需求矛盾，以及内在矛盾，集中表现为国家的防务职能和经济职能的矛盾，没有国家的干预和调节，这些矛盾不可能得到缓解，军转民也就缺乏顺利进行的必要条件。

另外，如果国家对军转民实施宏观调节，军转民开发又存在一层边界关系。国家调节措施、程序如何，调节是否得当，就会形成对军转民的宏观约束或激励。

国家的宏观调节必须有助于军转民的实现。但是，国家不应孤立，而应从整个社会再生产运行的全局来考虑这一问题。我们知道，军转民是社会再生产的组成部分，由于军转民的加入，社会再生产的市场结构和产业结构肯定会发生变动。如果考虑到当代军备消费以及潜在的军转民的规模和覆盖面，就会发现，军转民对社会经济及其结构的影响程度，往往要超过我们原先的估价。因此，任何片面的宏观调节，不仅不利于社会经济运行的正常秩序，也不利于军转民的实现。

国家对军转民的调节和维护社会经济良性循环的措施，并非不可统一，换言之，国家并非一定做不到在保证社会再生产基本实现的前提下也使军转民顺利实现。国家兼顾宏观经济要求而采取某些措施，亦使军转民开发实体根据某种市场投入对自己是否有利（当然要以技术上可行为前提）而做出符合国家调节预期目标的选择。例如，如果国家对经济结构状况的估价是正确的，并且调节措施是得当的，那么，原来是短线供给的资源市场和相应的产品（包括劳务、技术等）市场，就会因为军转民的加入而趋向于适量供给。同时，原来是长线供给的市场的过剩程度就会相对减轻，从而形成双重结果：军转民在社会再生产中顺利实现；军转民成为国家调整经济结构以形成良性循环的重要手段。相反，如果措施不当，情况就可能倒过来，不仅进入军转民开发中的国防资源，将表现为经济资源积压或更大规模的产品积压，其开发过程难以实现，而且它还可能成为扰乱市场结构或者加剧已有结构矛盾的因素。

当前国家对军转民的宏观调节的突出矛盾，并不是有没有局部的微观的计划调节措施，而是国家是否将军转民作为社会经济的一部分纳入社会经济系统，并在此基础上制定综合的和长远的计划。

之所以需要全面的综合的计划，是因为：军转民是多种多样的，并已形成有很大覆盖面的规模；军转民边界关系比一般经济过程更为复杂，更为广泛。从大的方面看，一个全面的军转民宏观计划至少包括：国防发展战略及军备消费调整；资源市场和产品市场的配置；地区经济调整；部门经济调整；资源市场和产品市场的配置；生产力的宏观布局；重新安置保障；国家有针对性地投资；等等。由此可见，制定军转民的综合计划是怎样纷繁而困难的系统工程。

但是，没有整体计划，实践中的困难和矛盾要大得多，有些几乎是不可克服的。我国国防工业民品开发中存在的混乱、大量生产无利可图、资源不能得到充分利用，重复布点和重复经营、宏观效益较差等问题，无不与此密切相关。

之所以需要长远的计划，是因为：军转民的技术过程比一般的经济过程周期更长，需经过军备消费更新，产品立项、产品开发、产品销售等阶段。据美国乔纳森·费尔德曼等估计，一般情况下，仅由后三个阶段组成的现实开发过程就需两年左右时间，此后才能进入正常的经济循环；从社会角度看，涉及广泛的边界关系的军转民必然是一个长期过程，只有在中期或远期才能取得明显的宏观效益，那种立竿见影的设想是不切实际的。因此，一个短期的计划，不可能为国家对军转民有效的宏观调节奠定基础。

论美国军转民的市场经济模式和计划调节*

周建设

美国是世界头号军备消费大国。同时，在历经战后数次大规模裁军波动和军事技术迅速进步的周期性更新后，美国又成为当今世界上屈指可数的、在军转民方面有较健全机制的国家之一。

作为一种经济行为，美国的军转民是以市场经济为基石的。但是，当代市场经济不能离开计划干预，美国的军转民同样需要计划调节。军事的特殊性不是使军转民的计划色彩被削弱，而是使之变得更浓重了。

一、国防工业的企业调整和地区调整

国防工业是现代国防的基础，与之相应，在国家军转民战略中，国防工业的转产与调整占有举足轻重的地位。这也是美国国防工业军转民引人注目的原因之一。

美国国防工业军转民的特点首先与承担军工生产任务的企业的特性密切相关。美国军品生产的40%以上是由私营工业公司进行的，而生产军品的工业企业有80%既生产军品，又生产民品。但是，这并不意味着美国有大量的军民品通用生产线。相反，美国军品生产的专业化程度相当高，军品订货主要由大公司的专业化国防分公司和生产工厂完成。1985年，108家最大的专业国防分公司销售额的79%是国防销售额。美国军工生产的这些特征，在西方发达国家中是最典型的。

由此决定，第一，美国国防工业的军转民主要的是私营公司的内部事务，它

* 原载于《军事经济研究》1994年第7期。

与公司的经营方向、经营战略、成本核算等密切相关，军转民同时意味着公司经营战略的重大调整；第二，军转民的矛盾焦点集中在公司的专业化国防分公司和生产工厂等基层组织。军转民对整个公司经营的影响，直接取决于这类组织及其产值所占的比重。

当军品市场衰退时，公司要使自己的军工分公司和工厂摆脱困境，一般有两种选择：第一，大体保留老厂原有的生产线、生产设备及技术工人，调整产品结构，由原先的军品生产转向民品生产或军民品兼营。这种似乎能扩大军工技术应用范围的方式，同时也减轻了军品市场暂时衰退而带来的军工生产能力永久性损失，因而备受五角大楼一些高级官员的赞赏。但在实践中，它的成功率却很低。原因在于：这些军工分公司和工厂的专业化程度相当高，民品的技术性能与原来军品的技术性能有极大的差别，转产的技术难度相当大，伴之而来的是转产费达到难以忍受的程度；长期的军工生产方式使工厂的管理人员和工程技术人员，无力设计和制订出像样的面向民用市场所需的产品、生产制度和销售方针；在国家补贴和巨额利润的保护下，军工厂在研制、设计和生产军品时无须更多地考虑成本问题，一旦让大手大脚的管理人员转向民用产品及市场，自然将处在十分不利的竞争地位；等等。这一切使得公司的上述决策通常会带来得不偿失的后果。因此，除非国家有恰如其分的补贴，或者，除非公司对未来的军品市场有乐观的估计，以至于需保留军工分公司和工厂以迎接不久将至的军品订货，一般情况下公司是不会作上述选择的。第二，拍卖或内部转移军工生产设施、设备，解雇或内部转移工人、技术人员，削减军品生产业务甚至关闭军工厂。这是常见的方式。所谓军转民主要是在市场机制和资本利益机制的规约下，通过资源转移实现的。无论拍卖或内部转移，能得到有效利用的常是一些军民通用设备。而对那些专门化的设备，即使闲置起来，企业主也不太愿意在改造方面多投入，因为就企业利益而言，这样并不划算。同时，为保持经营规模和就业水平，公司常在军工分公司和工厂关闭后，开办新的民用工厂或生产线。一般认为，开办新厂要比老厂转产新产品，更容易进入市场，更容易占有和保持较大的市场份额，从而更容易保持公司的获利能力。在这里，我们清楚地看到了美国国防工业军转民朝企业调整方向运行的脉络。

但是，如果公司的军品生产比例较大，其生存建立在军品订货的基础上，或者公司是纯粹的军品生产、总装公司，那么，军转民将是另一种情形。

一般讲，当军品市场衰减的灾难袭击时，它们更不可能做到既利用现有生产能力转产民品，又保持生存必需的经营规模和获利水平。就是第二种选择，在这类公司中实施起来也是困难重重的：军品产值的比重太大，使拍卖或转移解雇或调整的技术障碍、资金困难、市场壁垒等，都加倍地放大了。美国一些类似公司

通过兼并民品生产企业、大量的银行贷款或者抓住市场难得的机会，逃脱了倒闭的厄运。但是，相当部分公司似乎没有这么好的运气。如果公司无力摆脱面临的危机，它们就只剩下倒闭的前程。公司倒闭时，资源转移和重新安置就成为社会问题，军转民在这种情况下将通过社会来实现。这时，地区调整计划有举足轻重的作用。

美国的军工企业集中在少数地区。50 个州中，有 10 个州集中了占全国 2/3 的直接和间接的军工从业人员，而国防预算中研究开发费的 30% 以上拨给了加利福尼亚州。军工企业倒闭，常导致某些地区经济支柱的垮塌，对地方经济的冲击是十分严重的。因此，美国经常实施地区性调整计划，以缓解军工企业倒闭的危机。地区经济调整计划的重点，一般是解决军工企业倒闭形成的失业危机和地区经济结构性矛盾。其主要任务是实施重新利用军工企业的方案，通过改善投资环境，吸引新的投资，开发服务业、运输业、非国防制造业以及旅游业等，从而达到吸引倒闭军工企业的失业人员和部分固定资产，以及摆脱地区经济对军工过于依赖的目的。在调整计划指导下，私营军工企业可卖给其他厂家，亦可出租转让，甚至于交给地方政府以冲销繁杂的税收。至于属联邦政府所有的军工企业更能方便地出售、移交给地方政府。随后，地区所在的军工企业资源再利用和再就业，就受到地区市场发展和调整计划目标的制约，军工资源再利用就与地区发展计划结合起来。军工企业倒闭中棘手的失业问题，甚至可能通过类似于计划经济比重较大的国家的职工工作调换来实现，这些职工没有再次就业之虑。20 世纪七八十年代，马萨诸塞州的汤顿、堪萨斯州的威奇托市、亚拉巴马州的亨茨维尔市、马里兰州的黑格斯敦市、新泽西州的伯灵顿县等地区，都在对倒闭军工企业的地区调整方面取得了成功。总体看，无论是企业调整，还是地区调整，美国军工转民大都是通过固定资产和职工的流动来实现的，而在军工生产线向民用方向的技术改造方面，并无多少成功之处。

二、军事技术的民用开发

军事技术迅速向民用部门转移，是美国军转民引人注目的组成部分和显著特征。美国的民用核工业基本上是用核反应堆作潜艇动力的计划和对钚的研究的副产品。军事航空中开展的对动力、制导、空气动力学、结构以及材料的研究，使民航运输成为直接受益者。而在电信、光电子学方面的研究，也广泛应用于医学、地质学、情报、运输方面。通过太阳能电池用作驱动 MX 机动洲际导弹推进器的动力源的研究，则为创立一个太阳能电池产业开辟了道路。20 世纪 70 年代后，美国军用卫星技术的民用开发更是成效卓著，一个人们十分熟悉的例证是：为满足农业、地质、海洋、地理、气象等方面的需求，仅利用地球资源卫星一项，就可使美国每年节约 360 亿美元的开支。至于美国战后的几项巨型科研开发工程如“阿波罗计划”“星球大战计划”，更是有广阔的民用范围和相当可观的民用效益。施特劳斯曾指出“如果我们面对事实——不管这些事实多么令人厌恶——我们不能不承认，美国之所以能突飞猛进成为西方第一流的经济强国。很大一部分是由于它在重整军备方面做出的种种努力。”①

与美国军事科研项目的国家直接干预和严格的计划性相一致，在军事技术的民用开发方面，首先得以表现的是计划特色。为减轻把最优秀的科技人员和尖端技术成果首先用于军事目的而造成的巨大耗费，美国很早以来就特别注重军事技术转移民用的开发研究及其相关的管理研究。20 世纪 70 年代，美国政府曾动员几百名科学家，专门研究如何实现军事技术民用问题。1974 年，美国成立联邦实验室技术转移联合组织，180 个政府部门的大型研究与开发实验室参加了该组织。国家宇航局还设立“技术利用局”，专门研究和实施军事技术转移民用计划。这一切表明，美国试图在军事技术民用开发的计划调节及其管理体制方面作的努力。这方面最重要的成果是美国在“曼哈顿工程计划”“阿波罗计划”“星球大战计划”等巨型军事科研计划的实践中，逐步形成和发展起来的被称为“官民联合体制”的计划管理模式。它通过军事合同纽带，组织政府、大学、私营企业在一定期限内进行联合研究开发活动，实际上是一种具有军事与经济、军事与民用高度一致性的国防科研生产管理体制。就军转民而言，由于军方和民用部门、科研机构和生产企业的广泛参加，形成了军用民用信息交流和技术再创造的环境，因而容易使军事技术在民用部门移植成功。在某些计划完成后，不少私营企业还可获得廉价的甚至无偿的技术设施和技术副产品。更重要的是，“官民联合体制”可能通过国家计划的形式，在规划军事科研项目的同时，一开始就对项目的民用目标和方向作统筹安排。在一些巨型计划如“星球大战计划”中，美国正是这样做的。

当然，即便有政府详尽计划的指导，美国军事技术的民用开发仍不可能离开市场，不可能不表现为一种市场经济活动。不仅解密的军事技术成果主要通过技术市场的销售、专利转让等来实现，不仅军事技术民用开发的最后完成者是受市场机制约束的私营企业，不仅范围广泛的军工技术的民用开发事实上融合在公司的生产经营活动之中，而且，正是由于市场经济这一纽带，美国军事技术的民用

① ［德］F. J. 施特劳斯. 挑战与应战（中译本）［M］. 上海：上海人民出版社，1976.

开发计划，才能将不同的利益集团统一起来，才具有实现的可行性。唯此，我们才看到，美国一次大型国防科研计划的实施，往往表现为长期累积的科技潜能向生产力的总释放。

美国的努力似乎是为了形成一种良性循环：通过军事订货、刺激军事技术的发展，国防经济发展又为军事科研和生产提供基础。但是，军事技术转移民用，相对于把同样资金直接投入到民用科研计划，无论如何都是一种浪费的方式。因此，在国际战略格局急剧演变和大裁军的浪潮中，批评者们又从另一角度提出一些新的主张：

例如，一种观点认为，以军事为目标的高技术计划不可能同时实现大量的民用目标，军事技术开发特殊的评估准则、性能要求、需要的专门性，势必降低其技术成果民用开发的效率，推迟民用目标的实现，甚至完全扭曲技术发展的方向；过多的军事高技术计划，在国家研究开发资源的分配上会导致重大矛盾，特别是经济需要和军事需要的矛盾，结果势必会使美国的某些重大的民用高技术领域失去竞争优势。因此，持这种观点的人主张实施高技术转向战略，即高技术发展一开始就不应以军事为目标，而应以民用为目标。他们认为，这种战略不仅能有力地克服上述矛盾，提高技术研究开发效益，而且能抑制军备竞赛，避免进一步扩展军事计划。

也有人主张实施发展军民两用技术的战略。他们认为，过去由于军事技术专业分工太细，许多军事技术实际上难以在民用部门发挥作用。哈佛大学 R. 雷休教授指出："现在看来，将已有军用技术移植发展民用新产品，只是一种偶然的产物，希望这种情况继续下去的想法，是一种落后于时代的想法。"① 因此，应利用国防费发展军民两用技术，即事先就对某种技术可否在军、民用领域获得应用做出浮价，如有可行性，再投资研究开发。这样，国防预算就可名正言顺地用来按军用规格开发从事半导体到弹簧的同用产品。据称，负责军事高技术开发的美国国防高级研究计划局试图就此作某些尝试。

三、军转民与就业

美国国防工业大量的军转民工作不是在公司内部实现的，整个国防部门也没有吸收裁军退役人员的机能，所以，因裁军或其他因素而遣散的军事人员的第一

① 《日本经济新闻》，1980 年 12 月 12 日。

个去处，是劳工市场。换言之，被遣散的军事人员要走一段从失业到再就业的路子，这一过程将由市场调节来实现。

1988 年，美国国防领域的就业人数约为 650 万，占全国就业总人数 1.15 亿的 5.7%，其中，现役军人约 250 万人，国防部文职人员约 100 万人，还有 340 万是直接或间接的军工人员。据估算，在 1988 财年的基础上，美国如果每年削减国防费 10%，军工厂最多的前 10 个州的军工人员失业人数将占这些地区失业总数的 2%，最高将达 6%。20 世纪 70 年代初，波音公司大幅度削减军事订货，曾使该公司的失业率接近 15%，1972 年，由于几家工厂相继关闭，新泽西州的伯灵顿县失业率高达 7.4%。这类失业人员的再就业水平与军事开支在国民生产总值所占的比例，已没有什么关系，而是取决于由企业投资水平、新产业的发展、整个国民经济活力等因素决定的劳工市场的吸纳能力。这样，军方失业人员的命运与民用经济领域失业人员的命运，就是大同小异的，都将由市场按同样的尺度来安排。当然，军方失业人员与民用经济领域失业人员相比，在失业期间的社会保障方面，以及在再就业竞争中，不能说完全没有优势。其优势首先是军方失业人员的个体素质带来的。国防工业的在业职工文化程度比较高，他们在失业的再就业竞争中，命运自然要好一些，他们往往容易找到工作，薪金也较理想。如果是工程技术人员，境况更不能同日而语。在波音公司裁员后组织的一次介绍求职者的帐篷洽谈会上，被全国各地企业选中的波音失业工人中，2/3 是受过大学教育的工人，而没有大学文凭者，仅占 9.3%。他们的竞争优势还取决于美国军方、政府和社会保障组织的专门的计划性保障措施，这主要包括：为因国防开支削减而失业的人员提供专项失业保险、职工培训和创造就业机会。1987 年 1 月，众议员韦斯等提议的“H. R. 81. 3：国防经济调整法案”要求：因国防开支削减而遭到解雇的军工厂工人，在两年内应获得专项救济金，即年薪在 20000 美元以内的，应得原薪金的 90%，超过这个数 5000 美元的，高出部分应得 50%，并为失业工人支付健康、伤残或人寿保险的保险金。而在事实上，军工人员离职后至少可得到较高的失业保险金，其来源包括原就业公司补助和政府补贴。1988 年，美国政府为全国失业保险提供的财政补贴为 137 亿美元。

职业培训包括军人的就业培训和军工人员的职业再培训。对一些年轻复员军人的抽样调查表明，他们在服役期间所接受的培训有 48% 能适应地方职业的需要。如果接受过这种与地方职业相吻合的军队培训，退役军人就业后的年工资收入要高 77%，而且容易在短期内获得就业岗位。

军工企业关闭或转产后，原有的经理、工程技术人员、生产工人的职业再培训问题，很受各方面重视。美国一些学者认为，职业再培训对于军工经理和工程技术人员的重新就业尤为重要。因为为适应军方服务所需的特别规则和经营方式，经理已变得高度专业化了。一位在军火承包工程方面有经验的销售经理擅长的政治交往技能与其在公众市场向民用品客户推销所需的技能截然不同。已惯于执行不计成本的军工设计任务的工程师们，必须从根本上重新适应。而一些职业技能相当专业化的生产工人，也必须通过职业再培训，方能胜任民品生产工作。美国有一项被称为“经济失调和人员安置法”的计划，用于帮助工厂倒闭后长期失业人员的重新安置和重新培训，接受重新培训的人员可以从计划经营中得到3000～5000美元补助，其中有不少是军工厂的失业职工。在世界许多军工改革方案中，军工厂职工包括管理人员、技术人员、生产工人和低级行政管理人员的不同类型职业再培训已成为其主要或重要的内容。一些大的军工公司为减轻压力，也拨款资助职业再培训。

就业机会必然依赖于新的投资。为使被解雇的军工人员有更多的就业机会，一些地区调整计划，常将军工企业、实验室、基地的转向与新的投资计划结合起来，力图在调整过程中，创造针对军工失业人员的新就业市场。一些公司和社会组织也向失业者介绍各种求职信息，这使个人更易获得就业机会。

当然，上述情况并不能消除军方失业人员蒙受的各种经济损失。无论如何，军方失业人员在失业期间收入肯定会大幅度减少。而民用生产部门工资相对低得多，即使重新就业，这些军事人员的收入也减少了。因此，一些军工厂的工程师们失业后，首先还是到国防工业部门寻找职业，这又大大限制了就业选择范围。

四、军方不动产的再利用

军事工程、军事基地等的迁移变动及关闭，常常留下一大堆诸如仓库、工厂、粮库、飞机库、机场、加油站、停车场等不动产。一些不动产稍加修缮，就有较大的商业和公用价值。

美国曾成功地把空军基地改为民用机场，或在原军事场所上，创建新的工业园区，或开办各类学校。不少私人资本也插手其间，洛克希德公司就曾利用关闭的空军基地，承揽大型飞机修理业务。拍卖、出租、转包等市场手段，在其间起着相当重要的作用。但是，美国国防部的一些人士却主张在计划指导下开发这些资产，即组建能迅速重新利用军方不动产的地方组织，制定重新利用计划，以及筹集改建投资。他们认为，这样做能使再开发与区域经济发展结合起来，减少了各自为政的盲目性，长远效益和宏观效益将更好。同时，一个综合计划，也能将一个地区的军方不动产全面利用起来，再利用率要高得多。从开发速度看，有计划指导比完全的市场调节也要快得多。

不过，要实现这类主张还是困难重重的。其中最大的困难，是受政治、军事态势制约的军事基地、军事工程的突然关闭行为，怎样才能与受经济技术规律制约，需要长远综合筹划的地区经济调整和发展计划衔接起来。

五、军火贸易与军转民

美国是世界头号军火输出大国。1980 年至 1984 年，美国军火销售额占世界的比率分别为 36.7%、42.9%、40.4%，冠居世界之首。1986 年，这一比例仍高达33.3%。军火输出对于美国推行全球战略、平衡外汇收支、增加就业机会等的战略意义是显而易见的。而在美国政府和国会看来，军火输出还是消化过时武器装备、缓解军备消费矛盾极为重要的缓冲器。因此，它们认为，如果突然将国防预算削减过多，那么，越战后美国经济不景气的困境将可能再度出现，这是不能忍受的后果。为此，需要执行一种增加向中东和亚洲各国出口武器的新战略，以争取时间调整美国国防工业结构，缓冲核裁军带来的新矛盾。但是，这种转嫁矛盾的战略能够顺利实现吗？五角大楼曾声称，美国对欧洲的军品贸易比率已由 1983 年的8:1，下降到1994 年的1.4:1。很难保证这一数据不是出于宣传需要而夸大其词的，但也或多或少地反映了这样的趋势：在强手如林的世界军火市场上，美国占有的市场份额正在下降。不仅如此，美国自己的国防工业基础，也正面临着进口渗透的严重威胁。据有关资料显示，20 世纪 80 年代末，美国国防工业基础中 52 个关键部门的外国进口渗透高于民用制造业，至少有 48% 的国防工业基础部门，外国进口渗透增加了。

面对美国在世界军火市场的相对劣势，防务界的战略家们强调充分发挥美国的军事技术优势，增大军事技术的转让和军事技术产品出品的比例，以保持较强的竞争地位。海湾战争似乎给这类产品的出口带来了转机。但是，非一流的军事技术的出口，很难有期望中的竞争优势，而出口一流的军事技术，谁能保证在战略上不出现得不偿失的后果？也有人主张在国际竞争中，政府应制定与欧洲盟国相匹敌的竞争战略，国家应加强对军火贸易的干预，美国总统应具有英国首相那样的决策一揽子武器交易的权力，等等。但是，无论如何，在当今世界和平主潮流面前，美国在军火贸易的道路上究竟能走多远？它真的能做到长期酿造苦酒而又不自食其果吗？同时，即使美国增加军火输出的目标能在一定程度上实现，军火贸易能成为紧缩军备规模和调整国防工业结构的契机吗？众所周知，军火垄断

资本的强烈利润追求，是美国军备消费不断增加的重要动因。在某种程度，正是这些垄断资本创造了当今世界无与伦比的军火市场。当它们把这一市场向世界广泛扩散而获得成功时，它们的步伐是难以遏制的。换言之，在美国的现行制度下，又怎样才能保证扩大军火输出只成为国防工业调整过程中的缓冲器，而不成为国防工业进一步膨胀的放大器呢?

六、美国政府的军转民政策

兰德公司的阿瑟·亚历山大指出："美国军转民值得注意之处，就在于它没有一项军转民政策。除了小型计划外，政府实际上一直没有介入使资金由国防转向非国防使用的事宜。美国的军转民是通过市场过程来实现的，是在始终变化的动态经济中对人力和物质资源进行分配和调拨。"①

但是，美国军转民活动发挥巨大作用的政策是广泛存在的，它们对军转民的作用表现出明显的间接性特征。政府的国防预算显然会对军转民构成重大的影响，削减国防预算的直接后果，是军备的紧缩，军工厂的关闭、拍卖、转产，以及国防人员的大量失业，此时的军转民活动显得异常活跃。相反，国防预算增加，像里根政府动员"星球大战计划"时期和布什政府发起海湾战争时期那样，军界一片雀跃，军转民话题则备受冷落。在军转民的现实活动中，美国的某些普通政策如失业保险政策、救济政策、职业指导及培训政策、有关的税收政策等，似乎有着异乎寻常的作用。此外，美国也有专门为军转民而设的机构和计划。国防部经济调整处、总统经济调整委员会就属此例，而一些专门的军转民安置计划、调整计划、转产计划的作用效果也较明显。值得注意的是，美国地方政府及某社区调整计划对军转民的作用。在军工企业、实验室和军事基地密集的地区，地方政府借助于社区调整计划，将地区性产业结构调整与军事资源转移成功地结合起来，宏观效果好，并能在一定程度上缓解军转民在市场经济体系中运行的固有矛盾。

① [美] 阿瑟·亚历山大. 各国在军转民方面的经验 [A]. 中国国防科技信息中心1991年编. 外国军转民论文选集 [C].

论军工企业无形资产管理*

吴 鸣

我国经济体制从计划经济体制向市场经济体制的转变过程中，国有企业的经营机制也在经历着一种深刻的转变。带有更为浓重的计划经济色彩的军工企业要实现这一转变，其任务将更为艰巨，其意义将更为深远。实践表明，军工企业要真正走向市场，成为适应市场竞争的市场主体，必须理顺产权关系，强化军工企业国有资产的经营管理。而作为企业资产重要组成部分的无形资产的经营管理的强化将尤为重要。这不仅是因为直到目前为止大部分军工企业对无形资产的经营管理仍处于无序状态，导致无形资产无端流失，而且还因为军工企业无形资产的经营管理蕴藏着巨大的潜力，提高无形资产经营管理水平将会给许多处于困境中的军工企业带来生机和活力。

一、强化军工企业无形资产的宏观管理

目前我国的军工企业达数百家，分属于航天、兵器、船舶等不同行业管理。考虑到军工企业无形资产的特殊性，进一步强化无形资产的宏观管理十分必要。其一，军工企业拥有的一些军工技术具有不同程度的保密性，当与之相关的技术转化为无形资产进入市场交换时，需要在宏观上进行监督和界定。其二，军工企业无形资产经营管理中常常会涉及与国防建设相关的政策法规方面的问题，需要在宏观上进行协调和处理。其三，军工企业无形资产经营管理目前还存在着较为严重的分散无序问题，整体优势尚未发挥出来，需要在宏观上进行组织和推动。因此，我们特提出以下政策建议。

---

* 原载于《军事经济研究》1997 年第 5 期。

1. 建立军工企业无形资产宏观管理机构

军工企业的无形资产是军工企业资产的一部分，它的经营管理原则上与其有形资产管理是一致的。考虑到军工企业无形资产经营管理有其特殊性，因此，我们建议考虑建立军工企业宏观管理机构来协调指导军工企业无形资产的经营管理。理由有三：其一，军工企业无形资产的经营管理常常会涉及军工技术方面一些需要保密的内容，需要有宏观管理机构来进行必要的控制和规划；其二，目前军工企业国有资产的管理分属不同的部门，在无形资产经营管理上难以形成整体形象，需要有宏观管理机构来组织和协调；其三，军工企业由于长期处于计划体制的管理环境中，无形资产的经营管理除涉及少数企业外，大部分企业还处在较为落后的阶段，需要有宏观管理机构来支持和指导。由于目前军工企业经营业务统一受国防科工委指导，因此，可由国防科工委负责军工企业业务的部门设立军工企业无形资产管理办公室，作为军工企业无形资产宏观管理机构，组织和协调军工企业无形资产经营管理。

2. 设立军工企业无形资产评估机构

军工企业无形资产管理目前存在着家底不清、管理不善等问题，而且军工企业无形资产的历史成本和现实的运营状况十分复杂，进行评估有较大的难度，因此，有必要考虑设立专门的军工企业无形资产评估机构，为搞好军工企业无形资产经营管理奠定基础。根据国务院颁布的《国有资产评估管理办法施行细则》（以下简称《细则》）的规定，军工企业无形资产评估机构可以通过国防科工委军工企业无形资产管理办公室向国务院的国有资产管理行政主管部门申请资产评估资格，负责全国军工企业无形资产评估。该《细则》规定，“资产评估机构与被评估单位有直接经济利益的，不得委托该评估机构进行评估”。由于目前军工企业分属不同部门管理，国防科工委有关部门负责宏观上的指导，与军工企业并无经济利益关系，因此，设立这样的评估机构应是可行的。军工企业无形资产评估机构不仅负责对军工企业经营性无形资产进行评估，而且还可对其非经营性无形资产进行评估，如对生产武器装备的专有技术、工业产权等的价值进行评估。设立军工企业无形资产评估机构，既可防止军工技术的保密内容外泄，又可从整体上掌握军工企业无形资产的运营状况。同时，设立这种专门的评估机构对军工技术向民品生产的有序转化也有十分重大的意义。

3. 建立军工企业无形资产开发基金

针对目前军工企业无形资产开发较为落后且又缺乏必要的资金进行开发的状

况，建议在军工企业无形资产宏观管理机构的引导下，建立军工企业无形资产开发基金，专门用于支持军工企业无形资产的开发。开发基金的资金来源一部分可利用军事工业技术开发资金，一部分可吸收有实力的企业集团的资金。后一部分资金采取风险投资的方式，应有较高回报。军工企业无形资产开发基金从宏观上对全国军工企业无形资产的开发进行重点支持。例如，支持军工企业的名牌战略，树立企业形象；支持军工技术的开发，提高军工技术的市场价值。由于军工企业无形资产开发基金带有风险投资的性质，因而投资方向应慎重选择，主要用于军工企业中开发潜力大、市场前景好的无形资产投资，以推动军工企业无形资产快速增值，同时也通过这种投资的回报保证开发基金不断增值。军工企业无形效益开发基金的建立可以在一定程度上缓解目前许多军工企业缺乏无形资产开发资金的矛盾，使之有能力抓住提高技术水平和开发新产品的多种机会。同时，军工企业无形资产开发基金的投资选择也可对军工企业无形资产开发提供宏观上的导向作用，使之更容易关注和了解国内外生产技术的变动和市场演化的前景。

二、规范军工企业无形资产的基础管理

提高军工企业无形资产经营管理水平关键在于搞好基础管理。军工企业无形资产的基础管理包括无形资产的清查和核实、无形资产的产权界定和纠纷处理、无形资产评估、无形资产统计报告等多方面的工作。从目前的情况看，无形资产的基础管理在大多数军工企业的管理工作中仍是十分薄弱的。这是军工企业无形资产的经营管理水平低、无形资产严重流失的重要原因之一。因此，仅仅强化军工企业无形资产宏观管理是不够的，军工企业自身还必须做到无形资产经营管理规范化、制度化，真正确保军工企业无形资产发挥最大的效益，并不断保值增值。为此，下面这些工作在军工企业应给予足够的重视。

1. 军工企业要有稳定的无形资产经营管理机构和人员

无形资产的经营管理是一项综合性的工作，涉及企业的技术、营销、财务等多个部门的事务。同时，无形资产的经营管理也是十分复杂的工作，它不仅专业性强，技术知识水平要求高，而且还需要有高深而又实用的市场分析能力。如果企业缺乏稳定的机构和人员专门从事这方面的工作，要提高军工企业无形资产经营管理水平是不可能的。目前，大多数军工企业尚未建立这样的机构，也未配备

相应的人员。无形资产的经营管理有的被肢解到各个部门，有的则根本未考虑这方面的工作，从而使军工企业无形资产经营管理处于十分被动的状况。为了改变这种状况，我们设想，在有条件的、规模较大的军工企业可以设立无形资产经营管理处室，直接受企业负责人垂直领导，专门从事企业无形资产经营管理。没有条件设立专门机构的军工企业也应有稳定的机构和专门的人员从事这方面的工作。如可在企业的企业管理部门中增加专门人员具体负责。

2. 认真对军工企业无形资产进行清查、核实

清查、核实军工企业无形资产的目的是为了摸清“家底”，以便进行规范的经营管理。这是提高无形资产经营管理水平，防止无形资产流失的基础。企业无形资产的市场价值弹性较大，因而不可能像有形资产的清查、核实那样要求准确无误。但是，只要采用合适的方法、标准是可以做到基本合理的。军工企业由于长期在计划体制下生存，对无形资产的经营管理没有引起足够的重视，无形资产的“家底”不清的现象比较普遍。有些军工技术实际上是国家花费了大量的研制费用才取得的，但往往由于没有弄清其市场价值，使之被闲置、浪费，价值白白流失。军工企业无形资产的清查、核实要注重全面性，尽可能真实地反映出企业无形资产的状况。无论是可确指的无形资产还是不可确指的无形资产都应进行清查、核实。一般来说，可确指的无形资产，如外购或自行研制的专利权、专用技术等，其成本确定较为容易。而不可确指的无形资产，如商誉等的清查、核实难度就大一些。但为了全面反映军工企业无形资产状况，对后一类无形资产也应认真清查、核实。即使企业的收益水平低于同行业或社会平均收益水平，商誉的价值为负值，也应进行清查、核实，以便监控企业无形资产变动情况。

3. 抓好军工企业无形资产产权界定和纠纷处理工作

军工企业无形资产产权界定和纠纷处理也是一项基础性的工作。它对保护军工企业无形资产、促进无形资产经营管理规范化有着重要的意义。军工企业的资产是国有资产，所有权属于国家。由国家授权投资部门向军工企业投资，或军工企业借入资金投资而形成的无形资产，其所有权当然也归国家所有。但是，改革的深入使军工企业有了相对独立的经营自主权，逐步成为具有民事行为能力、能承担风险的法人，需要有一定的财产权作为基础。因此，虽然军工企业无形资产归国家所有，但各个军工企业之间拥有无形资产的产权却需要界定清楚，使军工企业自身拥有的无形资产有经营权、使用权，乃至处分权，其他企业不得随意侵权。无形资产产权界定一般根据“谁投资，谁拥有产权”的原则，使产权主体明确。由于历史原因，某项无形资产在几家军工企业可能共同在使用，也应根据

有关法规进行界定，如某项军工技术、某一商标由几家军工企业共同拥有产权，今后也可以有偿让渡的方式形成唯一产权主体。另外，在军工企业内部也要对企业无形资产的产权进行界定，如根据有关政策区分职务发明和非职务发明，制定保护本企业商业秘密的有关规定，防止因人员流动而造成的无形资产流失。军工企业无形资产出现产权纠纷时，可先由当事人进行协商解决。解决不了时，应由有关国有资产管理部门调解和裁定，或依司法程序处理。

4. 公正、客观地对军工企业无形资产进行评估

无形资产评估一般有两个目的：一是以成本费用摊销为目的的无形资产评估；二是以投资转让为目的的无形资产评估。前一种评估的对象是由税法和有关财务法规严格规定的，只有费用资本化的无形资产才能进行估价据以补偿。后一种评估的对象则是按投资、转让的标的物来确定，无论是内部开发还是外部购入的，无论其是否具有费用支出以及费用如何补偿，都可以作为评估对象。近年来，军工企业对外投资或者转让资产的情况越来越多，公正、客观地对军工企业无形资产进行评估直接关系到国有资产能否得到有效保护的问题，应给予高度重视。由于军工企业无形资产的特殊性，评估应由专门的军工企业无形资产评估机构实施。评估过程中除了要严格按照规范的标准和方法来进行外，还必须掌握好能反映军工企业无形资产特色的尺度，如对军工企业专营权、商誉、专有技术等的评估时可采用对比计价法，真实地反映出其获利能力，从而准确地评估其价值。同时，在对军工企业无形资产评估时，还需要注意军用技术的保密性，以及转化为民用时的市场价值分析。

5. 建立军工企业无形资产登记制度

军工企业无形资产登记制度是在清查、核实的基础上进行分类、记录、存档。这项工作可由军工企业内部的无形资产管理机构来实施。军工企业无形资产的登记尽管并不像国有资产管理部门组织的国有资产登记那样是一种法律行为，而是企业内部实施的。但为了使军工企业无形资产管理规范化，这项工作仍是十分重要的，无形资产登记就要有权威性，不能随意改动或置之不理。军工企业无形资产登记制度应有一套规范的程序，如无形资产的记录、存档，无形资产的变动、注销等，都要有完备的手续。只有这样，无形资产登记制度才能真正起到监督的作用，为搞好军工企业无形资产经营管理提供可靠的依据。

三、推进军工企业无形资产开发管理

军工企业在做好无形资产基础管理的前提下，还必须积极推进无形资产的开发管理，才能充分发挥无形资产的效能，保证军工企业无形资产不断地保值、增值。军工企业无形资产开发一方面要使军工企业原有无形资产的潜力发挥出来，避免闲置和浪费的现象；另一方面要开拓新的领域，形成无形资产新的增长点。军工企业无形资产开发管理也应由企业专门负责无形资产管理的机构来组织，在认真分析技术发展状况和市场前景的基础上，提出思路和方案，确定任务和指标，协同企业和其他部门共同实施。军工企业无形资产开发管理主要应做好以下工作。

1. 制定军工企业无形资产开发战略

其内容包括军工企业无形资产开发战略背景分析、近期和远期开发目标、实现开发目标的步骤和措施、开发战略重点，等等。无形资产开发战略的制定可以指导军工企业无形资产的开发，做到目标明确、措施有力、重点突出，避免盲目性。军工企业无形资产开发战略要有一定的超前性，也就是说，开发战略要对技术变动的趋势和市场演化的走向有较强的预见性，这样才能真正带动军工企业无形资产的开发，使开发工作始终保持着向上的冲动。当然，无形资产开发战略的制定也要实事求是，指标要切合实际，否则也会给军工企业无形资产的开发产生不利的影响。因此，军工企业在制定无形资产开发战略时，一方面，要实事求是，突出本企业的优势，包括技术优势和市场优势；另一方面，要考虑到实施无形资产开发战略的环境，特别是对无形资产经济前景的预期。

2. 培养军工企业无形资产开发人才

无形资产开发人才大致可分为两类：一类是技术型无形资产开发人才，另一类是非技术型无形资产开发人才。就前一类人才来说，军工企业应该是有实力的。几乎所有的军工企业都拥有比一般民用企业比例高得多的工程技术人员。他们一般具有较为扎实的科学技术知识基础，并且有丰富的工程技术实践经验。对他们的培养应着重灌输高新技术知识、专利知识、市场开发知识等，并制定相应的政策措施，激励他们的开拓创新精神。就后一类开发人才而言，军工企业则较为短缺。由于军工企业长期处于半封闭的经营环境，与市场联系较少，因而，对树立企业形象以提高企业商誉，加大广告宣传力度以提高产品知名度；保护企业商标以创造名牌产品等方面重视不够，也缺少这方面的专业人才。因此，加快这方面人才的培养乃是军工企业无形资产开发的当务之急。这类人才既可以从外部引进，也可以在本企业内部培养。军工企业应设置专门的岗位，选拔高素质、开拓精神强的人员，系统地学习广告宣传、CI 策划、经济法律等有关知识，并经常了解和熟悉其他一些企业的成功经验，使之成为一支专业性极强的无形资产开发队伍。

3. 挖掘军工企业无形资产开发潜力

军工企业很长一段时期一直是国家重点投资企业，其装备之精良、技术之先进、人才之优势，过去是许多民用企业难以抗衡的。事实上，军工企业由于多年的积累，的确也研制出不少的科研成果，加上军工企业本身的信誉，其无形资产开发极具潜力。这种潜力如果能被真正挖掘出来，军工企业无形资产的开发无疑会有十分辉煌的前景。因此，要搞好军工企业无形资产的开发管理，重视挖掘军工企业无形资产开发潜力是十分必要的，针对目前军工企业无形资产存在较多的闲置、浪费现象，应采取相应的政策措施来解决。一是加快军工技术向民用的转化，及时形成专利、专用技术，使闲置的军工技术转化为军工企业的无形资产；二是采取重奖政策，鼓励科技人员研制新产品、新工艺，使军工企业的人才优势充分发挥出来；三是利用军工企业的信誉，组建企业集团，实行规模经营，使军工企业的信誉转化为具有市场价值且不断升值的商誉。

新军事变革中的军转民与民转军及其相互融合*

张伟超　李　超

科学技术以前所未有的速度向前发展，给社会各个领域的进步与发展带来了深刻的影响，也给世界范围的军事发展带来了新的巨大变革。这场新军事变革，始于20世纪70年代。1971年微处理器的发明，使集成电路芯片广泛应用于各种军事装备，大大提高了各种作战平台的效能。80年代是新军事变革的发端期，从马岛战争、贝卡谷地空战到锡拉特湾之战，精确制导武器大显身手，作战理论和战争方式开始出现新变化。90年代是新军事变革的发展期，从海湾战争到科索沃战争，信息化武器成为战场的主角。海湾战争标志着信息化的军事革命已经到来，高技术兵器成为整个兵器的主导。以信息技术和其他高技术的应用为基础的信息战或信息战争是新军事变革的核心，数字化部队和数字化战场是新军事变革的主要标志。在科技进步推动下的这场世界性新军事变革，是一场划时代的、里程碑式的革命，其规模之大、内涵之广、影响之深，是历史上任何一次军事变革都无法比拟的。新军事变革对世界军事形势的发展乃至战略格局的演变产生巨大而深远的影响，对国防经济的发展也产生了巨大而深远的影响，这从新军事变革中军转民和民转军的发展变化可见一斑。新军事变革是新科技革命的能量积累在军事上的释放过程。作为高新技术的组成部分，军事技术和民用技术之间从来就没有一条天然的不可逾越的鸿沟。在国防经济的新发展中，世界各国无不根据自身科技发展状况和世界军事变革的形势制定国家军民两用技术战略，适时地进行“军转民”或“民转军”，促进高新技术产业化，加速实现军民技术及其产业相融合的国防经济发展战略。

---

* 原载于《军事经济研究》2004年第7期。

一、军转民：新军事变革中国防经济发展的重要趋势

新技术革命带来的冲击力和影响力为国防经济的发展增添了许多绚丽的色彩。军转民正在成为世界新军事变革与国际性裁军活动的重要组成部分，也是许多国家日益重视和关注的一个实现国防经济跨越式发展的重要课题。军转民的实质是各国在战争或冷战环境转向和平环境的条件下，为了提高综合国力、夯实国家安全的经济基础而调整国防战略，削减防务预算，压缩军队和国防规模，调整和改革国防工业，将原先只用于国防的国家资源重新配置，优化组合，转向为国民经济建设服务。在世界新军事变革中，军转民涉及工业调整、科技转移、就业调整、资产重组、军贸缓冲等问题。其中，军事技术向民用领域的转移因其能带来巨大的经济效益而一直备受人们关注。

从世界范围来看，美国既是军事技术最发达的国家，同时也是最早注重将军事技术转移到民用生产部门的国家。在新技术革命和新军事变革的浪潮中，美国加紧促使军事技术成果迅速向民用部门扩散。例如，美国的民用核工业就是潜艇核反应堆技术和钚研究的副产品。军事航空技术的优势地位奠定了美国民用航空市场的霸主地位。空气动力学、发动机技术、结构与材料科学等军事科学技术成果向民用航空部门的转移，使美国在战后一直保持着大型客机制造技术的领先地位。军事航天技术向民用领域的转移使美国单是利用地球资源卫星一项，每年就可节省 360 亿美元。从传递军事命令的计算机网络到 Internet 的商业应用，也是军转民的结果。可以毫不夸张地说，没有军事技术向民用领域的大规模转移，就没有美国今天的“一超”地位。

当代高新技术的飞速发展使世界上其他主要军事大国出于自身利益的考虑也非常注重军事技术向民用领域的转移。俄罗斯、西欧国家都十分重视军事技术的民用开发。我国于 1988 年宣布解密 210 项国防科技成果，1989 年又有 2336 项国防科技成果解密，其中已有部分成果得到开发应用。据统计，我国国防科技成果在技术市场上的贸易额，每年递增 60% 以上，1988 年就已达到 87 亿元。国防高技术的产业化更是成绩斐然。核技术、遥测遥感、自动控制、激光温控、精密加工、精细化工等国防高技术成果的产业化，已创造了数以百亿计的经济效益。秦山核电站和大亚湾核电站的兴建，运载火箭投放国际市场，承接卫星搭载和发射业务等举世瞩目的进展，都是我国军事技术向民用领域转移的标志性成果。

但是我们必须注意到，军事技术向民用领域的转移在带来巨大经济效益的同时，还存在不少问题。第一，这种转移需要投入大量的转化资金。相对于直接进行民用科研开发，其投入成本进一步增加。第二，以军事目的研究开发出的军事技术具有很强的针对性，并没有民用市场需求方面的考虑，这就为军事技术转民用的方向选择提出了难题。第三，军事技术开发具有特殊的评价准则和性能要求，具有独立的军用规范和标准，这些因素都将降低其技术成果民用开发的效率。第四，当今时代高技术更新换代加快，产品周期缩短，高新技术如果首先应用于军事领域，等到下一代成果开发成功再向民用领域转移，这种转移模式从时间上将无法跟上市场需求更新的步伐。因此，在当今这样一个知识创造财富，综合国力决定胜负的时代，国防科技先行发展的铁律正受到越来越多的质疑与挑战。

二、民转军：新军事变革中科学技术与军事斗争的新链接

与军转民不同，民转军在技术的流向上走了一条相反的道路。在新技术革命和新军事变革的推动下，飞速发展的高新技术使民用工业和军事工业发生了新的更为密切的联系，武器装备的迅速更新换代需要民用高新科技和民用工业部门更为直接地参与军事装备的研制和生产，服务于军队建设，民转军成为引人注目的新现象。

作为民转军模式的代表，日本在“二战”后军事技术发展方面所走的道路与世界其他军事大国全然不同。日本国防预算长期未突破国民生产总值的1%，也没有组织过类似美国的“曼哈顿工程计划”“阿波罗计划”这样大规模的国防科研计划，但该国在军事技术方面的某些领域却能达到与美国、西欧并驾齐驱的水平。究其原因，实行民转军的军事技术发展战略，“先民后军，以民带军”的发展方式起到了主导作用。

日本非常重视技术的研究开发，每年都要投入巨额的技术研发经费。日本总务省公布的调查结果显示，2000 年度日本科研开发经费总额为 16.2893 万亿日元（约为 1357 亿美元），比上年度增加 1.7%，占国内生产总值的 3.18%。但是日本科研开发经费直接用于防务方面的并不多，政府负责军事技术研究与开发的防卫厅技术研究本部，1968 年预算仅为 85 亿日元，占日本防务费开支的 2.01%，1988 年其预算达 818 亿日元，占防务费的 2.21%，1995 年达 1533 亿日元，占防

务费的3.2%。虽然其防务科研经费近年来逐年递增，但其数额较之民用科研开发来说还是微不足道的。因此，日本的军事技术发展主要不是政府国防投资促成，而是通过以下两方面的途径实现：一方面是民用技术的军事应用。当代技术进步使尖端技术的军用和民用界限越来越模糊，相当部分是军民两用技术。这为日本把大量的民用尖端技术转为军用提供了可能性。作为核心技术，电子、信息技术是新军事变革最重要的技术基础。如果从成本上计算，电子信息装置在装备系统中所占比例已相当大：坦克和装甲车辆占20%～25%；军舰占25%～30%；战斗机占30%～35%；导弹占40%～45%；侦察机、预警机、电子战飞机、巡航导弹和军用卫星占65%以上。日本在电子技术方面占有很大优势，这种优势在和平时期是强大的经济动力，到了战争时期就成了巨大的军事潜力。1991年，海湾战争刚刚落下帷幕，日本就有人宣称：海湾战争实际上是日本人打赢的。其理由是：海湾战争的胜利主要是依靠精确打击，精确打击要靠现代化的电子技术，而美军的高技术武器靠的是日本的微电子技术。据统计，美军武器装备上不可缺少的半导体零件有80%是日本生产的。这一例子充分说明了民用技术军事应用的巨大潜能。另一方面是私营公司参与军事研究开发。日本的私营公司有不少成立了防务技术部。日立公司所有的工厂和研究单位，有一半可开展军事技术研究。三菱、东芝、日电在军事研究方面则更走在前面。私营公司对军事技术开发的参与，既促进了军事技术的研究开发，也积累了经验，储备了人才，成为民转军的潜在力量。

值得注意的是，民转军虽然在日本取得了很大成功，但有其局限性。首先，日本战后长期处于美国的防卫庇护之下，又受到军备发展的严格控制，民转军模式在某种程度上是日本不得已而为之的选择；其次，与军转民一样，民转军同样存在技术目的不一致的矛盾，民用技术的开发与军事需求并不一定吻合；民转军在现代高技术局部战争模式下，由于战争突发性及时效性的增强，有可能还未完成转化战争就已结束。因此，对于民转军，必须看到其高效能的一面，但也不能忽视其存在的缺陷。

三、军民商用：新军事变革中军民技术相融的国防经济发展战略

军转民与民转军对于增强国防实力、经济实力乃至综合国力都具有重要的作用与意义。但是，转化成本过高，转化时效性不强等弊端的存在，也使得单一的

军转民与民转军都无法满足当代高技术条件下国际军事竞争和经济竞争的要求。鉴于此，在世界军事变革中，制定国家军民两用技术战略，促进高新技术的产业化，实现高新技术产品的军民两用化，就成为当代军转民与民转军相互融合的新形式和新走向。

军民两用技术战略与军转民和民转军既有联系又有区别。其联系在于，都是为了解决军事技术和民用技术的分割而制定；其区别在于，军转民和民转军的着眼点都在于军事技术和民用技术的转化方式及效率，而军民两用技术战略试图从源头即研究与开发环节就将军用技术与民用技术融为一体，既考虑军事需要，又强调经济利益。总之，军民两用技术战略的制定，并不局限于军事或经济的优先考虑，而是以提高国家综合国力和科技竞争力为最终目的。

发展军民两用技术一直是近现代以来各国国防科技经济政策的重要内容，但最早真正把发展军民两用技术提高到战略核心地位的是冷战结束后的美国。冷战结束后，随着国防预算的削减和国际军贸市场的萎缩，美国、西欧、俄罗斯和其他工业化国家在东西方对抗期间建立起来的大国防工业面临着生产能力的过剩，世界主要军事大国在调整国家安全战略和军事战略的同时，对冷战以来实施的国防科技发展战略与政策进行了相应的调整。美国率先从战略高度开展军民两用技术的研究开发，在其示范下，发展军民两用技术成为当前乃至未来相当长一段时期内世界各国国防科技经济政策的核心。

20 世纪 70 年代和 80 年代高新技术产业在全球范围内的市场重组，几乎变成了国际政治体系内财富与权力的重组，国防工业在世界新军事变革中面临的主要挑战是，一方面要压缩调整总体规模，另一方面要确保国家安全和经济安全。因而，不能维持两个不同的工业基础，而要建立一个既满足军事需求，又满足商业需要的先进的国家工业基础。为此，美国提出要大力发展既能提高军事实力，又能增强经济竞争能力的军民两用技术。20 世纪 90 年代中期以前的一系列立法和政策制定活动，确立了军民两用技术在美国现行军用和民用技术政策中的核心地位，并强调加强军民两用技术的开发是建设经济可承受的国防科技的关键，发展军民两用技术不仅是军工解困的问题，还是构建真正军民结合的国防工业体系问题。越来越多的技术创新几乎可以同时在军用和民用产品中应用。在反恐和伊拉克战争进程中，美军方在电子、安全、燃料电池和纳米技术领域大力推进创新。仅纳米技术一项，美国 2003 年就投资了 7.1 亿美元，比上年增加 17%。而能将炸弹和导弹精确地引向目标的现代控制系统同时也可用在机床和飞行器上，并促进了其销售量。

促使发展军民两用技术成为国防科技经济政策核心的一个不容忽视的重要因素是以现代信息技术为主导的高新技术革命。现代高新技术加速了经济全球化和国防工业的全球化，许多国家都认识到，一方面，全球高新技术产业领域一时的市场变化，很可能导致国际政治经济体系中财富和权利的重新分配；另一方面，在经济基础和网络技术结合越来越紧密的平台上，国际化的武器装备研究开发、研制生产、销售以至零部件采购变成了可能，并融入了世界经济、科技一体化的进程。在政府、军方的需求拉动和现代技术平台的支撑下，军民两用技术就成为了当前科学技术最活跃的领域。当前，世界各国都对发展军民两用技术高度重视，把发展军民两用技术作为国家科技政策和国防科技政策的核心，制定数量庞大的发展计划并投入了巨额资金。不少国家还以立法的形式对发展军民两用技术的这种地位加以确认，从而强化并保障了军民两用技术在新世纪乃至更远的将来在国家科技政策和国防科技政策中的核心地位。

新军事变革以适应信息时代军队建设基本要求为出发点，以转换军队建设基本样式为重点，以争夺高科技人才为焦点，以实现军队建设的高技术化为途径，夺取未来军事发展的制高点，掌握未来战争的主动权。在世界新军事变革中实现国防经济的跨越式发展，要求制定和实施好军民技术相融的国防经济发展战略。实施军民两用技术战略，其着眼点在于适应新科技革命和新军事变革的需要，增强国家的综合国力，提高国家的科技竞争力和军事实力，其落脚点则在于加快高新技术成果的研究开发，促进高新技术的产业化，实现高新技术产品的军民两用化。21 世纪从一开始就充满着国际竞争，而军事竞争和经济竞争的核心都是高新技术，哪个国家掌握科技优势，特别是高新技术优势，促进了高新技术产业发展，哪个国家就将取得经济发展的主动权和国际竞争的优先权。谁拥有高新技术，谁就能用高新技术产业参与全球大市场新的竞争，谁就能抢占经济发展的制高点，从而在提高经济发展数量与质量的基础上，提高军事发展水平，增强综合国力。实施军民两用技术战略，必须落脚于高新技术产业化。任何科学技术的研制开发必须有一定的物质载体，军品和民品都属于这样的载体。冷战结束以后，国际形势总体趋于缓和，国与国之间的竞争更多地体现在科技与经济的竞争上。为了加快科技发展，增强综合国力。各国都不约而同地调整国防战略，削减防务预算，压缩军队和国防规模，调整和改革国防工业，将原先只用于国防的国家资源，重新配置，优化组合。在这样的背景下，军品的生产将在相当长一个时期内保持较低规模，科学技术的物质载体必然落实在民品之上。高新技术产业化的发展正好可以为科学技术的研究开发提供一个坚实的承载基础，促使高新技术形成研究—生产—销售—再研究的良性循环。值得注意的是，高新技术产业化也不能脱离军民两用技术战略。尤其是对于我国这样一个大国，必须在任何时候都充分考虑潜在的国家安全威胁。在实行高新技术产业化，开发民品积极参与国际竞争的同时，还必须兼顾国家安全利益。对于每一项高新技术的研究与开发，都必须在技术预研阶段同时论证军用前景和民用潜力，同时考虑军民两用的兼容问题。只有这样，才能把我国的经济实力和科技潜力与军事实力和战争潜力密切联系起来，真正实现“军民结合，寓军于民”，促进国防经济的跨越式发展。

民营企业准入国防工业与国家安全研究*

张伟超　李　春

2005年初，国务院制定了《关于鼓励支持和引导个体私营等非公有制经济发展的若干意见》（以下简称《意见》）。这标志着非公有制经济完全获得一个与国有经济和外资经济平等竞争、一视同仁的法制环境、政策环境和市场环境，也为非公有制企业进入军工领域扫清了制度上和法律上的障碍。更深层次的意义在于，面对世界新军事变革带来的机遇和挑战，充分利用和发挥民营企业优势，能够促进国防产业的深入发展，加快我军武器装备现代化建设步伐，实现国防和军队现代化建设的跨越式发展，为国家安全提供更加可靠的保障。同时，我们也必须清楚地认识到，在没有形成比较完善的制度之前，民营企业准入国防工业也可能因保密等给国家安全带来一些问题。因此，如何趋利避害，充分发挥民营企业的优势就成为关系到我国国防安全和国民经济发展的一个重大课题。

一、新国家安全观条件下国防工业的特点与走向

1. 新国家安全观的内涵

“国家安全”的思想古已有之，但直到“二战”以后，“国家安全”这一国际政治中的标准概念才逐渐为世界各国普遍承认和采用。传统的国家安全是一种基于现实主义国际政治理论的、片面单一的“政治—军事”安全。这种国家安全观着重强调的是政治安全和军事安全，它的安全对象基本限定在以国家为主体

* 原载于《军事经济研究》2006年第1期。

的政治、军事安全事务上，防御的是境外的军事威胁，以拒敌于国门之外为目的，准备战争和赢得战争是国家安全工作的中心。总的来说，现实主义的“国家安全”理论强调国家利益是安全的目标，武装力量是安全的手段。

随着冷战的结束，特别是20世纪90年代以来，国际竞争的重点由军事竞争转向了以经济和科技实力为中心的综合国力的竞争，国际安全形势已经发生了翻天覆地的变化，加之世界各国交往范围的扩大、交往程度的加深以及高新技术的迅猛发展，国家安全已经突破了传统的“政治—军事”安全范围，扩展到政治、经济、文化、科技等多个领域。新的国家安全观成为综合政治安全、军事安全、社会安全、经济安全、科技安全、文化安全和信息安全等在内的国家安全观。在这种情况下，国防工业作为国家军事安全的重要产业，必然要随着形势的变化进行相应的调整。

2. 国防工业在新形势下的特点与走向

基斯·哈特利、托德·桑德勒主编的《国防经济学手册》认为，国防工业是指军事武器装备研究、开发和生产的经济部门。建立国防工业最主要的目的就是生产满足本国防务和战争需要的主要武器装备，提高装备的研制和供给效率，增加装备供给的稳定性，促进武器装备供给的先进性，最终为提升国家的安全度提供坚实的基础。

但随着冷战的结束和以计算机技术、通信技术为核心的信息技术的迅速发展，国防工业的含义随着技术的发展已经有了很大变化。各国对国防工业的关注重点已经从强调完整的军工生产设施，转向通过维持生产先进武器系统的技术能力来保证国家的安全度。发展完整的国防工业体系已经逐步向发展军民两用技术，建立以两用技术为特征的国防工业能力贮藏体系转变。国防工业在新形势下具有以下特点：国防工业从封闭、完整的工业体系向开放的、具有战略选择的工业体系转变；国防工业领域缺乏竞争的状况逐步改变；军转民、民转军，军民互动趋势更加明显。《2004年中国国防白皮书》指出：“优化产业结构，形成以军工高新技术产业为先导，以军民两用主导产业为主体，以军工制造业为基础的产业格局。优先发展军民两用高新技术产业，吸纳各行业的先进民用技术为国防建设服务，推动军用和民用高新技术双向转移。”因此，这种转变注定需要民营企业——地方经济主力军的参与；通过民营企业的参与实现军民互动，最终为国防工业的新型体现形式——国防工业能力贮藏体系的建设做出贡献。这也是民营企业准入国防工业的时代依据和历史赋予民营企业的神圣使命。

二、民营企业准入国防工业能够整体提升国家安全度

1. 民营企业准入国防工业的必要性

在西方国家，武器装备等防务产品的研制、生产和维修任务主要由私营企业承担，政府积极鼓励承包商在国防领域按照市场经济规则展开竞争，所以不存在民营企业准入国防工业这一问题。但在中国，由于受计划经济体制下的传统观念的影响，一直认为民营企业不能进入国防工业，国防工业已经成为民营企业的禁区。随着冷战的结束，信息时代的到来，特别是“军民一体化”成为各国军事工业发展趋势的前提下，仍坚持民营企业不准进入国防工业就显得越来越不合时宜。只有允许民营企业进入国防工业，才能为国防工业的发展壮大提供更为广阔的土壤环境。

（1）民营企业准入国防工业，能够提高防务产品的供给效率。民营企业准入国防产业后，可以充分利用民营企业的资金、技术、人才等资源优势，促进防务产品的发展；可以为国防产业领域注入更多的竞争力量，促进防务产品的技术升级，提高防务产品质量和生产效率，降低单个产品的成本。同时，促进优胜劣汰，整合国防工业领域的各种资源，为规模经济优势的发挥创造条件。

（2）民营企业准入国防工业，能够精简冗余，维持精干的军工队伍。民营企业进入国防工业以后，能够生产和提供非杀伤性的战略物资产品和其他军事消费品，有利于政府压缩专业军工规模，减小政府对军工生产的扶持力度，使有限的经费能够发挥更大的效能。

（3）民营企业准入国防工业，能够增强军工生产的动员基础。信息技术的发展，特别是电子数据交换技术在工业上的广泛应用，使得民品的质量不输于军品。军品、民品的质量差别已经不甚明显。一旦战争爆发，民营企业就能够迅速投入到军工生产中去，使战争的进程不受武器装备、后勤物资供给的影响。

（4）民营企业准入国防工业，能够增强民营企业的自身实力。民营企业进入到国防工业领域之后，能够获取军品订单，有利于自身经济价值的实现。更重要的是，民营企业可以作为民用技术和军用技术之间交流的平台，在不危害国家安全的前提下，促进军用技术民用化，最终带动国民经济的发展。

2. 民营企业准入国防工业促进国家安全度提升的路径分析

在“军民一体化”成为各国军事工业发展趋势的前提下，国家之所以允许民营企业准入国防工业的最终考虑还在于促进国家整体安全度的提升。但民营企业进入国防工业如何促进国家整体安全度的提升，通过怎样的路径提升，需要作具体的分析。

（1）壮大了国防工业基础，巩固了国家军事安全的柱石。民营企业准入国防工业，能够使越来越多的企业参与到国防建设中来。通过参与，不仅落实了《意见》对民营企业的承诺，而且也能够将“寓军于民”的方针落实到实际工作中去。在“军民一体化”日渐成为世界各国目标模式的背景下，我国更需顺应这一潮流，努力将门类齐全、相对封闭的旧国防工业体系转变到国防工业能力贮藏体系上来，使国防工业与民用工业之间的界线不再明显。而且允许民营企业进入国防工业，能够使民营企业熟悉军品研发、生产的流程和工艺，战争一旦爆发，能迅速通过动员机制使民营企业生产转向扩大军品产量，从而为战争服务。

我国作为发展中国家，以发展经济、提高人民生活水平为第一要务。在这种情况下，国家不可能将更多的经费投入到国防领域。允许民营企业进入国防工业就显得更具战略意义。国防经济和国民经济之间的动态平衡能够通过民营企业准入国防工业得到优化和实现。冷战结束以后，世界各国都在积极调整国防工业，想方设法壮大国防工业基础，为国家军事安全服务。以美国为例，冷战后美国深感不能再用有限的军费维持一个独立、庞大的国防工业基础，遂提出“重新设计国防”的口号和“军民一体化”的设想，想将分离的国防工业基础与更大的民用工业基础紧密结合，形成统一的国家工业基础。1995 年，美国公布的《国家安全科学技术战略》也指出：“我们的目标是建立一个既满足军事需求，又满足商业需求的先进的国家技术和工业基础。”所以，民营企业准入国防工业能够壮大国防工业基础，促进“军民一体化”的实现，带动国家安全度的提升。

（2）提高了国防工业研发、生产效率和国家军事安全的耐耗性。信息化条件下局部战争的一个显著特点就是巨耗性。谁在战争中的耐耗性强，谁就更能取得战争的胜利。在这种情形下，国防工业的研发及生产效率就显得至关重要。民营企业准入国防工业，对国防工业现有的研发、生产体系产生了巨大冲击；我国的军品市场是典型的卖方市场，国有 11 大军工集团垄断了军品的生产和销售，市场的活力和竞争程度都不足。加之成本加成制度的实施，使得各个军工企业利润刺激不足，创新意识有限，而且在政府采购层次上，到底哪一家企业生产某种特定产品的决策是通过行政手段，或者政府各部门间讨价还价做出的，并不是通过对不同厂家间能力比较的竞争性投标做出的，所以原有的国防工业体系内的厂家没有经济上的兴趣来改进武器系统的质量，提高研发和生产的效率。但在民营企业准入国防工业领域，招投标制度的实施和普及之后，意味着市场竞争力量的引入，经济刺激的加强。民营企业可以利用自身的资金、技术、人才优势来获取军方的订单，参与到国防工业的研发、生产中去，使得整个国防工业领域的资源配置更加合理，促使部分不适应现代化战争需要的、没有市场竞争能力的军工企业“关、停、并、转”，从整体上提高国防工业效率，使其产品质量更高，具有短时间内迅速提高军品产量的能力。而且民营企业自身所拥有的一整套合理的质量、管理体系扩散到军工企业之后，能够使两者所生产的军品成本降低，从而节约有限的采购经费，使节约的经费能够投入到国防建设薄弱环节中去，最终使扩大后的国防工业能够适应信息化条件下局部战争巨耗性的需要，使国家在战争中立于不败之地。

（3）消化、吸收民用先进技术，为国家安全度的提升提供技术支撑。从近年来美国所打的几场局部战争来看，不管是科索沃战争还是伊拉克战争，武器装备技术性能的好坏已经越来越成为影响战争胜负的关键。民营企业作为市场经济条件下最具活力和创新意识的一个经济群体，在利润的刺激下，其技术创新的意识是永无止境的。20 世纪 90 年代以来，民营企业已经在计算机技术、网络通信技术、微电子技术、芯片技术等方面代表了当今世界的最高水平。而这些技术又属于信息时代战争所需要的核心技术，所以民营企业一旦准入国防工业，就会在经济利益的驱动下，将新技术、新工艺运用到国防产品中去，使军工产品的技术含量得到提升，使军队在赢得未来高技术战争中拥有技术保障，使国家的军事安全有更可靠的支撑平台。

（4）便于地方人才为国防建设服务，扩大了为国家安全服务的人才规模。市场经济条件下，民营企业由于在体制、观念以及物质待遇上的优势，相对于军工企业而言，吸引了更多、更优秀的研发、生产人才。国防工业领域的许多企业的发展往往受制于人才的桎梏。民营企业一旦准入国防工业，就可以利用民营企业内的科技人才的聪明才智为军品的研发和生产做贡献。这在一定程度上缓解了国防工业体系内人才不足的状况。通过这种军民人才良性互动，增强了国防工业领域的人才规模。更重要的是，民营企业准入国防工业能够将军地双方人才的优势进行互补，实现强强联合，使国家安全度的提升拥有足够的人才保障。

（5）利于民营企业发展壮大，增强国民经济抵御外来风险的能力。在我国公有制为主体，多种所有制经济共同发展的社会主义基本经济制度确立以后，非公有制经济获得了与公有制经济相同的市场经济地位。民营企业作为非公有制企业的主要实现形式，获准进入国防工业，标志着制度开始落到实处。民营企业一旦进入国防工业，就可以承接国防订单，利用本企业技术、人才优势为国防建设做出贡献。同时，民营企业自身也可以在这一过程中，增加资本积累和技术积累，促进民营企业进一步发展壮大。而民营企业——市场经济体系中主要微观主体的发展和壮大，最终又可以促进整个国民经济的发展壮大。强大的国民经济意味着与世界各国的经济往来更加广泛，经济利益牵连得更加紧密，经济贸易往来就能够成为国与国关系之间的“压舱石”，国家安全度也就能够间接地得到提升。而且国民经济发展壮大以后，也能带来国防经济规模的扩大，国家能够用更多的经费来支持国防建设，这样也能够带来国家安全度的提升。

三、民营企业准入国防工业与国家安全保障之间矛盾的化解

1. 民营企业自身的开放性与国家安全的有界性之间矛盾的化解

面对激烈的市场竞争，民营企业必然需要观念和体制上的灵活性，能够根据市场的变化，及时调整经营目标和方向。在经济全球化趋势日渐明显的今天，民营企业往往能够比一些传统的军工企业更能适应这一趋势，通过合营、合作、设立海外分厂等方式来应对挑战。同时利用技术交流、技术转让保持企业持久的创新能力。因此，民营企业具有与生俱来的开放性。在现阶段，民营企业一旦允许进入国防工业领域以后，就进入了一个与一般行业有很大不同的领域。国防工业作为事关国家军事安全的重要产业，为一国的军事安全提供了绝大多数甚至全部的防务产品。所以国防工业领域就涉及许多关乎国家安全的机密问题。

民营企业准入国防工业之后，民营企业在研发、生产过程中必然会接触到许多军事机密。由于其原来在日常产品的生产、研发过程中不涉及军事机密，因此员工的国防保密意识不强。但如果民营企业在生产军品时仍然保持这种状况的话，就会对国家安全带来严重的后果。国家的军事战略、武器装备的发展方向等就会在敌国面前一览无遗。更值得关注的是，由于民营企业自身所具有的开放性，导致其在参与到国防工业领域的同时，也必然会和外界开展广泛的交往。当民营企业利用自身的资金、人才优势研发出具有自主知识产权的先进技术并用于武器装备时，国家应该对企业将该先进技术用于民用目的，或者转让国外的做法进行限制。在军民技术日渐融合的今天，出现这种情况的概率会越来越大。因此，民营企业自身的开放性与国家安全有界性之间就会产生冲突。

在确保国家安全的前提下，应该实行保密生产和公开生产相结合的措施，来

化解开放性与有界性之间的矛盾。与国防安全程度关系不大的非核心军用产品及其非关键技术、设施和生产工艺等，或者是军地双方都能生产的产品，在生产时可以采用公开生产，使这些军品的生产效率在不影响国家安全的前提下得到快速提升。而核心军用产品、关键技术、设施和独有军事技术等就必须保密生产，即便牺牲了部分生产效率也可以理解。在这里，实行保密生产和公开生产的关键是如何对关键军用技术和产品进行划分。同时，对民营企业将用于军事目的并拥有自主知识产权的核心两用技术用于民品生产时，国家要进行管理，通过限制出口，降低民用产品技术含量等措施来减少对国家安全的危害。

2. 民营企业以成本为核心和国防工业以质量为核心之间矛盾的化解

民营企业作为以利润为导向，以成本为核心的单个经济个体，在市场经济条件下，其任何经济行为都是有其价值考量的。民营企业之所以重视军品市场，是出于赢取更多利润的考虑，国防工业的准入也为民营企业实现多元化经营提供了一个良好的平台。民营企业一旦准入国防工业之后，为获得更多份额的军品订单，就必须科学设计工作流程，努力降低产品成本，充分发挥技术优势，与传统军工企业展开竞争。防务产品成本的高低就成为影响民营企业能否吸取军品订单至关重要的因素之一。民营企业通过竞争获得军品订单后，在经济利益刺激下，仍然具有极强技术创新意识和成本控制观念，仍想通过节约成本获取更大的利润空间，仍然会以成本为核心。

但国防工业与民营企业关注的重点不同。国防工业生产出来的武器装备的先进性、可靠性直接关系到国家军事安全。质量的可靠性更是重中之重。但这并不是说对于国防工业领域来说成本不重要，而是说成本的控制必须服从于质量的可靠。目前，我国的军品定价方法采用的是成本加成制度——成本加上5%的利润。在这种情况下。民营企业以成本为核心和国防工业以质量为核心之间就会产生冲突。在所获利润有限的状况下，民营企业作为理性个体，必然会淡薄技术创新意识和成本控制观念。因为成本节约以后，也会相应地带来利润的降低，所以，这将使得成本维持在一个较高的水平。但这和国家允许民营企业准入国防工业，带动国防工业整体效率提高的初衷相背离。更严重的是，民营企业在所获利润相对固定的情形下，为更大程度地获取利润，有可能铤而走险，在防务产品的军事性能——质量上做手脚。通过偷工减料来减少直接生产成本的耗费，从而实现其获利的目的。这样做的直接后果将使国家军事安全度大大降低。所以，民营企业准入国防工业将会给国家安全带来质量上的隐患。

为了解决上述弊端，应该改革成本加成制度，实行激励合同制度。成本加成合同在国防工业采用的好处在于厂商获取过高的利润，它比较适用于经济和技术风险较大的情况。但在民营企业进入国防工业领域之后，与民营企业签订生产合同仍然采用成本加成形式，就可能使成本加成合同与生俱来的易导致成本最大化的缺点展现得更加明显，民营企业生产出来的军品质量容易出现问题。所以改成本加成合同为激励性合同，可以为厂商确立一个目标成本和目标利润，能够对民营企业产生足够的经济刺激和创新动力，使质量问题能够在合同的妥善安排下得到解决。

3. 军用标准与民用标准不相容之间矛盾的化解

我国的民营企业作为长期游离于国防工业领域之外的一个经济群体，有其自身的一整套完整的质量体系和规范标准。这一整套质量体系和规范标准往往和国防工业领域所制定的标准有所不同。国防产品所采用的军用规范和标准一般更为严格，对军品的质量、型号、规格更为苛刻。因为这些防务产品的应用环境一般是在较为严酷的战场环境之下，采用民用标准制造的一些产品在这种环境下的质量可靠性就要大打折扣。国家一旦允许民营企业进入国防工业领域之后，出于利益的考虑，一般还是愿意按照原有的民品标准进行生产。因为如果采用军用规范和标准进行生产，就会对原有的生产流程、质量标准进行重新规划和调整，这将导致成本的急剧上升。所以，民营企业仍然采用民用标准进行军品生产，最终将导致采用民用标准和军用标准的产品和零部件混合在军品领域，导致武器装备的系统集成性能的降低，从而影响战斗力的发挥。

另外，现有的军用标准大都是在几年或是十几年前制定的。信息革命对国防工业领域的冲击还不甚明显，这些军用标准已经落后于时代，相当多的民用标准制定的比军用标准还要严格。在这种情况下，强迫民营企业迁就落后的军用标准就不合时宜，一旦硬性规定民营企业产品采用了军用标准，也会影响军品的质量和性能，使系统集成度降低，最终危及到国家安全。

为解决军用标准、民用标准不相容问题，应该以适应未来信息化战争需要为基本准则，重新制定全新的军用规范和标准。当现有军用技术标准落后于商业标准时，就采用商业标准来作为军用标准的参考指标，动态调整，时时更新，使军用标准永远跟上技术发展的潮流。同时简化现有的军用标准，在不影响产品军事效能和技术水平的前提下，取消不适当的和过时的军用规范和标准，努力用商业标准代替军用标准。减少因标准原因所导致的民营企业在国防工业领域的进入和发展障碍。毕竟在“军民一体化”日渐明显，军民两用技术已经占到军用技术总数 80% 的今天，在不影响军事安全和装备性能的前提下，扩大使用商业标准，能够提高国防工业的效率，减少因两种标准不相容所导致的转换成本，最终有利于国家“寓军于民”目标的实现。

总之，民营企业准入国防工业，在带来效率提高的同时，不可避免地对国家安全也会产生影响。如何趋利避害，平衡民营企业进入国防工业带来的利弊，就需要从制度和管理上进行重新安排和创新。通过对民营企业准入国防工业制度的建立和完善，使民营企业的资质得到严格认证。加强质量管理监督和员工保密安全教育，使民营企业明白保密安全和产品质量关系到重大国家安全和利益。改革军品定价方法，使民营企业自身有将经济效益和安全效益协调起来的动力，促进军用标准和民用标准之间的兼容使“军民一体化”的实现能有更坚实的基础。只要政策对头，措施得当，民营企业就一定能在协调经济效益和安全效益平衡的过程中，为国防工业的建设和国家安全度的提升做出更大的贡献。

参考文献

［1］基斯·哈特利等．国防经济学手册［M］．姜鲁鸣等译．北京：经济科学出版社，2001.

［2］雅克·甘斯勒．美国国防工业转轨［M］．北京：国防工业出版社，1997.

［3］于连坤．中国国防经济运行与管理［M］．北京：国防大学出版社，2001.

［4］于连坤．国防经济学概论［M］．北京：国防大学出版社，1998.

科学发展观视域下国防科技工业的“寓军于民”战略*

邹小军 吴 鸣 张 嘉

如何准确理解“寓军于民”战略的内涵，有效地实施“寓军于民”战略是我国国防科技工业发展面临的重大问题。本文拟从落实科学发展观的角度思考国防科技工业“寓军于民”战略的新内涵，审视其在实施过程中存在的问题，提出科学发展观指导下国防科技工业“寓军于民”战略的路径选择。

一、科学发展观赋予了国防科技工业“寓军于民”战略新的内涵

“军民结合、寓军于民”是我国改革开放以来国防科技工业改革与发展的基本指导思想。国防科技工业的“寓军于民”战略，是在我国的国防科技工业要实现由准备打仗的临战状态向以经济建设为中心的和平建设状态转变的背景下明确提出的。因此，“寓军于民”战略的主要目标就是要实现军转民，发展军民两用技术，实现以民养军；同时，帮助军工企业脱困，保持一定的武器装备生产能力，维护国家安全。改革开放二十多年来，在“寓军于民”战略思想的指导下，我国国防科技工业取得了很大的进步（见图1）。但我国目前的“寓军于民”战略还不是全面的军民融合，主要还是侧重于军转民方面。军民结合的科技潜力还远远没有发挥出来，特别是在“民为军用”方面尤为不够。

中共十六届三中全会以后，面对全面建设小康社会的新形势，以胡锦涛为总书记的新一届中央领导集体提出了科学发展观。科学发展观既是解决当前经济社

---

* 原载于《国防科技》2006年第10期。

会发展矛盾所必须坚持的重大基本原则，也是我国现代化建设必须长期坚持的重大指导方针。同时，科学发展观也是国防和军队建设的根本指导方针。按照科学发展观“全面、协调、可持续发展”的要求，国防科技工业“寓军于民”战略的内容必须有一个新的跃升。这就是：在新的历史条件下，国防科技工业发展要进一步坚持走“军民融合”的道路，把国防科技工业基础同民用科技工业基础协调起来，建立一个统一、高效的国家科技工业体系。实施这一战略既是国防科技工业的发展进一步融入国家经济社会发展的重要途径，也是我国构建和谐社会的重要组成部分。

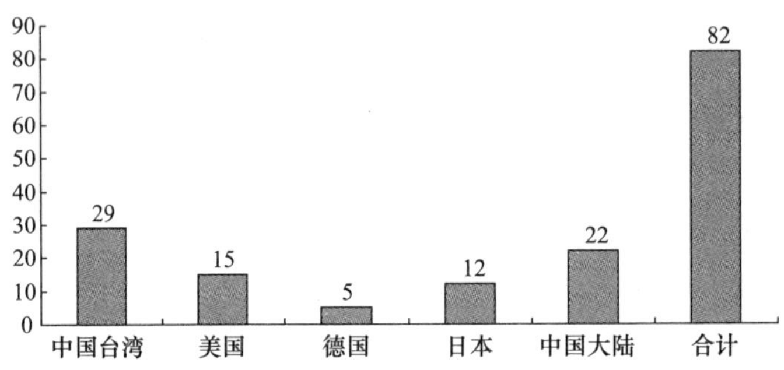

图1　某国防科技领域全球专利成果统计

在科学发展观的指导下，国防科技工业的“寓军于民”战略将要进一步发展和深化，并具有了更广泛更深层次的内涵。它的新内涵主要包括：①发展军民两用技术，实现军民两用技术的商业化和产业化；②加强军民双向的技术转移；③在部门管理层次上推进军民一体化；④在科研生产活动的各个环节推进军民一体化等。科学发展观指导下的“寓军于民”战略更加关注国防科技“工业发展”与国民经济发展的有机结合，对国防科技工业的管理体制和运行机制提出了更高的要求。

二、科学发展观视域下我国国防科技工业“寓军于民”战略的实施面临的挑战

在科学发展观的视域下，我国国防科技工业实施“寓军于民”战略仍面临着多方面的挑战。

第一，军民融合的体制尚未成熟，寓军于民还没有形成尖端技术军民共用的运行机制。近年来，通过不断地深化改革，我国已在军转民方面取得了重要进展，但是军民分割的总体格局并没有从根本上得到突破。军事技术的研究与开发很少考虑民用的前景，也很少考虑利用民用技术的可能；民用科研和产业领域很难顾及到军事用途，缺乏军品市场的应有牵动。这种在传统发展观指导下的军民分割，各自为政的军民体系已经很难适应科学发展观对国防科技工业“寓军于民”战略的要求，科学发展观强调的是全面、协调和可持续发展，这不只是强调国民经济的全面、协调和可持续发展，也是对统筹国防与经济建设的要求，对国防科技工业“寓军于民”的要求。因此，当前我国尚未成熟的军民融合体制是科学发展观视域下国防科技工业实施“寓军于民”战略面临的首要问题。

第二，军用标准和军工企业标准成为阻碍民用企业进入的“绿色”壁垒，“寓军于民”很难实现真正的军民融合。美国军民结合水平高的一个重要前提条件就是，军民产品通用化水平高。而我国尚未建立定期对各种已经失去先进性的军用标准进行修改的制度，不能为庞大的军用标准体系减肥，更谈不上把国家标准变为以军品为主体的标准体系。我国没有制定政策允许用性能规格来代替那些暂时不能用国家标准代替的军用标准，允许采办部门按照武器装备的实际功能需要，分别使用军用标准和国家标准。科学发展观的根本要求是统筹兼顾，要统筹军工企业与民用企业的协调发展，就必须要用协调、融合的要求统筹军用标准和军工企业标准与国家标准，破除民转军的“绿色”壁垒。

第三，国防科技工业企业体制不能适应新形势的要求，“寓军于民”难以取得实效。尽管随着我国军工企业改革步伐的加快，许多军工企业已经开始实施现代企业制度，但是由于军工行业的特殊性和长期与市场相对封闭的状态，导致很多企业在选购上实行的仍是以行政管理为基础的多头、长链条科层体制，这种体制面临的行政干预多、决策迟缓，同时各链条之间缺乏连接机制，增大了信息不对称因素，使军工企业很难根据市场的要求适时选择不同的民品发展战略，“寓军于民”战略的实施难以取得成效。

第四，国防科技工业企业还不是完全意义上的市场主体，“寓军于民”难以实现可持续发展。由于我国社会保障体系仍未完善，大部分军工企业又地处三线，区域经济环境差，职工再就业难度大，企业仍在大量代行政府部分职能；同时，由于国防军工企业历史形成的企业办社会，也使企业必须面对包括特殊的国防要求目标、稳定目标经济目标在内的多元目标，短期内无法形成真正的市场主体。没有真正的市场主体地位，国防军工企业寓军于民的过程中很难按照市场的要求，适时进行战略调整，实现企业的可持续发展。

第五，国防科技工业人才资源流失相当严重，“寓军于民”战略的实施缺乏人才保障。目前，军工行业在战略重点转移和结构调整中步履艰难，许多企事业单位科研、生产以及生活条件相当困难，因而在分配和奖励政策上尚未有突破性进展，科技人员技术创新的价值，难以通过评估认可参与收益分配。特别是那些既有较强的开拓意识、创新意识，又精通经营之道的企业家和高水平的学术技术带头人稳定困难。

三、科学发展观指导下实施国防科技工业“寓军于民”战略的路径选择

科学发展观赋予了国防科技工业“寓军于民”战略新的内涵，提出了新的要求。在实施“寓军于民”战略中贯彻科学发展观，也必须以开拓创新的精神，选择正确的路径。

第一，落实科学发展观，实现国防科技工业真正的全面、协调和可持续发展就必须首先从宏观上破除造成军民分割的体制，为国防科技工业的“寓军于民”战略提供体制保证。笔者认为，要真正落实科学发展观，实现国防科技工业的军民融合，就必须建立起一种“树”形的国家科技工业体系。粗壮的树干是国家基础工业体系，无论是民用科技工业还是国防科技工业都是植根于国家基础科技工业之上，因此要走寓军于民的道路就要整合现有的民用和国防的科技工业体系中的基础科技工业，建立一个统一的强大的国家基础科技工业体系。在粗壮的树干上核心是军民两用技术，在 21 世纪国家发展的重点还是军民两用技术，这也是“寓军于民”战略实施的重要体现，是统筹国防和经济建设的重要体现。在和平时期，军民两用技术主要是为国家的经济发展服务，在战争来临，能够迅速转为军事服务，为打赢战争服务。由于军事的特殊性和很多武器装备的专用性，所以在构建好枝干的科技工业体系的同时，还要发展核心的军事和民用科技技术，发展撒手锏武器和尖端民用技术，提升国家的综合国力。

第二，改革军用标准，建立科学的、协调的军民一体化的国家标准体系，为军民融合扫清障碍。要实现真正的军民融合就要打破民用企业进入军工企业的标准壁垒，建立一个能最大限度地融合军民两用标准的国家标准体系是落实科学发展观，坚持“寓军于民”道路的重要内容。

第三，建立现代军工企业制度，完善军工企业市场主体地位，克服国防科技工业“寓军于民”的制度障碍。国防科技工业“寓军于民”必须充分给予军工企业的市场主体地位，使军工企业建立起现代企业制度，实施科学管理，从而使

军工企业在实施“寓军于民”战略的过程中，能够根据自身长远发展的需要，选择不同的“寓军于民”路径，使“寓军于民”真正落到实处，取得实效。

第四，改变经济增长方式，建设成环境友好型的新型军工企业。国防科技工业“寓军于民”是落实科学发展观和环保要求的体现。要实现科学发展就必须树立长远意识、协调意识和可持续发展意识。坚持“寓军于民”，改变军工企业的经济增长方式，实现国防科技工业又快又好的发展。

第五，坚持以人为本，实施人才战略，促进地区经济发展和军地人才交流，这也是国防科技工业“寓军于民”的重要体现。国防科技工业要积极吸收各类人才，留住各类人才。科学发展观的本质和核心就是要坚持以人为本，这就要求军工企业在“寓军于民”的过程中，坚持把人的发展和进步放在首位，把人民利益、国家利益放在首位。积极培养军民两用人才，推动军工企业更快更好发展的同时促进地区经济的快速发展。

民营资本参与国防科技工业的风险及对策*

张远军

当前，我国正处于建立“军民结合、寓军于民”新体制、加快国防科技工业发展的重要战略机遇期。拓展国防科技工业投资参与者的范围，允许民营资本参与国防现代化建设，对于积极推进有中国特色新军事变革，加强我国国防建设特别是武器装备建设具有重要意义。

一、我国国防科技工业发展存在的问题

1. 所有制结构单一，企业效益不高

长期以来，我国国防科技工业企业的所有制实现形式一直是国有独资，经营管理上自我封闭，自成体系、结果不仅阻碍军工技术向民用工业的转移，反过来也束缚了国防科技工业企业的发展。同时军品价格体系的落后以及缺乏民营企业等潜在进入者的压力，导致国防科技工业缺乏创新的意识和降低成本的动力，一些企业效益不高。

2. 投资主体单一，市场机制作用不强

多年来我国国防科技工业投资单一，几乎全由国家投资，投向又限于国有国防科技工业企业。因此出现两个后果：一是国家投资不足，限制了国防科技工业技术进步和能力发展；二是民营资本不能享受同等待遇，难以进行公平竞争，影

* 原载于《军事经济研究》2007 年第 10 期。

响他们参与国防科技工业的积极性。

3. 军民长期分割，协同兼容性差

由于突出强调国防科技工业产品的特殊性和保密性，所以造成国防科技工业自成体系、与民用工业分离的局面。这也导致整个国防科技工业对市场敏感度不强，难以把握市场需求变化为国防科技工业企业发展提供的机会，致使国防科技工业发展缓慢。同时，由于军品与民品生产对技术和管理方面的要求不同，国防科技工业企业往往采用“分线”生产、“分线”管理的措施，结果导致军民兼容性较差，使本来就稀缺的资源无法在更为广阔的范围内配置。

4. 竞争意识不强

国防科技工业企事业单位缺乏竞争意识，由于受行业保护、专业分工过细等因素影响，军品科研生产较少开展竞争，粗放型科研生产方式长期未得到解决，资本利用效率不高。

二、民营资本参与国防科技工业的必要性分析

1. 民营资本参与国防科技工业有助于构建现代国防科技工业体系

民营资本参与国防科技工业建设，势必会加速我国现代国防科技工业体系的形成，也是建立基于系统集成的崭新国防科研生产体系的重要实现方式。我国国防科技工业要融入国民经济大系统之中，就必然要向民营资本开放。我国民营高新技术企业通常在设备和生产条件、科研开发能力、资金实力、人力资本水平、自主创新能力、经营管理机制等方面比国防科技工业企业有更大的优势，有很多民营企业的技术水平已走在全国前列。

2. 民营资本参与国防科技工业有助于加快武器装备建设

21 世纪，迅猛发展的新军事变革对武器装备建设提出了更高要求。信息化战争形态下对武器装备的要求大大超出了传统国防科技工业部门的研究和生产能力。因此，我国国防科技工业建设引入民营资本显得尤为迫切。目前我国民营资本在基础条件尤其是技术条件上已经初步具备了为研制生产现代信息化武器装备提供支撑的能力。

3. 民营资本参与国防科技工业有助于构建军民良性互动的国防动员平台

民营资本参与国防科技工业一方面有助于促进国防科技工业发展，另一方面又使国防科技工业对民营资本产生更强的技术扩散和溢出效应，从而有助于提升我国民营资本的整体竞争能力。

民营资本参与国防科技工业，既能够充分利用民间的资金、技术、人才等资源优势，促进武器装备建设的发展，又可以为国防工业领域注入更多的竞争力量，促进武器装备的技术升级，提高武器装备质量和生产效率，还能够促进现代国防工业企业制度的建立和运行机制的完善。

民营资本参与国防科技工业，有助于拓展国民经济的军事生产要素，增强武器装备建设的动员基础。一旦国家面临安全威胁或进入战争状态，不仅可以扩大专业武器装备的生产规模，而且可以随时动员具有武器装备生产能力的民营企业从事武器装备生产。

4. 民营资本参与国防科技工业有助于拓展民营企业的发展空间

当前，我国民营经济正处于一个重要的转型时期，如何进一步拓展我国民营经济的发展空间是民营经济发展面临的重大课题。鼓励民营资本参与国防科技工业为民营企业的发展拓展了新的空间。民营资本进入国防科技工业后，能够更好地发挥军事技术和军工生产能力的民用潜力，促进军事技术成果向民用领域转移，从而起到发展民营经济和带动整个国民经济发展的作用。

三、民营资本参与国防科技工业的可能性分析

1. 民营资本具备参与国防科技工业的能力

改革开放以来，随着我国经济的迅速发展，我国民营资本实力强大，具备了进入国防科技工业等垄断领域的实力。截至 2006 年底，登记注册的全国私营企业达到 494. 7 万家，比上年增长 15%；注册资金总额为 7. 5 万亿元，增长 22%；从业人员为 6395. 5 万人，增长 9. 81%；城镇中除国有及国有控股经济以外的经济即全部民营经济固定投资总额达到 4. 83 万亿元，比上年增长 37. 7%，高于全国 13. 2 个百分点，占城镇固定资产投资总额的比重首次超过 50%，达到 51. 6%；到 2006 年 11 月，规模以上私营工业增加值为 1. 5 万亿元，同比增长

25%，高于全国8.2个百分点；全国私营企业进出口总额为2436亿美元，同比增长46.5%，高于全国增长率约23个百分点。实践证明，民营经济作为我国经济肌体中最具有活力和生命力的一个亮点，已成为支撑和推动经济增长的重要力量。

2. 相关法规体系逐步完善

中央政府有关部门根据“军民结合、寓军于民”的国防科技工业发展战略，积极修订以往不适用民营企业进入国防工业的法律和规章，在确定民营资本进入国防科技工业合法地位的同时，也在制定一系列引导和规范民营资本参与国防科技工业投资的新法规。

3. 准入制度已经建立

在计划经济体制时期，我国国防科技工业的投资只限于国家投资，民营资本基本上处于配套协作的地位。随着社会主义市场经济体制的初步构建和改革开放的进一步深入与扩大，从20世纪90年代中期开始，国防科技工业委员会就制定了军工产品生产许可证制度，这标志着民营资本从理论上讲开始涉足国防工业领域。经过多年的探索与实践，2005年国防科工委颁布的《武器装备科研生产许可实施办法》，标志着国防科技工业投资准入范围开始拓展到民营资本。

4. 竞争环境初步形成

国防科技工业“军民结合、寓军于民”发展战略的确立，在打开军工市场大门的同时，也为营造公平的竞争环境创造了有利条件。我国政府除了在建立和完善有助于民营资本参与国防科技工业投资的相关法律体系外，国家和军队也在营造公平竞争环境方面给予高度关注，采取一系列有效措施营造一个有助于在国防科技工业投资领域实现民营资本与国有资本的公平竞争环境。

四、民营资本参与国防科技工业的风险分析

1. 信息交流机制尚未完善

由于我国没有国防科技装备信息发布制度，军品需求信息缺乏沟通渠道，军队需要什么、需要多少、标准是什么，民营企业无从知晓；政府和军队部门对于

民营企业的技术状况和产品也不清楚。因此，民营资本虽然获准参与国防科技工业投资，但是，民营资本与政府、军方、国防科技工业界之间的信息交流平台没有能够真正建立起来，信息交流还存在许多体制和机制上的障碍。

2. 利润问题

由于国防科技工业产品的特殊性，民营资本在参与国防科技工业投资的过程中，会存在一些影响资本增值的因素：产品生产批量小、产品订货间隔期长、生产成本高。这些因素势必制约民营资本的资本增值幅度，从而也增加了民营资本参与国防科技工业投资的风险。

3. 专用性投资风险

军品是用于保障国家安全防务的特殊产品，客观上要进行专用性的投资。用于军品生产的专用性投资的利益回报，通常受能否获得军品订货任务以及获得军品订货规模状况影响，这必然成为民营资本追求增值进程中的一个不容忽视的潜在风险。

4. 武器装备技术开发的风险

在武器装备的技术开发中，不仅需要投入巨额资金和大量的人力、物力，而且面临失败率极高的风险。民营资本参与国防科技工业所承担的这些风险，如果不能满足民营资本追求增值的欲望，甚至使民营资本利益受损，那么民营资本就不愿去积极面对这些风险，也就不敢进入国防科技工业。

5. 成本问题

军品生产是资本密集性的生产活动，加上需要进行专用性投资，因而民营资本进入国防科技工业的实际成本和机会成本都比较高，从而压缩了民营资本的增值空间，这必然会对民营资本的增值诉求产生一定的负面影响。

五、促进民营资本参与国防科技工业的思路与措施

1. 构建一个公平合理的制度环境

当前民营资本参与国防科技工业的制度环境日益得到改善。但是，我国民营

资本在参与国防科技工业方面，还是遇到众多壁垒，尤其是政策、资金、技术、客户等方面的问题。为有效地解决这些问题，必须最大限度地减少强制性要求，取消规定性做法，尤其是消除一些隐性制度障碍，建立和完善军品招投标制度，设计一套科学有效的准入制度和退出机制，为民营资本参与国防科技工业提供一个公平合理的制度环境。

2. 构建一个国防科技成果转化平台

由于军品一次性订货批量小、研发周期长等原因，参与国防科技工业的民营资本的增值预期很难达到，可以说，仅仅依靠军品想收回民营资本的投资成本是不可能的，只有把所掌握的技术及时、有效地转化、应用到各个领域，才能产生经济效益。因此，要构建一个国防科技成果转化平台，保留国防科技工业军用与民用的不同接口，通过国防科技工业的民用接口及时、有效地把国防科技成果转化为现实生产力，从而确保民营资本的增值预期得以实现。

3. 建立畅通的信息交流机制

国家和军队有关部门要定期向有关国防科技工业企业及研究院所征集技术需求及攻关项目，摸清国防科技工业的需求以及技术“瓶颈”，同时，通过各种途径寻求民营资本的参与；要及时组织民营资本与国防科技工业企业相互交流，多方接触，共同研讨，提出应用合作方案；在民营资本参与国防科技工业后，要建立一个动态控制机制，以有效规避投资风险，尽量确保民营资本的增值诉求得以满足。

4. 构建一个科学有效的风险调控机制

首先，政府部门作为国有资产的代表人，必须迅速改变传统的对国防科技工业的直接干预和管理方式，同时不断完善和强化其股东角色。其次，国防科技工业管理部门应该通过政策制度维持军品市场的稳定，为国防科技工业改革创造一个稳定而宽松的环境，要进一步明确保护军方的利益，增强军方对民营资本进入国防科技工业的信心，加快高风险国防科技工业投资风险处置进程，从根本上形成优胜劣汰的市场竞争环境。最后，监管部门要建立相应的监管法规制度和监督体系，要构建规范、公正、透明、高效的市场准入管理体系，完善科学、审慎、透明、操作性强的市场准入标准和程序，维护国防科技工业领域的公平竞争；要逐步完善民营资本参与国防科技工业的风险评价和预警体系，通过实施持续性的全面监管来有效防范和控制风险。

参考文献

[1] 任海平．民转军——世界军工发展的新趋势［J］．国防科技，2004（4）．

[2] 张晓军．英国军民两用政策的启示［N］．中国国防报，2006－07－25.

[3] 叶卫平．论树立大国防科技工业的观念［J］．国防科技工业，2004（5）．

[4] 檀彩莲．“民转军”——民用企业发展的新机遇［J］．中国机电工业，2004（8）．

[5] 赵建元．军民融合是国防科技工业发展的必由之路［J］．国防科技工业，2005（8）．

非公经济参与国防工业建设的政策保障机制研究*

张远军

一、非公经济参与国防工业建设的科学内涵与外延

所谓非公经济参与国防工业建设，就是非公有制经济经过行业主管部门审批获准进入武器装备科研生产领域，参与国防科技工业产品的研发与生产。非公经济参与国防工业建设，按照有关规定参与国防工业科研生产任务的竞争，有利于借助非公有制企业的灵活机制、雄厚资金和高新技术储备，更好发挥市场配置资源的基础性作用，增强国防科技工业自主创新能力，提高武器装备研制生产能力和水平，促进国防科技工业体制机制创新，加快建立国防科技工业社会化大协作体系。

1. 非公经济进入国防工业产品市场

国防工业产品市场（俗称军品市场）是指在国家统一领导下，按市场规律组织武器装备科研技术研究、工程制造和生产采购的所有科研生产经济活动。非公经济进入国防工业产品市场，要求逐步开放国防工业产品市场，打破军工系统内部大配套的格局，进一步引进竞争机制，在保障国防安全条件下，适当降低军品准入门槛，将一些零部件、原材料和中间加工制造采用许可证管理、招标、订货等办法分包出去，选择有条件的非公经济科研院所和企业进行研制与生产。

---

* 原载于《当代经济》2007 年第 11 期（下）。

2. 非公经济的科技企业进入国防工业技术市场

非公科技企业是我国国民经济体系的重要组成部分，同时也是我国国防科技活动中的一支重要力量。截至 2004 年 12 月 31 日，全国非公科技企业数量为 141353 家，企业数量比 2003 年增加了 13.14%。其中有限责任公司和股份有限公司 54270 家，私营与个体经济企业 52844 家，分别占企业总数的 38.39%、37.38%，全国非公科技企业资产总额达到 53003 亿元，这表明我国非公科技企业已经具备参与国防科技的实力和能力。

3. 非公经济进入国防工业资本市场

大力发展混合所有制经济，是我国国防工业企业改革的重要内容。国家明确表示，允许非公有资本进入国防科技工业建设领域，按有关规定参与国防科研生产任务的竞争以及国防工业企业的改组改制，参与军民两用高新技术开发及其产业化。因此，要积极吸纳非公经济资本进入国防工业资本市场，参与国防工业企业的股份制改造，实现国防工业资本多元化，以提高国防工业的竞争生存能力。

4. 非公经济进入国防工业人力资本市场

人力资本是国防工业发展的决定性力量，直接决定了其服务国防及国民经济建设的能力与质量，在国防工业系统的各项工作中，具有十分重要的地位。当前，我国国防工业企业人才队伍建设仍面临着十分严峻的形势。人才队伍建设的基础不够雄厚，人才队伍总量不足，结构失衡，分布不合理，高层次优秀人才紧缺。因此，加强国防工业人力资本市场建设，要充分利用非公经济科研机构学科专业、人力资源、设备设施上的优势，积极引进各类非公经济的科技和经营管理人才为国防工业企业的武器装备研制提供人力资本支撑。

二、非公经济参与国防工业建设的制约因素

目前，对于非公经济进入国防工业参与武器装备研制的问题已经引起了各方面的高度重视。中共十六届三中全会确立了“军民结合、寓军于民”的国防工业发展战略。2005 年 5 月 27 日，国防科工委正式对外颁布《武器装备科研生产许可实施办法》（以下简称《办法》），对非公经济进入国防领域进行“正名”与“鼓励”。根据该《办法》，民营企业及其他非公有制企业将获准进入武器装备科

研生产领域，这些都为非公经济准入国防工业提供了良好的社会环境。非公经济可以参与国防科技工业建设，但是不一定就能够完全进入国防工业建设的所有领域。

1. 利润因素

武器装备是用于保障国家安全需要的产品，平时军队对武器装备的消耗量非常有限。同时，一国政府为了保持军事技术上的领先性和降低武器装备的淘汰成本，对同一型号的武器装备等产品采购量也十分有限。如果一次性订货批量过小，会造成企业生产和经营防务产品规模上的不经济，甚至可能陷入亏损。武器装备产品订货间隔期长。另外，一些武器装备更新周期长，当某种武器装备批量生产和装备军队后，往往需要较长时间才进行更新换代，期间将不可避免地使企业存在专用设备、人才等闲置浪费现象，影响企业的盈利能力。也就是说，如果进入国防产业无利可获，或者获利甚微，非公经济就会缺乏进入国防产业的意愿。

2. 投资与生产的风险

非公经济参与国防工业面对投资与生产的双重风险。首先是专用性投资风险。武器装备是用于保障国家安全防务的特殊产品，在其生产过程中，对设备、工艺、材料和人员等都有一定特殊的要求，客观上要进行一些专用性的投资。这个专用性投资，“锁定”在武器装备生产上，企业能否获得武器装备订货任务，以及获得武器装备订货规模状况，将直接影响和制约武器装备生产专用性投资的效率。其次是武器装备技术开发的风险。在武器装备的技术开发中，需要投入巨额资金和大量的人力、物力，并面临失败率极高的风险。非公经济参与国防工业所承担的这些风险，如果不能使企业有获得高收益的预期，甚至使企业产生利益受损的预期，那么非公经济就不愿去积极面对这些风险，也就不敢进入国防产业。

3. 准入的高门槛

国防工业准入的高门槛增加非公经济的进入难度。武器装备研制生产事关国防安全，因此，武器装备需求方出于对国防安全的考虑，对武器装备的生产具有一些特殊的要求。因而，非公经济要进入国防工业，必然面临着一个比较高的门槛。主要表现在：①特定技术要求高。非公经济要进入国防工业，首先要满足武器装备对特定的知识和技术要求。由于非公经济长期从事民用产品的生产经营活动，缺乏对武器装备生产的技术和知识积累，因而进入国防工业会面临着特定知识和技术上的障碍。②进入成本高。武器装备生产还是资本密集性的生产活动，加上需要进行专用性投资，因而非公经济进入国防工业的实际成本和机会成本都比较高。③特殊标准要求高。武器装备是用于满足军事和战争需要的特殊产品，对武器装备的生产有一些特定的军用规范和标准。④安全保密要求高。为了保障国防安全的需要，一些武器装备的生产客观上需要处在保密的状态下进行。树立保密意识，建立和健全保密制度，是非公经济需要逾越的门槛。

4. 政府的严格管制

武器装备用于保障国家安全的特殊属性，决定了政府必须对进入国防工业的企业进行严格的管制。长期以来，我国对进入国防工业的企业通常采取的是政府指定办法，即由政府直接指定某些企业作为专业性军工队伍从事武器装备的生产活动，任何企业不得随意进入和退出国防工业。目前，虽然非公经济可以参与部分武器装备的生产经营活动，但也被严格限制在非常有限的产品生产范围内。政府对进入国防产业的严格管制，导致非公经济在参与国防工业建设上与国有国防工业企业在武器装备生产上的不平等地位。

三、非公经济参与国防工业建设的政策保障机制

1. 构建非公经济参与国防工业建设的资质认证机制

非公经济参与国防工业建设，必须符合国防科工委制定的“许可证”制度和军队制定的“资格审查制度”所规定的条件，并按照规定的程序通过严格审查，才能具有承担武器装备研制生产任务的资格。要验证非公经济企业是否具有独立承担民事责任的能力。要验证非公经济企业是否具有良好的资信和健全的质量保证体系。良好的资信主要是指非公经济企业在生产经营活动中始终能够做到遵纪守法、诚实守信、安全保密，并在合同履行中有良好的业绩。健全的质量保证体系，主要指企业的质量保证体系符合国家或军队有关标准和要求，管理正规有序，体系运行有效。

2. 构建非公经济参与国防工业建设的项目招标机制

项目招标机制是指武器装备采办方发布拟采办武器装备的内容、要求等以招引或邀请某些愿意承包的企业对武器装备采办项目所要求的条件等进行报价，从

而通过比较来确定理想的中标企业，达成协议的活动。在非公经济参与国防工业建设的大背景下，通过实行项目招标制度，能够促进非公经济企业与国有国防工业企业，以及非公经济企业之间的竞争，达到降低国防采办经费，优化国防工业结构的目的。同时，要界定实行招标制度的武器装备领域。投标制度在实际运用中存在许多问题，并不完全适用于对具有自然垄断特性的产业。完全适合实行公开招标制度的武器装备多数为零部件、电子元器件、普通的原材料等。而大型高技术武器装备，由于高技术性和保密性的原因，只能采取分阶段竞争，招标制度的实施不可避免地受到限制。至于战略层面的武器装备不可能实行竞争，所以招标制度完全被弃用。

3. 构建非公经济参与国防工业建设的信息交流机制

由于我国没有国防科技装备发布制度，武器装备需求信息缺乏沟通渠道，军队需要什么，需要多少，标准是什么，非公经济企业无从知晓，政府和军队部门对于非公经济企业的技术状况和产品也不清楚。因此，在非公经济企业参与国防工业建设过程中，要强化非公经济企业参与国防工业建设的供需信息的收集及交流机制，以最大限度地避免信息交流不对称现象的发生。首先要完善非公经济企业参与国防工业建设的公共信息平台，扩大信息归集部门，制定信息归集标准，建立联动监督制度，推动非公经济企业参与国防工业建设的供需数据信息开放共享。其次要定期举行一次“非公经济参与国防工业建设的情况通报会”，为非公经济人士向国防科工委、总装备部提出国防科研和武器装备发展的建议提供一个正式途径。最后要成立涉及国防科工委、军方、地方政府、非公经济科技工业企业界的小组或专门委员会，以加强相互之间的信息交流与互动。

4. 构建非公经济参与国防工业建设的质量监管机制

能否满足合同规定的“需要”，是衡量合同履行过程中产品质量的唯一标准。武器装备质量的好坏只有在军方购买之后才能观测到，属于一种典型“经验品”。首先要实行全指标、全过程、全系统质量综合管理，针对武器装备建立一个科学有效的质量管理体系，包括人员、方法、制度等内容。使质量管理扎根于质量生产的每一个环节。其次要实行军用标准的简化改革，大力推行性能规范政策。最后要建立合格制造商名录，实行动态管理机制。要确保武器装备质量安全可靠，就要实行资格认证。资格认证合格者载入合格制造商名录，并将成为按性能规范订货的优先选择对象。

5. 构建非公经济参与国防工业建设的政府科学决策机制

政府对非公经济参与国防工业建设进行干预的基本手段是制定和实施有关的

政策。政府政策的制定和实施，在很大程度上决定着非公经济参与国防工业建设的运行效率。为了使政府政策能够合理地指导非公经济参与国防工业建设的活动，从而确保非公经济参与国防工业建设的有效运行，就必须提高政府决策的科学性，避免政府决策失误造成非公经济参与国防工业建设的低效率或无效率，防止出现国防工业发展的大起大落给社会资源造成浪费现象。构建政府科学决策机制，最重要的是在决策主体、决策机构思维和决策程序三个方面实现根本的转变，以通过界明决策主体进一步解决好谁来决策的问题，通过端正决策思维进一步解决好为什么决策的问题，通过优化决策程序进一步解决好怎样决策的问题。

参考文献

[1] 任海平．民转军——世界军工发展的新趋势［J］．国防科技，2004（4）．

[2] 张晓军．英国军民两用政策的启示［N］．中国国防报，2006－07－25.

[3] 叶卫平．论树立大国防科技工业的观念［J］．国防科技工业，2004（5）．

[4] 檀彩莲．民转军——民用企业发展的新机遇［J］．中国机电工业，2004（8）．

[5] 赵建元．军民融合是国防科技工业发展的必由之路［J］．国防科技工业，2005（8）．

构建军民融合武器装备科研生产体系的必要性及政策建议*

张远军

胡锦涛同志在十七大报告中指出，要“建立和完善军民结合、寓军于民的武器装备科研生产体系”。现代科学技术特别是信息技术的迅猛发展，世界军事变革的风起云涌，迫切要求解决装备科研生产中各种矛盾和问题，建立军民融合的武器装备科研生产体系，为有效履行新世纪新阶段我军历史使命，打赢信息化战争提供可靠的装备保障。

一、建立“军民结合、寓军于民”的武器装备科研生产体系的必要性

1. 有利于推进国防科技工业的调整与改革

在风起云涌的世界新军事变革面前，在当今世界各国国防力量的竞争中，国防科技工业能力决定着一个国家军事变革的能力和限度，决定着一个国家军事力量所处的时代和层次。国防科技工业先进的国家，就能够在世界新军事变革中取得竞争的有利地位和战略优势。

一是建立国防科技工业新体系的要求。当今世界，各主要国家都是以“军民结合、寓军于民”为基础构建现代军工体系的，军品设计、研制和批量生产的各个环节，都是由主承包商、分承包商、零部件供应商组成的军工生产社会化协作体系完成的。推进有中国特色新军事变革，有效履行新世纪新阶段我军历史使

* 原载于《军事经济研究》2008 年第 10 期。

命，要求我国国防科技工业必须能够有效提供“多品种、小批量”的高新技术武器装备。但是，我国传统的军民分割、相对封闭的装备科研生产体系既无法适应国际市场上提高我国国防工业竞争力的需要，也无法适应推进中国特色新军事变革、建设现代化军队对国防工业的新要求。这就要求必须打破我国传统的封闭的武器装备研制体系，实施基于系统集成的国防科研生产体系，充分利用社会各方面的可用资源，从而建立起“小核心、大协作”的“军民结合、寓军于民”的装备科研生产体系。

二是推进装备科研投资主体多元化的要求。多年以来，我国军品科研生产政府投资较多，社会投资较少，投资主体相对单一。积极推进中国特色新军事变革，国防科技工业需要通过改变投资现状、推进投资主体多元化，进一步完善投资体制和产权制度，提高军工企业自身素质和自我生存、发展能力。除了政府向企业投资和企业自筹投资外，投资主体多元化主要是推进或鼓励企业吸纳社会投资。当前，政府投资相对欠缺，大量吸纳社会投资可一定程度上弥补投资缺口，有利于保持武器装备科研生产的可持续发展。

三是构建军民良性互动的国防动员平台的要求。民用工业企业参与装备科研生产竞争不仅有助于促进国防建设发展，同时还使国防科技工业对民用经济产生更强的技术扩散和溢出效应，从而有助于提升我国工业的整体竞争能力。民用工业企业参与装备科研生产竞争，既能够充分利用民营经济的资金、技术、人才等资源优势，促进武器装备建设的发展，又有助于拓展国民经济的军事生产要素，增强武器装备建设的动员基础。一旦国家面临安全威胁或进入战争状态，不仅可以扩大专业武器装备的生产规模，还可以随时动员具有武器装备生产能力的民用工业企业从事武器装备生产。

2. 有利于提高国防经费的使用效益

第一，有利于降低装备科研生产成本。军民兼容是在现代科学技术发展条件下，根据军品科研生产发展规律所做出的必然选择。实现装备科研生产的军民兼容，可以充分、有效地利用现有资源，达到节省费用的目的。具体地说，通过减少军用规格与标准的使用，可以扩大对民用技术的利用和对民用产品的采购，从而使产品生产成本和采办费用大幅度降低，提高政府的军费使用效益；直接采用成熟的民用高新技术成果研制高新技术武器装备，直接采用经过民用考验而且满足军事需求的“货架产品”，能够在一定程度上降低高新技术军事装备研制费、采购费和维护费，迅速形成战斗力。

第二，有利于降低国防采办费用。军民融合的武器装备科研生产体系能够最大限度地利用民用产品和工艺，最终促进武器装备科研生产的军民一体化。建立

“军民结合、寓军于民”的武器装备科研生产体系，可以给武器装备采办带来很大的好处。据英国国防部统计，国防部采办费用因引入竞争每年可以节省约10亿英镑[①]。例如，2003年4月美国《商业周刊》报道，20世纪90年代中期，美国国防部一承包商研发了单兵数字化系统，重达80磅，造价9万美元，后来研究人员买来美国英特尔（Intel）公司的芯片等民用产品对系统加以改造，该系统重量下降到25磅，造价降到1万美元。[②]

3. 有利于实现社会经济资源在国防和经济领域的合理配置

在信息化战争时代，经济建设和国防建设对资源的占用量日趋增加，对资源需求范围日趋拓宽，对资源需求内容交融度也越来越高。当然，任何一个国家的绝大部分资源都是既可用于经济建设，产生经济效益，又能够用于国防和军队现代化建设，产生国防效益。“在一定时期内一国资源的价值总量、实物总量及结构是既定的和有限的，这就形成了国防与经济对资源需求的矛盾”。[③] 推进中国特色军事变革，提高军队应对多种安全威胁、完成多样化军事任务的能力，要求我们必须加大国防资源的投入力度，努力推进武器装备科研生产的跨越式发展。在国家资源相对有限的前提下，增加国防资源需要坚持军民融合的原则。同时，在社会资源配置上要避免国防建设单独占用资源或经济建设单独占用资源的“两张皮”现象，逐步建立国防与经济共用的“一个工业基础”，为社会资源在国防建设与经济建设中的合理配置搭建同一个平台。

二、建立“军民结合、寓军于民”的武器装备科研生产体系的政策建议

1. 建立“军民结合、寓军于民”的协调联动机制

（1）建立“军民结合、寓军于民”的协调机构。尽管我国市场经济体制逐步健全与完善，但我国武器装备科研生产实行的依然不是纯粹的市场机制。由于我国军工企业在武器装备上的研制生产成本不具优势，无力与民营企业进行竞争，因此，力图利用与军方的传统关系，谋求垄断经营。在这种情况下，就要从

① 魏刚，艾克武．武器装备采办合同管理导论［M］．北京：国防工业出版社，2005.

② 何奇松．冷战后美国国防工业的重组［J］．美国研究，2005（4）．

③ 王宝坤．资源合理配置到国防与经济的政策措施［J］．中国军转民，2006（9）．

国家发展战略的高度出发，有效发挥市场机制的作用，促进军用、民用技术的双向转移，实现各相关部门利益的相互协调。建议在国务院科技领导小组下设立一个由国家发展和改革委员会、科技部、总装备部等部门参加的“军民两用技术办公室”，作为促进军用、民用技术良性互动的牵头管理机构和协调机构，推动武器装备科研生产“军民结合、寓军于民”的进程。

（2）建立“军民结合、寓军于民”相关部门的联动机制。当前，建立“军民结合、寓军于民”的武器装备科研生产体系，关键是解决军民部门分割问题。实施“军民结合、寓军于民”的武器装备发展战略的意图就是解决军民部门分割问题，实现相关部门在军民两用技术发展上的协调互动。建立武器装备科研生产相关部门的联动机制，就是要构建以总装备部为代表的武器采办部门，以国防科技工业委员会为代表的军工生产部门（包括获得武器装备生产许可证的非公有制工业企业）和以科技部为代表的科技研发机构（包括从事军民两用高新技术开发的非公有制科技企业）之间的利益关联机制，打破信息资源、技术资源、人力资源以及市场利益的部门条块分割，以发挥优势、共同发展、提高武器装备科研生产效率为宗旨，在信息、技术、人才、资本等领域进行“无缝隙”的交流与协作，实现各相关部门发展战略与发展利益的相互联结与有机耦合，形成相互促进、共同发展的武器装备发展模式。

2. 积极发展军民两用技术

（1）通过实施国家战略性大科学项目计划，发展军民两用高新技术。国家战略性大科学项目计划，从国防安全和经济效益的两种需求出发，具有天生的军民两用性。由国家根据国防建设和经济建设的需要，统一组织选择诸如神舟系列飞船、嫦娥一号绕月工程、北斗导航系统等的一些具有军民共用性质的重大专项科学计划，作为国家科技和国防科技投资项目的主要牵引，由政府、军队及社会科研机构、民用工业企业共同承担投资与开发，以此促进军民两用高新技术的发展。

（2）实施武器装备科研的“公私合作”计划。积极推进武器装备科研生产的社会化，发展军民两用技术，要积极开放军品技术市场，把武器装备的科研生产逐步推向市场，积极鼓励非公有企业参与武器装备科研生产的竞争。充分利用社会科研机构参与国防科研。近年来，随着高新技术的发展，一些从事高技术开发的社会科研机构的技术水平已经领先于传统的国防科研部门。因此，开发军民两用技术，要充分发挥社会科研力量，吸取先进的民用科技成果，采取一切可能措施来吸引更多的社会科研机构承担军民两用技术的国防科研工作，并为社会科研机构的参与提供各种技术支援和设备保障，鼓励技术先进的社会科研机构开发军民两用技术，提高其在国防科研中的地位。

3. 抓好军工企业股份制改造，实现武器装备科研生产投资主体多元化

（1）抓好军工企业股份制改造。在新的历史阶段，我国军工企业产权结构单一、机制不活等长期存在的问题没能得到有效解决，仍然难以适应中国特色军事变革的需要。随着武器装备科研市场的逐步开放，许多具有技术和经济实力的民用工业企业（包括民营企业、外资企业以及混合所有制企业）积极参与武器装备的科研生产活动，军工企业面临着越来越激烈的市场竞争。军工企业股份制改造，就是在保持关键技术及核心生产能力的前提下，不同程度地对部分国有军工企业实行股份制改革或私有化，以广泛吸纳社会人才科技资源，保持和激励军事工业的创新性，保证武器装备的先进性。2007 年 6 月，经国务院同意，国防科工委、国家发展改革委和国资委目前已联合发布《关于推进军工企业股份制改造的指导意见》，积极推进武器装备科研生产投资主体多元化，鼓励各类资本参与军工企业股份制改造，以建立“军民结合、寓军于民”的武器装备发展体系。

（2）改革武器装备科研生产投资制度。改革和完善武器装备科研生产投资体制，建立以竞争机制为核心，“军民结合、寓军于民”的武器装备科研生产投资制度。首先，要修改限制非国有资本进入武器装备科研生产领域的政策法规，扩大武器装备科研生产许可证发放范围，鼓励社会资本参与武器装备科研生产。其次，要营造有利于各类投资主体参与军品科研生产公平、有序竞争的市场环境，促进生产要素的合理流动，优化投资结构，推进投资主体多元化。

（3）积极鼓励民用工业企业参与武器装备科研生产竞争。民用工业企业参与武器装备科研生产竞争，从经济角度看，可以利用其丰富的人力、物力及技术资源，使国防建设具有更加广泛的经济社会基础；从技术上看，先进的民用技术转为军用，可以弥补国防科技的不足，提供高新技术武器装备。在民用工业企业参与武器装备科研生产竞争中，要建立军民融合的通用技术标准，为民用企业承担军品研制和生产任务消除技术障碍，达到既要有民用产品的先进性，又要有军工产品的稳定性、可靠性，以适应未来作战需求。同时，要建立军品需求信息发布制度，将军用产品需求计划和技术发展规划，以项目发展指南和项目发展计划的形式，定期向具有资质的民用工业企业发布，引导其参与军品的科研生产。

参与国防工业的民营企业最优规模探讨*

杨闽湘　曾　立

一、引言

随着引入民企参与国防工业这一战略决策的落实，迫切需要加强对民营企业进入国防工业的管制等一系列相关问题进行深入研究。

目前，关于民营企业进入国防工业、参与武器装备科研生产的研究主要集中在以下几个方面：陈一博（2006）对民营企业参与国防工业的必要性以及实施的障碍做了定性分析。张福元、刘占岭（2006）认为打破国防工业的垄断的市场结构，鼓励和引导民营企业进入国防工业是促成国防工业市场形成有效竞争的根本途径。沈志华等（2006）就国防工业处理垄断与竞争的相互关系提出，根据需求弹性不同，合理规制企业数目；根据目的需求，扩大市场准入。同时，一些学者也开始关注民营企业参与国防工业竞争可能带来的负面影响。董北北（2008）对参与国防工业的民营企业进行政府管制的成本与收益进行了分析，为参与国防工业的民营企业管制提供了一个经济学的分析方法。有些研究认为，民营企业的最根本目的是为了获得高额的经济利益，由于装备市场的特殊性，如不对其进行有效的管制，将严重危害到国家安全利益。

以上几方面的研究对于如何有效管控和发展参与国防工业的民营企业均具有一定的代表性，但从目前掌握的文献资料看，关于民营企业与国防工业的最优规模方面的研究较少。因此，本文试从民营企业参与国防工业竞争对国防工业的市场结构与竞争效率的影响出发，考虑装备市场的结构和民营企业以经济效益最大

* 原载于《军事经济研究》2010 年第 1 期。

化为经营目标的特点，以国家安全利益和竞争效率最大化为目标，通过建立民营企业与军工企业相互竞争的博弈模型，对参与国防工业的最优民营企业规模问题进行探讨。

二、理论模型

1. 装备市场

假设某武器装备的市场为不完全竞争的市场，该市场上有 m 家国有军工企业、n 家民营企业，技术人员与非技术人员投入比例固定不变，技术人员以及非技术人员的人均产量均与生产规定无关。分别用 q_{1i} 和 q_{2i} 表示国有军工企业 i 中的技术人员和非技术人员的人均产量，w_{1i} 和 w_{2i} 表示国有军工企业技术人员和非技术人员的工资，Q_i 为国有军工企业 i 的总产量。同样，分别用 $\dot{q}_{1j}$ 和 $\dot{q}_{2j}$ 表示民营企业 j 的技术人员和非技术人员的人均产量，$\dot{w}_{1j}$ 和 $\dot{w}_{2j}$ 表示民营企业技术人员和非技术人员的工资，$\dot{Q}_j$ 为民营企业 j 的总产量。则国有军工企业 i 的利润 $\dot{\pi}_i$ 和民营企业 j 的利润 $\dot{\pi}_j$ 分别为：

$$\dot{\pi}_i = P\{Q_T\} Q_i - w_{1i} l_{1i} - w_{2i} l_{2i} \tag{1}$$

$$\dot{\pi}_j = P\{Q_T\} \dot{Q}_j - \dot{w}_{1j} \dot{l}_{1j} - \dot{w}_{2j} \dot{l}_{2j} \tag{2}$$

其中，Q_T 是武器装备的总供给量，根据利润最大化的必要条件，古诺—纳什均衡条件下国有军工企业 i 的技术人员投入量 l_{1i}^*、民营企业 j 的技术人员投入量 l_{1j}^* 和行业的总产量 Q^* 分别为：

$$l_{1i}^* = \frac{w_{1i} + c_i w_{2i} - P q_{1j}}{P'[Q_T] q_{1i}^2} \tag{3}$$

$$l_{1j}^* = \frac{\dot{w}_{1j} + \dot{c}_j \dot{w}_{2i} - P \dot{q}_{1j}}{P'[Q_T][\dot{q}_{1j}]^2} \tag{4}$$

$$Q^* = \sum_{i=1}^{m} q_{1i} l_{1i}^* + \sum_{j=1}^{n} q_{1j} \dot{l}_{1j}^* \tag{5}$$

2. 劳动力市场

由于非技术人员跨行业流动的机会成本较小，因此可忽略民营企业参与国防工业生产竞争对非技术人员工资水平的影响，将非技术人员的工资水平 w_u 认为是外生参数。假定技术人员劳动力市场的供给平衡主要通过技术人员工资水平的调整实现。当技术人员劳动力市场供需均衡时：

$$\sum_{i=1}^{m} l_{1i}^{*}[w_s] + \sum_{j=1}^{n} \alpha_j \, l_{\tilde{1}j}^{*}[w_s] = \overline{L}_s \tag{6}$$

其中，α_j 为民营企业 j 的技术人员所占比例；$\overline{L}_s$ 为国防工业某特定行业技术人员的总供给量。利用（3）式和（4）式以及（6）式，可以确定技术人员供需平衡时的工资水平：

$$w_s^{*} = aP^{*} + \frac{a^2 \dot{L}_s P'[Q^{*}] - [mc + \alpha n\dot{c}]w_u}{m + \alpha n} \tag{7}$$

3. 社会总收益

民营企业参与国防工业会影响消费者剩余（降低生成成本与武器装备的价格）、国家安全利益（提高武器装备的质量）、技术人员的工资和非技术人员的就业水平。用 W 表示国防工业某特定行业的社会总收益：

$$W = \int_{0}^{Q^{*}} \{P[Q] - P[Q^{*}]\} dQ + S[q_e] + w_s^{*}\overline{L}_s + \sum_{i=1}^{m} w_u c_i l_{2i}^{*} + \sum_{j=1}^{n} w_u \tilde{c}_j \tilde{l}_{2j}^{*} \tag{8}$$

其中，S 为安全函数，是产品质量 q_e 的增函数。为了简化，假设同行业内存在同质的民营企业和同质的国有军工企业。用 $\dot{L}_s^{*}$ 表示民营企业中专业技术人员的总供给量。可将（8）式简化为：

$$W = -mnP'a^2(l^{*})^2 + w_s^{*} n\dot{L}_s + w_u mncl^{*} + w_u n^2 \dot{c}l^{*} + S[q_e] \tag{9}$$

其中，h 是技术人员中国有军工业企业技术人员所占比例的倒数，$h>1$；e 为产品的需求弹性。

三、最优民营企业数量和合理民营企业生产份额的确定

我们将行业的最优民企数量和合理民企业生产份额分别定义为使得该行业所形成的社会总收益 W 达到最大的民营企业数量和生产比例，然后分析确定最优民企业数量及其影响因素，给出合理民企业生产份额的评价标准。

1. 最优民企数量及其影响因素

民营企业参与国防工业是通过影响国有军工企业技术人员的工资水平、非技

术人员的就业水平和利润而使社会总收益发生变化。当 $\partial W/\partial n=0$ 时，民营企业数目 n 为：

$$n_1=\frac{\alpha\theta-\sqrt{\alpha^2\theta^2-4m}}{2} \tag{10}$$

$$n_2=\frac{\alpha\theta+\sqrt{\alpha^2\theta^2-4m}}{2} \tag{11}$$

其中，$\theta=\dfrac{aP^*+mehw_u[c-\tilde{c}]}{[\alpha 1-\alpha]\ ehw_u\tilde{c}}$ (12)

当 $0<n<n_1$ 时，$\partial W/\partial n<0$；当 $n_1<n<n_2$ 时，$\partial W/\partial n>0$；当 $n>n_2$ 时，$\partial W/\partial n<0$。据此，社会总收益与民营企业数量的关系如图 1 所示。

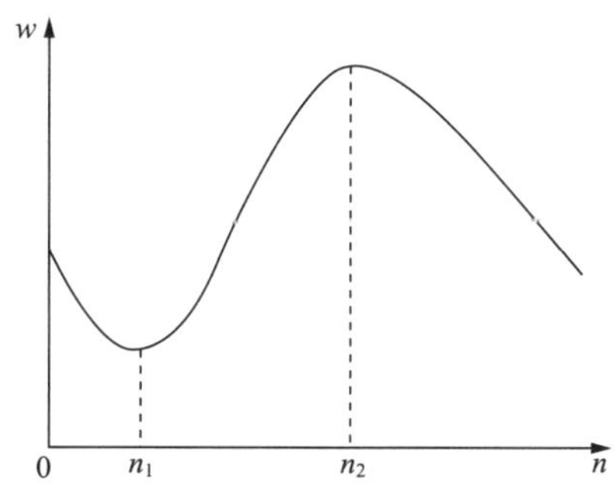

图 1　社会总收益与民营企业数量的关系

在民营企业数量较少时，引入民企会导致国防工业的利润下降，从而损失社会总收益；但是当民营企业数量达到一定水平之后，民营企业对国防工业技术人员等生产要素的需求增加将提高国防工业内技术人员的所得，使社会总收益上升。然而，当民企超过一定数量，民企增加造成的国有军工企业利润下降以及非技术人员就业量减少等负面影响将超过技术人员所得增加带来的正面影响，从而社会总收益随着民企数量的增加再次出现下降趋势。据此可知，最优民企数量 n^* 为 n_2。进而可总结出各因素对最优民企数量的影响：

$$\frac{\partial n^*}{\partial e}=-\frac{P^*a}{a[1-a]^2e^2hw_u}\left[\frac{a}{2}+\frac{a^2\theta}{\sqrt{a^2\theta^2-4m}}\right]<0 \tag{13}$$

$$\frac{\partial n^*}{\partial[aP^*]}=\frac{1}{[1-a]e^2hw_u}\left[\frac{1}{2}+\frac{a\theta}{\sqrt{a^2\theta-4m}}\right]>0 \tag{14}$$

$$\frac{\partial n^*}{\partial m}=-\frac{[1-a]\tilde{c}+n^*[c-\tilde{c}]}{[1-a]\tilde{c}\sqrt{a^2\theta^2-4m}}<0 \tag{15}$$

(13) 式、(14) 式、(15) 式表明：民营企业的数量与产品需求弹性成反比、与技术人员人均产值成正比、与行业中国有军工企业的数量成反比、与非技术人员工资水平成反比、与国有军工企业生产效率成反比、与国有军工企业技术人员在国防工业内的比例 h 成反比。

2. 合理民营企业生产份额

在最优民企数量下，行业中的民营企业总产量为 $n^{*}a\dot{l}^{*}$，国有军工企业的总产量为 $n^{*}a\dot{l}^{*}+mal^{*}$，则合量民企生产份额为：

$$z^{*}=\frac{n^{*}[P^{*}a+ehw_{u}m(c-\tilde{c})]}{[m+n^{*}]P^{*}a+ehw_{u}mn^{*}[1-a][c-\tilde{c}]} \tag{16}$$

若当前民企生产份额小于合理民企生产份额，则增加民营企业将有利于国防工业的利益，但如果民营企业生产份额超过合理民企生产份额，那么，适当控制民营企业的进入将有助于减少社会总收益的损失。

四、结论与启示

研究表明，行业中，国有军工企业获得的收益与民营企业的数量有关，选择适当的民营企业规模有利于社会总收益的增加。行业中最优民企的数量与产品的需求弹性、技术人员的平均产值、现有国有军工企业的数量、非技术人员的工资水平、国有军工企业在生产管理上效率的差异和技术人员的禀赋等因素有关。对于产品需求弹性较小、技术人员的平均产值较高、企业生产效率相差较大的行业，较高的民营企业生产比例有利于提高社会总收益。在军工技术人员供给增加的情况下，适当增加民营企业的数量有益于国防工业的发展。

首先，由于各行业存在有利于社会总收益的最优民企生产份额，因此，在民营企业大量进入国防工业的情况下，根据行业的特点和行业内的民企利用现状，必须通过激励和限制手段有选择地利用民企资源。在产品需求弹性小、国有民营企业生产效率差异大、专业技术人员较多、人均产值高的行业，应允许较多的民营企业进入。其次，在民营企业数量较少的行业，民营企业的准入会在短期内大幅度削减国有军工企业利润，但在民营企业数量达到一定规模后，民企带来的国有军工企业技术人员与非技术人员的劳动收入增加的正面效应会超过国有军工企业利润减少的负面效应，因此鼓励民营企业进入这些行业将有利于社会总收益的整体提高。最后，为了解决国有军工企业非技术人员的就业问题应当鼓励民营企

业进入目前民企数量相对较少的国防工业行业，对于民营企业数量已达到较大规模的军工产业，民企的继续增加会恶化国有军工企业非技术人员的就业状况，而且在民企大量进入的情况下，大力培养专业技术人员尤为重要。

参考文献

［1］陈一博．关于民营企业进入国防科技工业的思考［J］．国防技术基础，2006（4）．

［2］张福元，刘沃野，崔丽．基于国防工业市场形成有效竞争的政策思考［J］．价值工程，2006（8）．

［3］沈志华，杨大勇，范肇臻．试论国防科技工业的垄断和竞争［M］//中国国防经济学：2005. 中国财政经济出版社，2006.

［4］董北北．对我国进入国防产业的民营企业管制的经济学解析［M］//中国国防经济学：2007. 中国财政经济出版社，2008.

［5］于津凭，梁琪．不完全竞争行业最优外资规模研究［J］．数量经济技术经济研究，2008（12）．

战略性新兴产业军民融合发展研究

——开启经济发展“第五个长周期”的钥匙*

孟斌斌　曾　立

温家宝同志在“让科技引领中国可持续发展”的讲话中提出了战略性新兴产业发展的思想。这是历史发展的必然，是后危机时代在外需骤减，国际贸易条件不容乐观的前提下，生态环境、自然资源等约束凸显的大背景下，实现中国经济可持续增长、经济转型、经济结构调整的重大举措，是中国走上“创新推动，内生增长”的可持续发展道路的必然要求。

战略性新兴产业的发展引领一个新时代的到来。根据熊彼特的经济周期理论，创新是指企业家对生产要素的新的组合。它包括以下五种情况：一是引入一种新的产品或提供一种产品的新质量；二是采用一种新的生产方法：三是开辟一个新的市场；四是获得一种原料或半成品的新的供给来源；五是实行一种新的企业组织形式，如建立一种垄断地位或打破一种垄断地位。熊彼特认为，创新不可能是连续平稳的，而是时高时低，时多时少的，而且往往会集中在一个较短时期。当某一创新出现时，会有许多企业模仿，形成创新高潮，投资增加，信用扩大，经济扩张走向繁荣。当创新普及以后，盈利机会减少，投资下降，信用收缩，经济由繁荣走向萧条。熊彼特以“创新理论”为基础，把不同的创新与不同的经济周期联系起来。他以三次重大的创新为标志，划分了几个长周期。第一个长周期从18世纪80年代到1842年，是以纺织机等创新为标志的“产业革命时期”；第二个长周期从1842年到1897年，是以蒸汽机和钢铁生产创新为标志的“蒸汽和钢铁时期”；第三个长周期发生在1897年以后，是以电力、化工、汽车创新为标志的“电气、化学和汽车时期”；第四个长周期发生在1960～2010年，是“信息、网络、航空航天时期”。可见现在已经属于周期的更替时期，经济危机（传统发展方式之危、新型发展方式之机）也在一定层面上验证了该理论的预测。4万亿元的投资的问题是没有搞清楚金融危机是什么造成的，在产业

---

* 原载于《中国军转民》2011年第4期。

上没有倾斜，使得产能过剩，环境污染，尽管短期使得经济向好，但是这种振兴计划使得传统发展模式的危机更加严重，积累的矛盾更大。不能长期这么做。在这种情况下，要转变方式。现在不是总量的危机，而是总量失衡，更多的是结构危机，是结构失衡。所以要发展战略性产业，在新的长周期走在前面，而这个结论来自日本的教训。日本在“黄金 20 年”发展重化工业、机械工业，实现了经济振兴，但 20 世纪 70 年代的石油危机使得高耗能的产业受到打击。现在日本已经实现了低耗，赢得了对于美国、欧洲的优势。

战略性新兴产业以及与之而来的“创新”是下一个经济周期的标志。战略性新兴产业的发展势在必行。然而，资源是稀缺的，这是在考虑如何发展战略性新兴产业时必须面对的一个问题。根据冲突经济学的思想，资源的配置需要考虑到两个大的方面，即生产性努力与斗争性努力。这两个方面是矛盾的两面，既相互促进又相互对立。要统筹两者，经过科学的探讨与分析，发挥战略性新兴产业的效益，才能使中国又好又快地走上“创新推动，内生增长”的可持续发展的道路。

中国经济同样符合“木桶效应”与“缝隙效应”之说。经济管理理论中有个著名的木桶理论：一只木桶能够装多少水不是取决于最长的那块木板的长度，也不是取决于木板的平均长度，而是取决于最短的那块木板的长度。整个国民经济就像一只木桶，产业结构中的“短板效应”也十分明显。这个理论还可以延伸一下：一只木桶能够装多少水，不仅取决于最短的那块木板的长度，还取决于木板间的结合是否紧密。如果木板间存在缝隙，同样无法装满水，甚至一滴水都装不了。这也可以看出产业组织政策的重要性。由生产性努力和斗争性努力组成的中国经济的“水桶”也存在“短板效应”与“缝隙效应”。如果战略性新兴产业统筹不好两方面，或者产业政策不能和战略性新兴产业相适应，就会导致经济体的“水桶”无法装到预期的“水”。本着这样的想法，笔者试图给出一个军民融合的发展思路来探讨战略性新兴产业的发展问题。

1. 战略性新兴产业的发展必须面向两个需求

战略性新兴产业的发展应该面向需求。温家宝强调，战略性新兴产业的选择必须科学，战略性新兴产业必须具有“市场需求前景”。在后经济危机时代，中国经济运行中的最大困难就是外部需求急剧减少，而且将来在相当长的时间也很难恢复到危机之前的水平。在这种情况下，一部分产业就暴露出产能过剩问题。面对这种情况，我们必须重视发展战略性新兴产业，并且这些产业的产品要有稳定并有发展前景的市场需求。经济危机导致的国际贸易顺差急剧下降，同时由于心理预期导致个人消费下降以及企业投资下降，拉动经济增长的“三驾马车”

都在一定程度上受到了冲击。在这一大背景下，国家在4万亿元基础建设的投资缓解了2009年的经济增长难题，同时也带来了一定的“产能过剩”以及发展的不可持续。因为基础建设不能够马上创造出新需求，其效果只有在经济的长期中才能表现出来。而战略性新兴产业则不同，可以在需求不足的经济环境下创造出新的需求，创造出新的增长点。

军民两用需求才是一个完整的需求。应该强调，这里讲的军用需求是基于能力的需求观念。在讨论需求的时候，只有科学地把握军用需求与民用需求，才能掌握经济的全貌。如果只强调民用需求势必会与军用需求隔离，在军用需求凸显时，只能或者再重复建设，或者再高成本地从民口转移。这种基于“威胁”的、滞后的、被动的军用需求观念已经不能够满足时代的需求。如果只强调军用需求，势必导致需求量的减少，严重限制民用需求的发展，使人民福利的增加在时间上滞后。军用需求往往牵引着高新技术的发展，对于战略性新兴产业更是如此。必须发挥好军用需求的牵引作用，同时考虑民用需求。在同一个经济系统中，只有协调好两个需求，采取军民融合式发展，才能逐步形成“创新型国家”体系，使产业发展更有效率。

2. 战略性新兴产业的发展必须依托两个资源

任何产业的发展部必须有资源的流入。资源包括自然资源、人力资源和制度性、文化观念等软资源。温家宝强调：“长远的事情是什么？我认为最重要的是科技和教育。要使中国真正走在世界的前列，必须有强大的科学技术力量，有一支富于创新的人才队伍。这是中国发展的后劲之所在、力量之所在。”自然资源是一个固定的存量，科技和教育造就的创新的人才队伍则是可以改变的量。

战略性新兴产业必须成为这个经济体的“蓄金池”才能得到最快的发展。政府在财政政策上、货币政策上都会倾向于这些产业。在中国特色的市场经济条件下，除了市场中的资源之外，政府也掌握着客观的资源。民用市场有着大量资源，军用市场同样也有不少资源。战略性新兴产业的发展必须同时依托两个资源，才能在经济危机的大背景下最大效率地利用所有资源，从而以最快的速度发展起来。

然而我们看到，现实中两个资源之间的各种壁垒、政策性或者制度性的障碍导致资源不能根据市场的需求自由地进行流动，导致两个资源的边际贡献率不相等。两个资源没有达到帕累托最优配置。

近代以来，几乎大部分高新技术的发展都是从军用领域开始的。这从一定程度上说明军用领域存在着一批优秀的高科技人才，存在着有利于技术创新的一系列的制度要素的安排。具体来讲，中国大量的高技术人才、高素质人才聚集于军用市场，尤其是与战略性产业相关的类似产业。

同时我们也看到，民用市场技术日新月异，并且民用市场相对军用市场来讲具有更大的容量，其通过市场机制的配置容易发挥信息的灵活性与及时性，无论从人才的调动还是资金的配给方面都有独特的优势，在经济的发展过程中发挥了重要的作用，其容纳的资源是巨大的。据有关资料显示。受此利好消息的刺激，各路资本的投资已风生水起，有投资人士分析，2010 年创投及私募股权投资机构在战略性新兴产业的投资金额将高达 50 亿美元，将涉及信息产业、新能源产业、新材料产业，医药/保健品，生物工程等。《新兴产业规划》的出台或是继房地产后又一个吸引资本大量流入的“聚金地”。

战略性新兴产业的发展必须同时依托上述两个资源，使两个资源的边际贡献率达到相等，消除资源流动的壁垒。达到资源利用的帕累托最优，真正利用好财政政策、货币政策带来的优势，利用好两个体系的要素资源及体制资源。

3. 战略性新兴产业的发展必须服务两个市场

产业是在市场中发展起来的，产业的发展需要市场机制发挥作用，资源的配置是以市场为基础作用的，市场是与政府对应的两个不同的资源配置体系。在市场配置资源的过程中，政府为调控科技活动会采取各种手段，为了提高国家的科技能力会做出一系列制度安排。比如，里根“星球大战计划”带动了产业升级、信息革命。美国转型成功，随后保持 5% 的增长率，而日本却因产业结构升级及泡沫经济而一直处于经济停滞状态。在政策的规制下，产业在市场的基础配置作用下得以发展。战略性新兴业尤其在经济的发展中起重要作用。战略性新兴产业最重要的有三条：一是产品要有稳定并有发展前景的市场需求；二是要有良好的经济技术效益；三是要能带动一批产业的兴起。

如果说需求与资源是新兴产业供给的两个层面的话，那么两个市场则是实现这一供给平衡目标的机制。只有服务好了军品市场和民品市场，才能达到两个需求的满足，才能利用好两个资源，才能最终发展好新兴产业，达到“创新型国家”的要求。

如何服务两个市场呢？这可以通过美国从 17 世纪到 21 世纪科技政策的演变来说明。科技政策（Science and Technology Policy，STP）目前并未形成一个国际公认的定义，联合国教科文组织（UNESCO）的定义是：所谓科技政策指的是一个国家或地区为强化其科技潜力以达成其综合开发之目标和提高其地位而建立的组织制度以及执行方向的总和。根据这一定义，我们可以认为，科技政策实际上就是政府为调控科技活动而采取的各种手段，是为了提高国家的科技能力而做出的一系列制度安排。美国的科技政策的演化为我们提供了如何服务两个市场的视角。

（1）科学技术制度化。科学技术制度化是实施科技政策的基础。17 世纪是近代科学的起点，也是科学体制化的起点，或者说是科学从业余向职业过渡的起点。

（2）“曼哈顿工程计划”。“曼哈顿工程计划”是现代科技政策的起点，它使政府与科学之间的关系发生了深刻的变化。这主要表现在：科技活动在政府推动下有组织地进行。政府为此投入了大量的人力和财力。同时，政府、产业界和大学之间出现了更为紧密的协作关系，通过战争时期的科学动员，政府也积累了丰富的科学管理经验，并在此过程中形成了许多科技制度和实施政策。

（3）“斯普特尼克冲击”。“斯普特尼克冲击”使科技政策成为政府公共政策的重要内容。苏联卫星发射成功，显示了美国在导弹方面的差距，使西方世界产生了严重的危机感，这就是所谓的“斯普特尼克冲击”。美国在振兴科技方面做出了极大的努力，加大了政府对科技领域的调控力度。全面的科技体制的建立不仅意味着西方各国在科技领域的政府干预日益加强，而且标志着科技政策已经成为政府公共政策的重要内容。

（4）怀疑时代的到来。怀疑时代的到来促成科技政策的综合化，同时也导致各国科技政策相应地发生了一些变化。这种变化主要表现在更加强调科技政策与社会政策、经济政策的综合化，将提高社会福利和生活质量作为科技政策的重要目标。

（5）冷战结束。冷战结束促成科技政策的调整，冷战后期，美国政府就开始了科技政策调整。调整的主要思路是：把联邦政府研究成果向私营企业的转移制度化。确立促进联邦政府研究成果转移、扩散和商业化的政策，充分挖掘“二战”后联邦政府国防导向科技投资的商业价值；消除私营企业间合作研究的反托拉斯法障碍，促进私营企业之间开展合作研究开发，增强企业研究开发能力和国际竞争能力。

（6）“9・11”事件。“9. 11”事件以后，美国实际上已形成了一个为反恐战争服务的科技政策框架以及贯彻执行这一政策的“虚拟科学兵团”。

这种从单一的军事目标到社会福利和生活质量再到军民融合大系统的转变说明，在当今社会，解决重大的政治、经济和军事所涉及的科技问题越来越复杂，绝非一两项高新技术所能解决的。也就是说，“曼哈顿计划”的时代已经过去了，战略性新兴产业的发展不能只考虑单方面因素，必须置身于这个大背景之中，综合考虑两个市场，服务两个市场，才能最大程度地发挥作用。

笔者借用温家宝的话结束本文。“中国的现代化是人类历史上前所未有的大变革，科学技术是推动这场变革的重要原动力。只要用现代科学技术武装起来，中国这艘巨轮就能产生无尽的力量，任何人都阻挡不了我们前进的步伐。我坚信，中国科技一定能够支撑和引领我们伟大的祖国实现现代化宏伟目标，中国的现代化一定能够为人类文明进步事业做出新的贡献！”

战略性新兴产业的军民融合式发展模式研究*

乔玉婷 曾 立

一、引言

后金融危机时代，转变增长方式，调整经济结构，促进产业结构升级是我国面临的迫切问题。要改变过去尾随式产业结构升级模式，规避我国产业结构升级的战略性新兴产业空洞化，亟须探索出适合我国国情的战略性新兴产业发展模式。从经济发展和国防建设，从军队和地方的角度探索战略性新兴产业的发展道路和模式是值得认真研究的问题。战略性新兴产业是从国家整体利益出发，关系到国家经济命脉和国家安全，关系到国家在世界经济、政治、军事事务中的战略行动能力，对提升国家综合实力具有重大作用的产业。战略性新兴产业军民融合式发展是“面向两类需求、依托两种资源、服务两个市场”的现实需要，即战略性新兴产业的发展要面向民用和军用两类需求，依托民用资源和国防资源，服务民用和军用两个市场。国家出台的七大战略性新兴产业分别是节能环保、新一代信息技术、生物技术、高端装备制造、新能源、新材料和新能源汽车。

---

* 原载于《预测》2011 年第 5 期。

二、理论基础

从产业经济学的视角来看，产业形成机理具有通用共性。对于战略性新兴产业，技术进步是其形成的根本动力，包括技术创新和技术扩散两个阶段；国家战略需求是其形成的直接影响因素；资源禀赋是产业形成的基础，包括自然资源禀赋和人力资源禀赋；产业政策是产业形成的催化剂，包括引导和规制某些产业形成的政策。战略性新兴产业军民融合式发展有利于形成国防工业和民用工业的规模经济和范围经济效应，发挥各自比较优势。形成规模经济效应是承认军民对科研技术和产品存在差异化以及具有需求相似偏好的基础上，军民通过分工合作以实现规模经济性。融合的范围经济包括融合领域和融合地域空间。融合领域向产业链上游和下游延伸，融合地域空间向区域周边扩散。军民融合式发展的规模经济和范围经济构成了军民融合度，以此量化评估军民融合的广度和深度。因此，我国战略性新兴产业的发展要以军用和民用需求为牵引，整合军用和民用领域在技术、资金、人才和信息等方面的资源，研发军民两用技术和产品。

从制度经济学的视角看，技术两用性和互补性以及资产的通用性决定了战略性新兴产业的发展模式应该是军民融合。威廉姆森认为，对于水平一体化而言，技术复杂程度是单位市场交易费用和单位内部管理费用的主要决定因素，技术复杂程度越高，保密性越强，技术转移的规模越大，内部化收益越高。对于垂直一体化而言，单位市场交易费用随资产专用性的增加而递增。而军民在各要素层次，如技术、资金、人才、信息方面的资产通用性降低了单位交易成本。“863”项目中，信息技术部分军民有70%是重复的，具有较强的两用性，有些重大的战略产业关键技术，需要军民通盘规划，共同研发。

从系统工程耗散结构理论的视角看，国防工业是个复杂的巨系统，系统之间信息、物质和能量要与外界进行交换，吸收负熵，从无序走向有序的状态。战略性新兴产业的发展过程中，国家工业基础要改变军用工业、民用工业各自为政、条块分割的状态，相互间要进行信息、物质和能量的交流与传递。国防工业要改变自身封闭的体系，国防工业基础要深深融入国家工业基础中。因此，战略性新兴产业的发展要走军民融合式道路。

三、战略性新兴产业军民融合的三种模式

按照对国防科技工业的依赖性和专用性程度的高低，对战略性新兴产业进行分类，其中，新能源中的核电对国防科技工业具有高依赖性和高专用性；高端装备制造业主要包括航空航天、海洋工程装备和高端智能装备对国防科技工业具有高依赖和低专用性；新一代信息技术和新材料产业对国防科技工业具有低依赖和低专用性。依据战略性新兴产业对国防科技工业的依赖性和专用性程度，归纳为“依托型”“互动型”和“嵌入型”三种战略性新兴产业的军民融合式发展模式。

1. “依托型”模式

新能源中的核能发电国防科技工业具有高依赖性和高专用性。新能源产业发展要突出清洁能源和可再生能源，包括水电、核电、风力发电、太阳能发电、沼气发电，以及地热利用、煤的洁净利用等。但是水电、风电受到客观条件的限制，而太阳能、生物能等可再生能源开发遇到核心技术和成本的双重瓶颈，太阳能光伏发电所需的太阳能电池的原料晶硅，目前世界上只有美国、日本、德国等西方国家掌握制造技术，我国95%的高纯多晶硅材料依赖进口，使得太阳能电池价格高昂。此外，太阳能电池光电转换率多在15%左右，核心技术在短时间难以突破，制约了太阳能发电的推广运用。这些新能源暂不具备成为我国主力能源的条件。高效率、高清洁的核能无疑将在解决中国电力缺口中扮演着“承上启下”的特殊角色，重点发展核电是新能源战略规划的必然选择。

核电行业进入壁垒和产业集中度极高，中国核工业集团公司、中国核工业建设集团公司、东方电气、上海电气和哈动力的产能占了全国核电产能的80%。垄断市场格局、对核能安全利用的特殊技术要求和高进入壁垒使得核能发展适合依托军工集团为主的军民融合模式。

2. “互动型”模式

战略性新兴产业中的高端装备制造业主要包括航空航天、海洋工程装备和高端智能装备。高端装备制造业对国防科技工业具有高依赖性和低专用性。一方面，高端装备制造业的发展在前期具有高风险、高投入的特点，国家意志往往起着重要作用。而最先进的科学技术往往首先产生或应用于国防科技领域，为军转民提供了技术和人才积累。另一方面，国防技术在民用领域的商业化和产业化为

其后续发展提供广阔的市场需求空间和资金、技术、人才等支持，反过来促进国防技术的研发。如军方对“运十”的前期研发为大飞机项目积累了技术和经验，而大飞机项目的立项从总体设计、发动机技术和新材料等多方面为军用运输机的发展提供支撑。

因此，对于高依赖性、低专用性的战略性新兴产业适合“互动型”军民融合式发展模式。从国家层面，要利用国防科技工业和国民经济领域所具有的两种资源和优势互通互补互动；从国防科技层面，大型军工集团要实现武器装备研制和民用产业发展两个能力的结合。

3. “嵌入型”模式

战略性新兴产业中的新一代信息技术、新材料、生物技术对国防科技工业具有低依赖性和低专用性。新一代信息技术、新材料、生物技术的军用和民用需求具有较强通用性。据美国军事专家估计，未来信息化武器装备体系所需要的信息技术70%～80%来自民用信息技术，只有20%～30%来自军用信息技术。新材料中航空新材料包括飞机机体结构用材料、发动机单晶涡轮叶片材料、涡轮盘材料等军用和民用需求具有一定共性。总体而言，民用部门新一代信息技术研发和产业化方面领先国防科技工业2～3代（约7年），在生物技术、节能环保和除核能之外的其他新能源领域，都或多或少地领先于国防科技工业。

因此，对于低依赖性、低专用性的战略性新兴产业要实行将军用需求嵌入到统一的国家产业发展规划中的军民融合模式。在顶层规划论证阶段，就要将军用需求和民用需求结合起来，避免技术的二次开发，国家重大专项在技术预研计划开始就要论证军用前景和民用潜力，并考虑技术的军民兼容问题。

四、战略性新兴产业军民融合式发展的方式与路径

战略性新兴产业军民融合的方式为战略性新兴产业军民融合式发展的动力通过各运行机制作用于军民融合的平台促进要素的融合，其难点是要突破国防工业和民用工业各自为政、条块分割的体制和机制障碍，将国防工业融入到国家工业基础中。具体关系如图1所示。

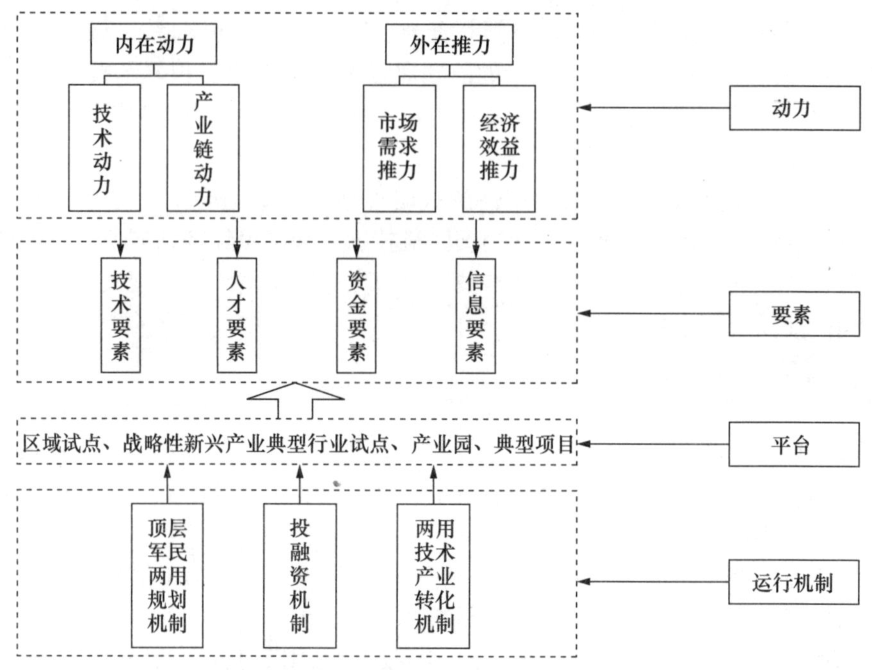

图 1　战略性新兴产业军民融合式发展的关系

1. 战略性新兴产业军民融合式发展的动力

战略性新兴产业军民融合式发展的动力主要有内在的动力和外在的推力。内在的动力主要包括技术动力和产业链动力。技术动力包括技术创新和技术扩散，如果军用技术和民用技术之间存在技术差，就有实现军民融合（包括军转民或民转军）的空间。战略性新兴产业涉及的产业链是战略性新兴产业军民融合式发展的产业内在动力。产业链是一种在从产业上游到下游的各相关环节过程中，供需链、企业链、空间链和价值链有机组合而形成的链条。在产业链的四维模型中，国防工业基本是产业关联度很高的产业，并且一些国防科研技术具有两用性，国防高科技产业对民用部门的溢出效应能提升整个国家的工业实力。

外在推力主要有来自市场需求的推力和经济效益的推力。市场需求包括军用市场需求和民用市场需求。随着我国综合国力增强和维护战略利益及其拓展的需要，军费开支逐年稳步增长，军事市场需求对于战略性新兴产业拥有广阔的空间。如 2007 年 2 月国务院批准大型飞机研制重大科技专项正式立项、大飞机研制将采取“一次立项、两种型号，军民统筹、系列发展”的发展模式。大飞机性能的改进约有 2/3 依赖材料的改进，其研制对战略性新兴产业的新材料、信息产业、高端装备制造业的发展既提出了军事需求，又要求战略性新兴产业的发展在总体规划时考虑军用和民用两种需求，走军民融合式发展道路。

战略性新兴产业的军民融合式发展能产生巨大的经济效益。如国际上在航天研发上每投入 1 美元，就会产生 14 ~ 16 美元的市场回报率。美国在 20 世纪 70 年代为部署军方“星球大战计划”而开发的“GPS”全球定位系统如今广泛运用于民用领域，产生近百亿美元的直接年收益。据报道，美国将花 80 亿美元升级 GPS 系统，升级后的 GPS 将更可靠、搜寻范围更广和更准确，定位精度至 3 英尺之内。最初根植于军事需求的 GPS 系统民用商业化后产生的巨大经济效益成为推动其不断更新升级的外在推力。

2. 战略性新兴产业军民融合式发展的要素融合

军用领域和民用领域的运行机制、管理制度等是不同的，战略性新兴产业走军民融合式发展道路，其融合是要素层次的融合，包括技术、资金、人才、信息等要素的交流与融合。技术要素融合包括技术的军转民、民参军和军民两用。如国内最早的太阳能技术来源于航天科研，“神舟”飞船上的太阳能帆板技术转化成太阳能薄膜电池等民用产品。更进一步，技术要素融合包括研发的军民融合。如军地研究机构和高校共同研发攻关，共用试验平台等。资金要素融合包括国家中长期规划中对于国家重大项目的投融资方式、渠道要通盘考虑军用和民用需求；人才要素的融合包括完善“军民结合、寓军于民”的军队人才培养体系，依托国民教育培养军民两用人才的体制机制；拓宽利用国民教育资源和国家人才资源渠道，吸引社会高层次人才到军队工作，对军队迫切需要而未入伍的社会拔尖人才要建立灵活的使用和保护机制，实现“不为所有，但为所用”。信息要素的融合包括对战略性新兴产业和技术发展最新动态、趋势等信息的共享。

3. 战略性新兴产业军民融合式发展的机制

战略性新兴产业军民融合式发展的机制对内在动力和外在推力使要素融合发挥功效起着引领、传导、反馈作用。它包括顶层军民两用规划机制、投融资机制和军民两用科学技术到产业的转化机制等。

顶层军民两用规划机制是指国家在对战略性新兴产业的发展规划进行总体设计时，要统筹考虑军用和民用两类需求和两个市场，实现二者的良性互动发展。大飞机项目被誉为“工业之花”，代表着一国工业的最高成就。大飞机立项包括大型运输机和大型客机两个机型，满足军用和民用两类需求。军用运输机和民用飞机是航空工业的两翼，必须军民一体化，互补发展。

投融资机制是指战略性新兴产业的发展需要实现投融资主体的政府主导，多方参与；投融资渠道的多元化。一方面，作为国家战略性新兴产业，关系国家经济安全命脉，政府要对投融资进行引导和规范，对于短期难以见成效，前期投资大的战略性新兴产业，政府的投资应占主导地位。银行信贷也应向其倾斜，鼓励中小企业发集合债。同时，大力开发新兴产业开放化的全球合作。另一方面，要实现投融资渠道的多元化。在政府进行先期投资和出台相应财政优惠政策后，应鼓励民间资本和各种风险投资跟进。按照国际惯例，人均 GDP 达 4000 美元左右，经济增长模式将实现产业升级，由数量型增长向质量型增长转变。我国民间资本实力雄厚，浙江地区在 2007 年人均 GDP 就达 4920 美元。政府应鼓励和引导民间资本有序进入战略性新兴产业，既能促进地区经济增长方式转变和产业结构升级，又能引导民间资本健康有序发展。

军民两用科技成果到产业的转化机制是将潜在生产力转化为现实生产力，实现科研成果到产业化和商业化的惊险一跃。建立和完善军民两用成果信息发布平台，及时发现和挖掘市场需求，为科技成果到产业转化提供准确及时的市场需求信号。筛选并形成准入军品市场的合格厂商名录，促进市场主体之间的竞争。

4. 战略性新兴产业军民融合式发展的平台

战略性新兴产业军民融合式发展的平台为战略性新兴产业军民融合式发展的动力通过各种运行机制发挥功效和作用提供保障。主要包括区域试点、典型行业试点、产业园和开发典型项目等。

区域试点指在发展战略性新兴产业的过程中，在有比较优势的地区，将区域经济发展与国防高科技工业相结合，促进地方产业结构优化升级，直接利用军转民成果，不断培育新的区域经济增长点。国防工业集群化放大财政优势，为区域经济发展争取更多的财政投入与政策支持；集群化实现了国防工业的产业链拉动效应，带动地方经济全面发展。可以以行政区域划分或者产业集聚地区构筑战略性新兴产业军民融合式发展的试点区域。典型行业试点是指从纳入战略性新兴产业发展规划的产业中选取预期军民融合度高的产业进行试点，在行业的振兴规划和指导意见中说明该产业军民融合式发展的措施和建议。经济体的成长往往要经历增长极、集聚区、产业带、大经济区的发展过程，且依次演进。而集聚区包括各种产业基地和产业园区。利用产业基地（园区）作为战略性新兴产业军民融合式发展的重要空间载体。军民融合的产业基地（园区）包括开发区、科技工业园或产业基地等不同形式，可以设立专门的管理机构协调解决相关问题。

五、政策建议

在宏观国家层面，国家颁布和制定法规政策使战略性新兴产业的发展走军民融合道路。在国家出台的战略性新兴产业发展规划以及具体各战略性新兴行业振兴规划中技术研发、项目型号应通盘考虑军事需求和民用需求。通过推动相关立法，建立长期、有效的政府采购政策，颁发政府采购的产品目录及其技术标准和产品检验认证标准，从市场需求方面带动国家战略性产业的发展。成立专门的机构促进沟通协调。2010 年 2 月国家发改委牵头成立加快培育战略性新兴产业研究部际小组，成员包括发改委、科技部、工信部、财政部等 20 个部委或单位负责人。在国家制定战略性新兴产业发展规划以及具体各战略性新兴行业振兴规划中，需要将军事需求纳入总需求分析框架内，战略性新兴产业核心重点技术的选择时要考虑军民两用技术。

健全相关机制群。一是要建立长期、有效的政府采购机制。国家战略性产业提供的产品，很大部分是属于公共产品和军民两用产品，建立长期、有效的政府采购机制，从市场需求方面培育、带动国家战略性新兴产业的发展。美国在这方面有比较成功的经验，庞大的军事支出和高新技术研发的支出成为美国政府宏观调控和干预的重要手段，美国政府的采购极大地刺激了其军事工业和高新技术产业等国家战略性产业的发展。二是要完善军地共同研发机制。培育新兴产业，最需要扶持的环节就是对技术特别是核心技术的研发环节。要集中研发力量，集体攻关，建立公共试验平台，力求在一些核心科技领域取得自主知识产权。三是要完善战略性新兴产业军民融合式发展的投融资机制。对于战略性新兴产业，银行信贷应向其倾斜，完善市场准入标准，鼓励民间资本有序进入，支持中小企业发集合债。同时，鼓励和吸引战略性新兴产业的全球化合作。

在中观区域经济层面，战略性新兴产业军民融合式发展要与区域经济相结合，发挥产业集聚优势，促进区域产业结构升级和转型，积极开展军民融合产业园的试点工作。在军民融合基础较好、条件相对成熟的重点领域、重点地区、重点行业，鼓励开展先行先试，在取得一定的成功经验后，再逐步推广。

在微观企业层面，大型国有集团公司特别是国有军工企业要整合集团间和集团内部资源，实现强强联合，优势互补。探索军民融合的途径，在发展战略、经营思路、技术研发、核心业务等方面实现军民融合式发展。产品结构由单纯军品向军民结合转变；技术和工艺要由军事专用性向军民两用性转变；民营企业要在某些领域利用自身的科技优势求得突破。

参考文献

[1] 江舟. 国家战略性产业生命路径及其拐点分析 [D]. 合肥：中国科学技术大学，2009.

[2] 吴金明，邵昶. 产业链形成机制研究——"4+4+4"模型 [J]. 中国工业经济，2006 (4)：36-43.

[3] 赖琼玲. 论国防工业集群化与区域经济发展 [J]. 军事经济研究，2007 (2)：27-30.

[4] 莫增斌. 军民结合产业基地建设的研究与建议 [J]. 国防科技工业，2009 (1)：40-44.

军民融合装备制造业产业集群的识别研究*

乔玉婷　曾　立

世界版图存在着的大量产业集群，形成了色彩斑斓、块状明显的“经济马赛克”，世界的大多数财富都是在这些块状区域内创造的。我国具有军民两用技术与创新优势的企业和机构在各区域内形成大大小小的军民融合产业集群，是落实军民融合式发展作为转变经济发展方式的重要内容；是培育装备竞争性采购的产业基础的重要途径；更是把国防和军队建设深深融入国家经济社会发展体系之中，实现国防建设和经济建设良性互动的战略举措。本文首次用基于投入产出的分析方法识别军民融合装备制造业产业集群，是定量研究军民融合产业问题的积极探索。

一、问题的提出

1. 相关概念

关于集群的研究最早可追溯到马歇尔。马歇尔分析了外部经济下企业在同一区位集中的现象，开创性地提出了产业区位理论。迈克·E. 波特认为，产业集群是在某一特定领域内相互联系、在地理位置上集中的企业和机构的集合。它包括一批对竞争起重要作用、相互联系的产业和其他实体。产业集群经常向下延伸至销售渠道和客户，并拓展到辅助性产品的制造商以及与技术或投入相关的产业公司。它包括专业化培训、教育、信息研究和技术支持的政府和其他机构。T. J. A. Rolelandt 和 P. Den. Hertog 认为产业集群是为了获取新的互补技术，从互

* 原载于《装备指挥技术学院学报》2011 年第 5 期。

补资产和知识联盟中获得收益，降低交易成本，克服或构筑市场壁垒，取得协作经济效益，分散创新风险，相互依赖性很强的企业、知识创新机构、中介机构和客户通过增值链相互联系形成的网络。

国内学者多采用波特教授对于产业集群的定义。本文认为军民融合产业集群是在某一特定领域内相互联系，在地理区位上相对集中，具有军民两用技术与创新优势的企业和机构的集合。它包括具有军民两用技术和创新优势的核心企业，以及通过产业链延伸到生产销售辅助性配套军民两用产品的企业，从而进行军民两用技术研发的研究院所、教育和培训机构、投资机构等。

2. 产业集群识别的重要性

产业集群分析的逻辑起点是产业链，它突破了企业边界的藩篱，通过对信息流、物流、资金流的控制，从采购原材料到中间产品再到最终产品，将武器装备主承包商、分包商、原材料和元器件供应商连接起来，在更广范围、更高层次、更深程度上推进产业集群的军民融合式发展。军民融合产业集群由于具有规模经济、社会化分工、网络化、资源整合、自组织等特点而比单个企业更具有竞争优势。因此，定量识别出军民融合装备制造业产业集群，一方面有利于集群通过产业链上下游的拓展、延伸，在分包、配套层次为武器装备研制实现军民融合式发展提供条件；另一方面有利于地方政府根据资源禀赋和比较优势因地制宜选择区域核心产业，为武器装备研制生产提供坚实的产业和技术支撑。此外，它还是评估军民融合装备制造业产业集群竞争力、规避集群风险、进行集群治理的理论前提。

二、产业集群的识别

1. 产业集群识别方法综述

国内学者楚波、金凤君、许继琴、金贤锋对国外产业集群辨识方法、数据要求、主要优缺点进行了归纳，定量认识集群的方法主要有多元聚类法、主成分分析法、图论法、共识集群法等。多元聚类法辨识出来的产业集群能表现产业间的相互依存关系，但是产业在集群间的归属具有排他性和互斥性，即产业只能归类到 1 个集群，这与现实情况不符。E. J. Feser 和 E. M. Bergman 系统地总结并应用主成分分析法识别区域产业集群。贺灿飞等采用该方法对北京制造业产业集群进行识别，取得了较为理想的结果。但该方法识别的产业集群具有相似产销结构，

强调产业间的互补关系，对垂直产业间联系重视不够，且该方法辨识出的集群内部产业间联系程度相对较弱。上述两种基于投入产出表定量识别产业集群的方法缺乏对产业集群空间分布的描述。值得注意的是，E. J. Feser，K. Koo 和 H. C. Renski 等提出产业集群研究中要加入空间分析，并运用 Getis 和 Ord 提出衡量地理集中的 G 系数进行定量分析。本文将空间分析技术与投入产业技术结合起来首次识别军民融合产业集群，在采用主成分分析法辨识湖南省军民融合制造业产业集群的基础上，运用 Ellison 和 Glaeser 设计的产业集聚指数和产业间共同集聚指数探讨军民融合产业集群的空间集聚，并利用 Geoda 软件分析其空间分布。

2. 本文采取的产业集群识别思路与方法

（1）主成分分析法识别产业集群及其构成。

第 1 步，基于投入产业出表，构造反映产业间功能联系强度的矩阵，获得中间投入矩阵 A 和中间产出矩阵 B。2007 年湖南省投入产业表共有 122 个部门，选取湖南省制造业部门 58 个。产业的总中间投入和中间销售以 p 和 s 表示，产业 i 和产业 j 之间的功能联系用以下两个系数表示：

$$\begin{cases} a_{ij} = \dfrac{x_{ij}}{p_j} \\ b_{ij} = \dfrac{x_{ij}}{s_i} \end{cases} \tag{1}$$

其中，a_{ij}表示产业 j 从产业 i 购买中间投入占就业 j 的总中间投入比重，值越大，说明产业 j 强烈依赖产业 i 提供中间投入；b_{ij}表示产业 i 向产业 j 的中间销售额占产业 i 总中间的销售额的比重，值越大，表明产业 j 是产业 i 的主要市场；x_{ij} 表示产业 i 到产业 j 的销售额，亦即产业 j 从产业 i 购买的投入额。a_{ij}构成 1 个 58 ×58 的中间投入矩阵 A，b_{ij}构成 1 个 58 × 58 的中间销售矩阵 B_B，将其转置为矩阵 B。根据矩阵 A 和矩阵 B，通过计算 4 个相关系数来衡量产业 i 和 j 的投入产出结构的相似性：$R(a_i, a_j)$表示两产业中间投入行业结构的相似程度；$R(b_i, b_j)$度量两产业中间销售行业结构的相似程度；$R(a_i, b_j)$衡量产业 i 中间投入的行业结构与产业 j 中间销售的行业结构的相似程度；$R(b_i, a_j)$表示产业 i 中间销售的行业结构与产业 j 中间投入的行业结构的相似程度。

第 2 步，根据矩阵 A 和矩阵 B，计算相关系数，生成最大相似矩阵 C。

对 58 个产业计算上述 4 个相关系数，然后取其中的绝对值最大者构成 58 × 58 对称矩阵 C，其中每 1 列表示 1 个产业与其他产业之间的联系强度，即

$$G_{ij} = \max[R(a_i, a_j); R(b_i, b_j); R(a_i, b_j); R(b_i, a_j)] \tag{2}$$

将矩阵 C 分解以求得特征值和特征向量。矩阵 $C = P\Lambda P'$，其中

$$\Lambda = \begin{pmatrix} \lambda_1 & 0 & \cdots & 0 \\ 0 & \lambda_2 & \cdots & 0 \\ \vdots & \vdots & \ddots & \vdots \\ 0 & 0 & \cdots & \lambda_{58} \end{pmatrix} \tag{3}$$

其中，λ_i 为矩阵 C 的第 i 个特征值；$P = [m_1, m_2, m_3, \cdots, m_{58}]$，$m_i$ 表示矩阵 C 的第 i 个特征值；P'是 P 的逆矩阵。根据特征值和特征向量，得到因子荷载矩阵：$\theta = P\sqrt{\Lambda}$。

第 3 步，对矩阵 C 进行主成分分析运算，通常以特征值大于 1 为标准提取主成分。由于因子数与产业数一致，这样每个提取出来的因子可视为 1 个产业集群。

第 4 步，为了辨别每个产业集群中的主要产业，将主成分因子进行最大方差法旋转，使其因子荷载差异最大化。是否将特定产业纳入 1 个产业集群，取决于特定产业的荷载值。

第 5 步，设定因子荷载门槛值，在每个主成分中将超过门槛值的产业纳入产业集群，得到集群识别结构。Roepke 等选择 0.50 作为门槛值，O'h Uallachain 选用较低的门槛值 0.40，贺灿飞等认为将 0.40 作为北京市制造业产业集群辨识的门槛值比较合适。辨识出产业集群后，通过计算各产业在集群内中间投入贡献率进一步识别出该产业集群的核心产业。中间投入产出贡献率最高的产业即为集群内核心产业。产业中间投入贡献率 G 定义为：

$$G_i = \frac{\sum_{j=1}^{k} x_{ij}}{\sum_{i=1}^{k} p_{ij}} \times 100 \tag{4}$$

其中，k 为集群内产业个数。

为了进一步辨别产业集群内产业间联系程度，贺灿飞等设计以下指标：L_{ai}表示特定产业 i 在集群内的中间销售比重；L_{pi}表示中间投入比重；L_F 表示集群前向联系系数；L_B 表示集群后向联系系数，值越高，表明集群内功能联系越紧密；x_{ji} 表示产业 j 到产业 i 的销售额。

$$\begin{cases} L_{ai} = \dfrac{\sum_{j=1}^{k} x_{ij}}{s_i} \times 100 \\ L_{pi} = \dfrac{\sum_{j=1}^{k} x_{ji}}{p_i} \times 100 \end{cases} \tag{5}$$

$$\begin{cases} L_F = \dfrac{\sum\limits_{i=1}^{k}\sum\limits_{j=1}^{k} x_{ij}}{\sum\limits_{i=1}^{k} s_i} \times 100 \\ L_B = \dfrac{\sum\limits_{i=1}^{k}\sum\limits_{j=1}^{k} x_{ji}}{\sum\limits_{i=1}^{k} p_i} \times 100 \end{cases} \tag{6}$$

（2）产业集群空间集聚的度量。Ellison 和 Glaeser 在对美国产业空间集聚的研究中设计了衡量产业区域集聚程度的指数 γ，具体公式为：

$$\gamma = \frac{G_{EG} - H}{1 - H} \tag{7}$$

其中，G_{EG} 表示某个产业的区域比重与所有产业的区域比重间的关系，且 $G_{EG} = \dfrac{\sum\limits_{r}(S_r - X_r)^2}{(1 - \sum\limits_{r} X_r^2)}$；$S_r$ 是某产业在区域 r 的就业或产值占该区域总就业或产值的比重；X_r 是区域 r 的所有产业总就业或总产值占所有区域所有产业总就业或总产值的比重；H 是某产业企业规模的赫芬达尔系数（Herfmdahl），$H = \sum\limits_{i} Z_i^2$。其中，$Z_i$ 是某产业中企业 i 的就业或产值占该产业总就业或产值的比重，它反映某产业内企业规模分布。如果产业中只有 1 个企业，$H = 1$；如果产业中各企业规模相同，则 $H = 1/n$，随着相同规模的企业数量增加，H 趋向于 0。他们设置了产业集聚的分类标准，将 $\gamma < 0.02$，$0.02 \leqslant \gamma < 0.05$ 和 $\gamma > 0.05$ 分别定义为集群整体低集聚、中集聚和高集聚。

三、实证分析

1. 数据来源

装备制造业以机械工业为基础，融合电子、材料、冶金等相关产业，覆盖金属制品、机械电子制造业中资本品制造及相关零部件制造的全部企业，是为国民经济和国家安全提供技术装备产业的总称。本研究的数据来自《湖南省 2007 年投入产出表》，由于缺乏与 2007 年投入产出表对应的企业数据，本文采用《湖南省 2004 年第一次经济普查年鉴（综合卷）》中的企业数据分析集群空间聚集特征。

2. 识别结果

（1）装备制造业主要产业集群类别。基于《湖南省 2007 年投入产出表》中 58 个装备制造业中间投入产出信息，采取主成分分析法，根据特征值大于 1 的标准，提取 19 个因子，在此基础上采用方差极大化方法旋转后的主成分分析结果（见表 1）。本文选取了前 10 个因子。考虑到湖南省装备制造业实际情况，以因子荷载大于 0.3 为门槛，筛选出产业集群中包含的主要产业。从湖南省装备制造业产业集群中选取适合军民融合式发展的装备制造业，主要分析 4 种有代表性的装备制造业产业集群，如表 2 所示。

表 1　方差极大方法正交旋转后的主成分结果

因子	特征值	累计解释方差百分比	L_F	L_B	核心投入产业
1	9.60	16.85	58.29	89.37	合成材料制造业
2	6.36	28.00	65.21	50.33	其他非金属矿采选业
3	4.09	35.18	83.15	89.37	有色金属压延加工业
4	3.19	40.77	55.27	47.19	耐火材料制品制造业
5	2.54	45.23	40.39	51.81	电子元器件制造业
6	2.46	49.55	60.37	92.91	其他通用设备制造业
7	2.36	53.69	18.80	30.53	玻璃及玻璃制品制造业
8	2.06	57.29	45.53	53.68	钢压延加工业
9	1.80	60.46	57.23	44.90	汽车制造业
10	1.66	63.37	50.34	30.99	其他专用设备制造业

表 2　湖南省 4 个代表性装备制造业产业集群及构成

合成材料制造业集群	荷载	L_F	L_B	其他通用设备制造业集群	荷载	L_F	L_B
基础化学原料制造业	0.72	17.54	86.43	炼铁业	0.45	20.83	45.86
专用化学产品制造业	0.68	50.80	78.96	炼钢业	0.53	30.57	42.18
化学纤维制造业	0.75	75.15	14.69	钢压延加工业	0.58	69.49	70.73
石油及核燃料加工业	0.40	4.63	79.37	汽车制造业	0.64	45.10	52.74
家具制造业	0.32	69.02	19.48	其他通用设备制造业	0.67	89.24	90.37

续表

合成材料制造业集群	荷载	L_F	L_B	其他通用设备制造业集群	荷载	L_F	L_B
涂料、颜料、油墨及类似产品制造业	0.53	53.06	6.79	其他专用设备制造业	0.52	81.29	20.58
橡胶制造业	0.56	38.90	12.07	家用视听设备制造业	0.37	21.35	30.84
塑料制造业	0.51	89.64	39.83	金属制品业	0.50	65.14	69.31
水泥、石灰和石膏制造业	0.37	47.34	18.93	其他交通运输设备制造业	0.49	32.18	10.36
陶瓷制品制造业	0.50	24.76	10.03	其他电气机械及器材制造业	0.45	70.49	78.30
				有色金属压延加工业	0.41	16.73	54.03
有色金属压延加工业集群	荷载	L_F	L_B	电子元器件制造业集群	荷载	L_F	L_B
有色金属矿采选业	0.67	17.07	76.20	通信设备制造业	0.53	47.25	16.91
有色金属冶炼业	0.64	61.82	69.99	其他电子计算机设备制造业	0.46	81.10	56.32
有色金属压延加工业	0.72	54.90	6.04	电子计算机整机制造业	0.52	57.17	32.53
铁合金冶炼业	0.65	42.18	4.42	电子元器件制造业	0.56	94.34	89.25
金属制品业	0.54	54.83	12.45	其他通信、电子设备制造业	0.47	83.14	78.93
金属加工机械制造业	0.57	34.54	48.95	金属制品业	0.32	43.29	49.31
其他通用设备制造业	0.39	37.76	41.40	仪器仪表制造业	0.35	45.19	20.72
其他非金属矿物品制造业	0.36	38.61	45.73	计算机服务和软件业	0.51	30.36	76.63
其他专用设备制造业	0.35	35.15	46.12	办公用电子设备制造业	0.40	60.25	7.81

（2）湖南省装备制造业产业集群的空间集聚与分布。

1）湖南省各州市装备制造业产业集群的空间集聚。2004 年湖南省装备制造业产业集群中合成材料制造业集群企业数 2410 个，总产值 576.91 亿元，占全省装备制造业的 17.44%；有色金属压延加工业集群企业数 183 个，总产值 466.91 亿元，占全省装备制造业的 14.12%；其他通用设备制造业集群企业数 1074 个，总产值 800.63 亿元，占全省装备制造业的 24.21%；电子元器件制造业集群企业数 143 个，总产值 100.66 亿元，占全省装备制造业的 3.04%。运用（7）式计算显示，湖南省通用设备制造业产业集群在市域尺度下达到中等集聚，$\gamma=0.048927$；有色金属压延加工业集群在市域尺度下达到高度集聚；$\gamma=0.090618$；电子元器件制造业集群在市域尺度下达到高度集聚，$\gamma=0.095672$。

2）湖南省各州市装备制造业产业集群的空间分布。采用《湖南省 2004 年第一次经济普查年鉴（综合卷）》中湖南省各州市生产总值项目构成统计（总产出）的数据，运用 Geoda 软件得到湖南省通用设备制造业集群、有色金属冶炼业集群和通信电子制造业集群的空间分布。各产业集群在湖南省各州市的集聚程度由①~④是递增的（①~④分别表示低度集聚、中等集聚、比较高集聚和高集聚），见图 1~图 3。

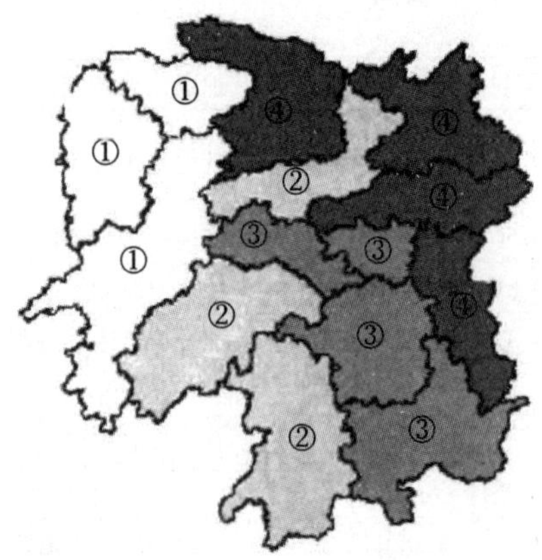

图1　湖南省各州市通用设备制造业的空间分布示意图

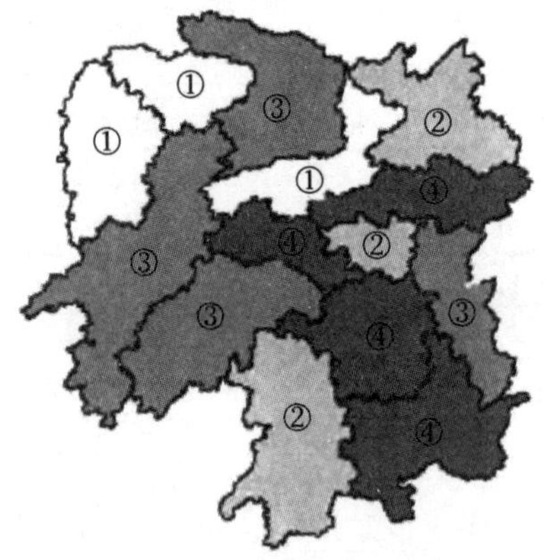

图2　湖南省各州市有色金属冶炼业的空间分布示意图

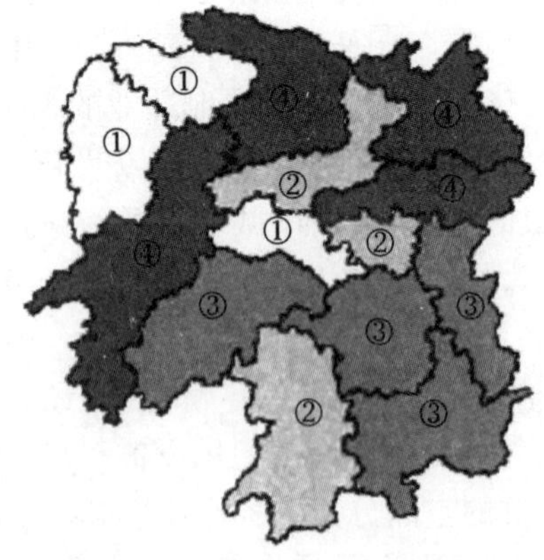

图3　湖南省各州市通信电子制造业的空间分布示意图

四、结语

本文运用主成分分析法对湖南省装备制造业产业集群进行识别，共识别出 19 个装备制造业产业集群，从中选取了前 4 个有潜力的装备制造业产业集群。分析认为，湖南省在合成材料制造业集群、有色金属压延加工业集群、电子元器件制造业集群和其他通用设备制造业集群方面具有集群总体竞争优势，应挖掘集群军民融合潜力，着重打造军民两用特种材料制造业工业园区、军民两用工程机械设备工业园区和电子元器件制造业基地，延伸产业链，在武器装备的分包和配套层次拓展军民融合的深度和广度，为武器装备科研生产的军民融合式发展提供产业支撑。

参考文献

[1] Porter M. E. Clusters and the new economics of competion [J]. Harvard Business Review, 1998 (98): 77 -90.

[2] Roelandt T. J. A., Hertog P D. Various approaches, early results and policy implications [C] //Leypen J. The 2nd OECD - workshop on cluster analysis and cluster - based policy. Vienna: Organization for Economic Cooperation and Development, 1998: 80 -91.

[3] 楚波，金凤君. 产业集群辨识方法综述 [J]. 经济地理，2007 (5): 708 -713.

[4] 许继琴，金贤锋. 我国区域层面产业集群识别方法研究：区位商法的改进 [J]. 科技进步与对策，2009 (10): 161 -164.

[5] Feser E. J., Bergman E. M. Industrial and regional clusters: Concepts and comparative applications [M]. Urbana: University of Illinois Press, 2000: 27 -30.

[6] 贺灿飞，梁进社，张华. 区域制造业集群的辨识：以北京市制造业为例 [J]. 地理科学，2005 (5): 521 -528.

[7] Feser E. J., Koo K., Renski H. C., et al. Incorporating spatial analysis in applied industry cluster studies [J]. Economic Development Quarterly, 2001, 22 (4): 324 -344.

[8] Ellison G., Glaeser E. L. Geographic concentration in U. S. manufacturing industries: A darthoard approach [J]. Journal of Political Economy, 1997, 105 (5): 889 -927.

着眼富国与强军的统一　积极推进战略性新兴产业军民融合式发展*

王　月　曾　立　孟斌斌

一、军民融合式发展是世界主要国家战略性产业发展的普遍经验

战略性产业，是指在国民经济体系中占有重要地位，对国计民生、国家经济安全和军事安全有重大影响的产业，它对社会经济发展具有支柱性和带动性作用。世界主要国家在推进战略性产业发展时大都采取了军民融合的发展模式。在具体实施过程中，根据国际安全环境和本国利益需求的变化，既有“军转民”“民参军”，也有军民结合的发展路子。“二战”以后，美国每隔10年左右就推出一个以军带民的科学发展计划。“曼哈顿工程计划”“阿波罗计划”“星球大战计划”“信息高速公路”正是依靠这些军事高科技计划，催生和带动了美国核工业、航天、计算机、GPS全球定位系统、互联网等高新技术产业快速发展，并始终超前于世界其他国家一至两代。军民融合从美国战略性产业发展的过程中充分体现出其科学性和先进性。日本在推动战略性产业发展上采取的大多是先民后军模式，致力于瞄准未来、瞄准高技术。在大力发展民间军事工业的同时，通过政策扶持和资金方面的倾斜，大大促进了军民两用技术和产业的迅速发展，为国防建设积累了雄厚的科技实力和强大的经济技术基础。欧洲的伽利略计划是军民并行的全球导航服务发展项目，它既带动了欧洲国家相关产业的发展，提高其在相关领域的竞争力，也提高了欧洲防务与安全保障能力。实践表明，军民融合是各

* 原载于《中国军转民》2011年第6期。

国发展战略性产业的一个普遍做法，具体实施中无论采取何种融合模式，都遵循了产业结构演进的一般规律，成功带动各国战略性新兴产业良好发展。

二、军民融合式发展是战略性新兴产业自身发展规律的必然要求

军民融合式发展体现了战略性新兴产业的发展需要。战略性新兴产业是知识技术密集、物质资源消耗少、成长潜力大、综合效益好的产业。当今时代，以信息技术为核心的新兴科技革命及产业化结构升级使得国防经济与社会经济，军用技术与民用技术的融合度不断向深度和广度发展，军用资源与非军用资源的界限越来越模糊，军事工业的快速发展为经济社会蕴藏着创造巨大财富的潜力和契机，是战略性新兴产业发展的重要资金、技术源泉。据统计，纯军事技术已经很少，80%的核心军事技术是民用技术，80%以上的民用关键技术可直接用于军事目的。目前，国家已经确定节能环保、新一代信息技术、生物、高端装备制造、新能源、新材料、新能源汽车为重点发展方向。七大领域中，军民在技术、资金、人才、设备、信息等要素层次都具有技术两用、技术互补和资产通用的特性。以新一代信息技术为例，其中的新一代移动通信、下一代互联网、物联网、地理信息、高性能集成电路和高端软件等，既在推动国民经济和社会发展中具有先导性、支柱性作用，又在国防和军队建设中拥有广阔的应用前景。有关统计数据表明，电子工业拥有的微电子技术、计算机技术、光电子技术、电子检测技术、通信技术和元器件技术、电子专用设备制造技术等多门类的技术广泛应用于发展信息化武器和军事工业科研生产体系的建设。例如物联网产业的发展可以为监测预警平台建设、国防交通运输管理、军队后勤物资保障等提供有力的技术支撑；高端软件开发和高性能集成电路能够为军事微电子技术和计算机技术的发展打下坚实的基础。又如发展高端装备制造业中的航空航天产业，其中新材料、现代制造、先进动力、电子信息、自动控制、计算机等领域关键技术的群体突破，对于发展经济、改善民生和转变战斗力生成模式都具有十分重大的意义。

坚持军民融合式发展能够实现“一分投入，两份产业”，有助于消除军民分割壁垒、统筹规划，有效整合利用军用民用两种资源，加速军民两用技术研发，充分发挥国有大中型企业，特别是国防科技工业的产业优势，规模生产，优化资源配置，减少由于重复研究开发带来的资源浪费和效率低下问题；广泛促进军工部门与民用工业加强交流、相互合作，能够形成战略性新兴产业领域军用技术与

民用技术相互辐射、相互促进、相互转移的良性发展机制。因此，军民融合式发展是由战略性新兴产业自身属性决定的。

三、战略性新兴产业军民融合式发展是转变经济发展方式的有效途径

推进战略性新兴产业发展必须置于“十二五”时期我国经济社会发展的大背景下深入思考。加快转变经济发展方式是我国“十二五”时期发展的主线，是推动科学发展的必由之路。目前，我国经济粗放型增长方式和重工化格局并未从根本上得到转变，产业结构和能源结构不合理导致的长期能源消耗大、环境污染严重等问题对我国经济发展造成了极大的压力。根据“十二五”规划，当前国家深化转变经济发展方式的主攻方向是国民经济结构调整，大力发展战略性新兴产业。战略性新兴产业代表着一种新的经济增长路径和发展模式，这为军民融合提供了时代机遇，开辟了更广阔的发展空间。融合式发展是党领导国防、军队建设和经济建设的重要战略思想。胡锦涛总书记在十一届全国人大三次会议期间出席解放军代表团讨论时指出：要把推进军民融合式发展作为转变经济发展方式的重要内容，更加自觉地把国防和军队建设融入国家经济社会发展体系之中，推动国防建设和经济建改良性互动。战略性新兴产业走军民融合式发展路子，是实现转变经济发展方式的有效途径。

军民融合从经济发展和国防建设的角度对战略性新兴产业发展模式与实现途径进行探索，不仅落实了将产业结构调整作为转变经济发展方式主攻方向的要求，更好地带动传统产业技术升级和推动国家整体产业结构优化，而且有助于积极地开发军民两用技术，促使高新技术在军用领域和民用领域双向互动与转移并实现产业化，体现了经济建设和国防建设互补互促、共同发展的根本要求，真正实现科技强军和建设创新型国家的有机统一。

“十二五”规划中明确指出。坚持把科技进步和创新作为加快转变经济发展方式的重要支撑。战略性新兴产业是新兴科技和新兴产业的深度结合，其发展以科技创新为主要驱动力，辐射带动力强。长期以来，党中央、中央军委高度重视拓展高素质军事人才军民融合式发展路子，逐步形成了区域与军队院校交流协作，国内与国外培养相补充的多元化、开放性新型人才培养格局。目前，许多军队高校和科研院所在前沿核心或关键性军事科研领域占有领先地位，培养了一大批具备雄厚科研攻关能力、富有战略性思维和全局眼光的创新型人才队伍。采取军民融合式的发展思路能够使相关研究领域的科研机构凭借其在人才、技术和其

他条件上的优势参与社会经济生产活动，为战略性新兴产业的发展注入新的活力和技术支撑，从而加快自主创新能力的突破步伐，形成军地双方优势互补、资源共享的高效发展格局。

四、小结

军民融合式发展是胡锦涛关于统筹社会经济与国防建设协调发展思想的重要体现，也是培育战略性新兴产业的重要途径。大力推进军民融合式发展，不仅为战略性新兴产业拓展和提高了科技创新能力，也为国防和军队的跨越式发展提供了难得的机遇和平台，这是在全面建设小康社会进程中的又一重大突破。

适应竞争性采购要求　加快推进军民融合式装备工业基础建设*

乔玉婷　冷　姝　曾　立

装备工业基础是国家工业基础的重要组成部分，也是装备采购的产业支撑，它是以装备制造业为核心，融合电子、材料、冶金等相关产业，覆盖金属制品、机械电子制造业中资本品制造及相关零部件制造的全部企业间集聚形成的产业集群和装备市场相互联动组成的集合或系统。总装备部在关于加强竞争性装备采购工作的意见中提出，要以装备作战使用需求为牵引，充分发挥军方在建立市场准入制度、培育竞争主体、营造竞争环境、构建竞争格局、促进和保护竞争等方面的主导作用，大力推进与灵活开展分类、分层次、分阶段和一体化竞争。竞争性采购要求装备市场上存在一定数量的厂商可供选择，即使对于单一来源的装备采购，在分包和配套层次上也应存在竞争行为。这就要求打破传统工业领域中军民分割的行政壁垒，培育适应竞争性采购的军民融合式装备工业基础。笔者认为，可以重点从以下四个方面加快推进军民融合式装备工业基础建设。

一、优化军民融合式企业治理，培育充满活力的微观主体

军民融合式企业治理是指企业治理中贯彻军民融合思想，并使其成为企业治理的内在要求，从而为竞争性采购培育充满活力的微观主体。

---

* 原载于《军事学术》2011 年第 12 期。

1. 投资决策阶段要统筹军民两类投资

目前，某些军工企业出于短期经济效益的考虑，将较先进的生产线和技术骨干用于生产民品，而把落后的生产线和人员用于生产军品，这非常不利于核心军工生产能力建设。必须通过对军工企业的投资决策手段，使之统筹军品和民品的科研、生产线、人才等方面的建设，确保技改费和条保费切实用于企业军工能力提高。此外，还可采用柔性制造技术、模块化技术等，使企业能对军事需求变化做出迅速反应，平时满足军品多品种、小批量生产的需求，战时能迅速扩大生产能力，满足军品大批量生产的需求。柔性制造应连续采用新技术、新工艺，嵌入专用设施，确保其军工生产技术的先进性。

2. 产品设计阶段要考虑军民两种需求

产品设计阶段决定了产品全寿命周期内 85% 的费用。因此，在产品设计之初就应贯彻既可供军用又可供民用的思想，以大量节约成本，保证技术成熟度。例如，美国威斯汀豪斯公司研制了一种先进的脉冲式多普勒雷达，在设计之初就着眼兼用于探测 C－130 军用运输机和 A－300 空客民用飞机在风中所受风的剪切力。该雷达与 F－16 军用战斗机上具有类似性能的专用 APG－66 雷达相比，研制时间为后者的 1/2，所需经费比后者少 60%。

3. 研发制造阶段要采纳军民两用技术

在高新技术领域，军事技术和民用技术之间并没有明显界限，大部分高新技术，如计算机、半导体、通信和先进材料技术等，都具有军民两用特性。军工企业要根据自身特点，以核心技术为基础，适当延伸产业链，进行军民两用技术的辐射、转移和扩散，提高军民两用产品销售额与利润占总销售额与总利润的比重，即军民融合度，而不应为了短期经济效益，不结合自身技术优势，什么有利润就搞什么。

4. 市场营销阶段要面向军民两个市场

市场营销阶段，要研究军用与民用两个市场的不同特点，采取不同的营销策略。对于民品市场而言，价格与产品性能同等重要，采取的是以市场和价值为基础的合同定价方式；而在军品采购中，性能成为最突出考虑的因素，更多地采取以成本为基础的审价方式。军工企业要由单纯的科研生产型向科研生产营销型转变，以市场为导向，以用户为中心，熟练运用市场营销策略，建立营销网络，加强售后服务。

二、发展军民融合产业集群，搭建高效集成的广阔平台

军民融合产业集群是在某一特定领域内相互联系，在地理区位上相对集中，具有军民两用技术与创新优势的企业和机构的集合，包括具有军民两用技术和创新优势的核心企业、生产销售辅助性配套企业、科研院所、教育和培训机构、投资机构等，其与区域经济发展存在一定的互动关系。要积极探索国防科技工业与区域经济互动发展的模式，通过建设地区军民结合产业园区，推动军工经济与地方经济的融合共生，军用与民用资源的互动共享。

1. 将军民融合产业集群打造成区域经济发展的“飞地”

我国国防高新技术产业的技术辐射、转移和扩散力度不够，局限在军用的封闭圈子，尚未很好地将国防科技工业的发展与当地的经济与工业体系相融合，对区域经济的促进作用有限。产业集群存在内部专业化分工、节约交易成本（包括信息搜索成本、运输成本和监督成本等）、外部经济性、有利于技术创新与扩散等竞争优势。因此，要充分发挥军民融合产业集群在区域经济发展中的集聚效应和知识溢出效应，在具有军工比较优势的地区构建军民融合产业园区，将其打造成引领区域经济腾飞的“飞地”。

2. 因地制宜，选择合适的军民融合产业园区发展模式

军民融合产业园区内各企业间相互合作带来的收益是共生的基础。依据军民融合产业园区内军工与民用企业和研究机构的相互关系与联结方式，其发展模式可分为依托型、互动型、嵌入型。依托型是“核心＋卫星”式结构，指军民融合产业园区内军工企业和研究机构处于核心地位，民用企业主要提供分包和配套产品。互动型是指军民融合产业园区内军工企业与民用企业互有所长，实力相当，可相互借鉴。嵌入型是指军民融合产业园区内民用企业更具优势，可将军事需求嵌入民用企业发展当中。应着眼不同区域的不同特点，选择合适的军民融合产业园区发展模式。

3. 让区域经济为军民融合产业园区建设提供支持

军民融合产业园区需要密切结合区域经济发展需求，得到地方政府有力支

持，减少和规避结构性与周期性风险；地方政府在土地保障、税收、信贷等方面给予其政策支持。例如，“十一五”期间，陕西省政府先后为军工企业技术改造、军转民科研开发的直接投入约2.2亿元，减免各种费用约1.6亿元；对军民结合项目用地、基础设施配套建设等提供优惠；在投资环境上，把军工民用产业项目与招商引资项目同等对待，创造宽松的外部环境；通过组织投资洽谈会、展览会，宣传展示军民结合成果，推广介绍军民结合项目和产品，增强军工企业参与市场竞争的能力。

三、创建可竞争性的装备市场，营造竞争有序的采购环境

可竞争性市场理论认为，只要保持市场进入的完全自由，消除行政壁垒，降低特别的进出市场成本，潜在竞争的压力就会迫使任何市场结构条件下的企业采取竞争行为。因此，应通过明晰政府边界，规范行政许可制度，弱化装备工业基础军民融合的市场壁垒，最终形成有利于竞争性采购的市场格局。

1. 明晰政府边界，规范政府行政许可制度

由于武器装备的特殊属性，政府对于武器装备采购市场有着较多的行政规制。企业要进入武器装备采购市场，必须同时拥有武器装备科研生产许可证、质量管理体系认证、保密资格认证，并进入装备承制单位名录。总装备部颁布的装备承制单位名录与原国防科工委的武器装备科研生产许可证制度相比，除管理、实施的主体是军方外，其他审查程序、内容等几乎是一样的。这就实际形成了两个主体做同一件事情的局面，在一定程度上造成了资源浪费。为此，我国武器装备采购市场应明晰政府边界，规范政府对进入装备采购市场的行政许可制度，明确行政许可的范围，避免条款的重复与职责的交叉。

2. 弱化军民融合的市场壁垒，构建可竞争性市场

我国装备采购市场存在结构性进入壁垒与行政性进入壁垒“双高”的情况。在位企业的资本沉淀率是判断其规模是否构成进入壁垒的关键。武器装备研制生产具有资产专用性强、固定资产比例高和投资周期长的特点，因此，武器装备采购市场存在高资本沉淀率，其结构性进入壁垒比较高。武器装备采购市场的行政性进入壁垒包括：不平等的税收优惠政策、政府投资政策，以及缺乏有效保护知

识产权、处理知识产权所有者利益诉求的制度等。可竞争性市场理论认为，高集中度的市场结构可以和效率并存，竞争性采购是可以实现的。通过弱化军民融合进入壁垒，构建装备采购竞争性市场，给予装备采购市场上的企业以平等的政策待遇，保护知识产权使用与流转。这能支持与鼓励民用企业有序准入装备采购市场，更重要的是能硬化在位军工企业的预算约束，通过竞争对军工企业实施自我执行的监督和可信的惩罚。

四、完善军民融合的国家工业基础，拓展覆盖全面的来源渠道

竞争性采购需要完善军民融合的国家工业基础，拓展覆盖全面的来源渠道。需要将国防经济布局纳入国家经济建设总体布局，将武器装备科研生产体系纳入国家创新体系，将国防工业基础根植于国家工业基础之中。

1. 将国防经济布局纳入国家经济建设总体布局

在关系国家安全与经济利益的重大项目建设上，要努力推动军用需求与民用需求的战略对接，强化国家宏观管理部门的领导职能，统筹地方与军队、整体与局部、眼前与长远的利益关系；国防投入的规模与国民经济的总体规模保持适当比例，军费开支占国民经济收入的比例要恰当；在交通和信息基础设施建设、机场、港口、重点铁路公路的建设方面，要兼顾国防安全与经济效益；国家经济建设区域布局的“新三线”（沿海一线、沿江一线、沿边一线）中要考虑国防安全因素，采取均匀分布与适度集中相结合的策略。

2. 将武器装备科研生产体系纳入国家创新体系

国家创新体系主要包括企业、大学、研究机构、中介机构、政府部门等。将武器装备科研生产体系纳入国家创新体系，建立起军民融合的国家创新体系，是科学整合与优化配置国内科技创新资源，提高国家创新能力的需要，也是保障国家安全，实现军队现代化的需要。要改变目前武器装备科研生产体系与民用创新体系相分离的局面，加快建立军民两用成果信息共享平台、军地共同研发中心和军民两用科技成果转化中心等，实现军用与民用研发信息的互通、研发技术的互补、科技创新成果的共享。

3. 将国防工业基础根植于国家工业基础

推进武器装备竞争性采购，要将国防工业基础深植于国家工业基础之中。装备基于能力，能力寓于产业。武器装备建设基于研发能力、生产能力、动员能力等，而这些能力均寓于产业之中。装备制造业是发展武器装备的重要产业支撑，也是衡量一个国家综合国力的重要方面，国家在发展先进装备制造业，提高基础工艺、基础材料、基础元器件研发和系统集成水平的时候，要充分考虑国防需求。战略性新兴产业代表着未来产业发展方向，国家培育和发展战略性新兴产业要统筹军用民用两种资源，面向军品民品两个市场，走军民融合发展之路。

民用科技力量参与武器装备研制的委托代理分析及对策思考*

张远军　董晓辉

胡锦涛同志在党的十七大政治报告中强调要适应世界军事发展新趋势和中国发展新要求，“建立和完善‘军民结合、寓军于民’的武器装备科研生产体系”。民用科技力量作为中国科技力量的重要组成部分，是国家经济建设和国防建设的重要保障。民用科技力量参与武器装备研制是走中国特色军民融合式发展道路，“建立‘军民结合、寓军于民’的武器装备科研生产体系”的客观要求。本文基于委托代理理论的视角去深入分析民用科技力量参与武器装备研制的委托代理结构，深入分析民用科技力量参与武器装备研制过程中委托方和代理方的利益博弈，提出推进民用科技力量参与武器装备研制的对策建议。

一、民用科技力量参与武器装备研制的委托代理结构

经济学上的委托代理关系，泛指任何一种涉及非对称信息的交易，交易中有信息优势的一方为代理方，另一方为委托方。构成委托—代理关系必须具备以下三个条件：第一，市场中存在两个相互独立的个体，双方都在约束条件下追求自身效用的极大化。第二，双方都面临市场的不确定性和风险，双方所掌握的信息处于不对称状态：代理人在交易中掌握的信息多，有信息优势；委托人掌握的信息少，处于信息劣势。第三，代理人的私人信息影响委托人的利益，即委托人不得不为代理人的行动承担风险。

---

* 原载于《经济研究导刊》2011 年第 21 期。

1. 民用科技力量参与武器装备研制构成委托代理关系的基本条件

市场经济条件下，民用科技力量参与武器装备研制是武器装备采办部门根据相应的政策规定以合同的形式，将采办经费交付给选定的民用科技力量，委托其从事武器装备研制、生产、维修保障的行为，是建立在各自目标利益基础上，通过竞争而形成的以标的物为纽带的契约关系。其委托代理运行的流程见图1。

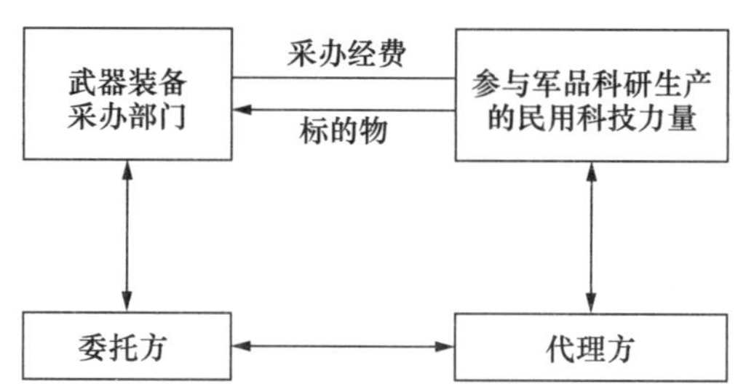

图1　武器装备采办委托代理关系流程图

武器装备采办部门和民用科技力量作为两个利益主体，达成的武器装备研制合同关系满足构成委托代理理论要求的三个必要条件：

（1）随着社会主义市场经济体制的逐步健全与完善，武器装备的供给方和需求方不断分离，采办市场不断完善，武器装备采办部门的市场经济主体地位得到不断加强，民用科技力量参与市场竞争的意识也不断增强。在采办市场上，武器装备采办部门追求自身效用最大化，在总的采办经费约束下，从承包商那里购买的产品或服务效益最大；民用科技力量作为独立的市场经济主体，其目标也是追求利润最大化。因此，二者是相互独立的且都是在不同的约束条件下追求自身效用的最大化。

（2）信息不对称度和风险度高。采办市场的突出特点就是信息不对称程度高，不确定性因素复杂多变。武器装备研制技术的先进性、复杂性造成了承制单位与采办部门之间信息的严重不对称，武器装备采办部门无法完全掌握承包商关于武器装备性能、进度、成本及其努力程度等方面的准确信息，处于完全的信息劣势，面临承包商“拖进度、降指标、涨经费”的风险。对参与武器装备研制的民用科技力量来说，武器装备研制属于资金、技术和人才密集型的高风险产业，不仅可能面临巨大的沉没成本，而且涉足武器装备研制还必须承担极高的科研风险。所以，从总体上看，民用科技力量参与武器装备研制的过程中，双方都必须面对大量的不确定性因素，承担一定的风险，但是民用科技力量掌握着相对较多的信息，是处于信息优势的一方。

（3）逆向选择和道德风险问题。信息经济学认为，信息不对称就会存在逆向选择和道德风险问题。一方面，民用科技力量参与武器装备研制过程中，可能利用自身掌握的武器装备研制方面的信息优势，采取欺诈行为，只顾增进自身的效用，故意隐瞒对武器装备采办部门有利的消息，从而影响武器装备采办部门的利益。另一方面，由于武器装备采办部门受获取信息成本的影响，可能会选择到资质不合格的民用科技力量，所以也存在逆向选择问题。

因此，当武器装备采办部门与民用科技力量达成采办契约时，二者之间符合委托—代理关系的构成条件，因为武器装备采办部门处于信息劣势，是委托方，民用科技力量有信息优势，是代理方。

2. 民用科技力量参与武器装备研制的委托代理结构的特征

武器装备科研生产资源的市场化配置是社会主义市场经济体制改革的必然要求，民用科技力量进入武器装备研制领域是提高国防科技创新和武器装备研制能力的客观需要。

（1）民用科技力量是独立的市场主体。目前，中国武器装备研制绝大多数掌握在少数的军工企业及军工科研院所手中，由于历史的原因，军工企业及军工科研院所虽经多次改革，但军工企业及军工科研院所与政府、军队仍然存在着千丝万缕的联系，军工企业及军工科研院所、政府和军队采办部门的责权利关系还没有完全理清，政企不分、责权不清的情况仍然普遍存在，军工企业及军工科研院所和军队采办部门还没有形成完全意义上的相互独立主体。相比之下，经过改革开放三十年市场经济大潮的冲击，民用科技力量不断发展壮大，市场经济的主体地位十分明确，应对市场风险的意识和能力都在不断提高，与武器装备采办部门也没有复杂的利益关系。因此，民用科技力量参与武器装备研制的过程中，武器装备采办部门的目标比较单一，不必担心资源配置与承包商的生存问题，承包商与武器装备采办部门能真正形成责任、权力相统一的、自我约束的武器装备市场行为主体和利益主体。

（2）可有效减少信息不对称程度。现代经济学认为，减少信息不对称的有效手段之一就是竞争。市场经济条件下，武器装备采办委托代理结构是建立在完善、有效的市场机制基础上的，承包商是在武器装备采办中通过竞争产生的。由于历史原因，民用科技力量一直无法有效进入军品市场，中国的军工企业及军工科研院所长期处于卖方垄断地位，武器装备采办部门无法保持对承包商的选择权，长期的成本加成的价格机制不能起到传递承包商的经营状况的作用。承包商经营者信息披露不规范，虚假信息严重。这些都提高了武器装备采办部门监督承包商的成本，给承包商损害军队的利益提供了屏障。而民用科技力量大多采用现代企业制度，信息披露的真实性和及时性都远较军工企业及军工科研院所高。

二、民用科技力量参与武器装备研制的博弈模型

民用科技力量参与武器装备研制形成的委托—代理结构中，武器装备采办部门是委托方，承担武器装备研制任务的民用科技力量是代理方。委托方代表国家利益，通过采办合同，在确保武器装备性能指标满足作战使用要求的前提下，追求产品或服务的质量价格、完成进度达到最优化的目标。要实现该目标，不仅需要委托方的努力，更需要代理方的努力，如何采取有效的激励约束措施，促使代理方按委托方的期望行动，是规范和完善武器装备研制体系的关键问题之一。因此，通过对民用科技力量参与武器装备研制的博弈模型建构，对委托方与代理方自利行为及不同对策带来的结果进行分析，从而为科学探索民用科技力量参与武器装备研制的激励约束措施提供参考。

1. 假设条件

①武器装备采办部门选定承包商之后博弈开始；②合同的执行采用序贯决策，即采办合同的执行不是一次决策，而是需要在一系列时刻点上做出决策，在每一时刻点上，双方都是根据对方前一阶段的决策决定下一阶段的决策，如此一步一步执行下去，比如武器装备采办部门根据参与武器装备研制的民用科技力量当前的表现来决定下一阶段的激励约束机制措施；③决策具有无记忆性，即双方的博弈仅与当前对手采取的策略有关，而与对手以前采取的策略无关；④在合同签订后，承包商付出的努力水平不影响合同本身，而只有通过影响成本间接影响合同，承包商从自身利益出发，其策略只能是选择投入工作的努力程度；⑤武器装备采办部门根据承包商的努力程度，选择激励约束措施；⑥博弈次数为有限数。

2. 模型构建

根据前面假设，在武器装备采办部门选定承包商（民用科技力量）之后，可以用一个 Markov 随机决策模型来描述军方与承包商的博弈过程。一个 N 阶段的 Markov 随机决策模型由 $\{I, S_p, p_{ij}(n), g_n, R\}$ 五元素系统描述，下面分别说明每一要素的含义：①I 为博弈系统的全体状态组成的集合，称为状态空间。在博弈过程中，武器装备采办部门根据承包商的努力程度采取相应的激励约束机制。因此，可以把承包商的努力程度作为系统的状态标识。以 $\xi(n)$ 表示在时刻 n

承包商的努力程度，且只取整数值，则承包商的策略集 $S_A=\{e\mid 0\leqslant e<\infty\}$，约定 e 值越大，代表承包商努力程度越高，则系统状态空间 $I=S_A$。②S_p 为武器装备采办部门可以采用的激励约束措施，有 k 种（如竞争、监督等），措施集记为 $S_p=\{c(i)\mid i=1,2,\cdots,k\}$，在每一个时刻 n，武器装备采办部门根据承包商的状态 $\xi(n)$，从 k 种激励约束措施中选择一种，称为武器装备采办部门的动作，记为 a_n，$a_n\in S_p$，由假设条件③动作 a_n 只依赖于承包商现在的努力情况，即 $a_n=f_n\xi(n)$，其中 f_n：$I\rightarrow S_p$。③$p_{ij}(n)$ 为时刻 n 系统转移概率矩阵，在观察点 n，承包商根据武器装备采办部门的动作 a_n，按 $p_{ij}(n)=p(\xi(n+1)=j\mid\xi(n)=i,\ a_n=f(\xi(n)))$，$i,j\in I$ 调整努力状态。④$g_n(j,c(i))$ 为武器装备采办部门的效用函数即 g_n：$I\times S_p\rightarrow R$，表示在时刻 n，若承包商的努力程度为 j，武器装备采办部门选择动作 $a_n=c(i)\in S_p$ 时武器装备采办部门获得的收益。⑤R 表示在博弈开始时，若承包商的努力程度为 e，委托人采取策略π，武器装备采办部门总的效用函数 $R(\pi,e)=E(\sum_{n=0}^{N}g_n(\xi(n),\pi_n)\mid\xi(n)=e)$，其中，武器装备采办部门策略 $\pi=(\pi_0,\pi_1,\cdots)$，是把武器装备采办部门各个时刻点的动作联合起来，武器装备采办部门全体的策略集记为 S。⑥目标函数，若承包商初始努力状态为 e，武器装备采办部门的最优策略为：$v(e)=\underset{\pi\in S}{\operatorname{argmax}}R(\pi,e)$。

3. 算例演示

这里考虑武器装备采办部门有多种策略可供选择。设武器装备采办部门的两种典型纯策略为加强监督和普通监督两种，分别用 a_1，a_2 表示。设承包商可以选择的纯策略是其工作的努力程度，有三个状态，即消极怠工、中性、努力，分别以数字 1、2、3 表示承包商所处的三种状态。设武器装备采办部门采取相应的策略时，承包商的工作状态的转移概率矩阵如下：

$$P_a(1)=\begin{bmatrix}0 & 1/3 & 2/3\\ 1/4 & 1/4 & 1/2\\ 0 & 1/2 & 1/2\end{bmatrix}$$

$$P_a(2)=\begin{bmatrix}1/2 & 1/3 & 2/3\\ 1/4 & 1/4 & 1/2\\ 1/2 & 1/2 & 1/2\end{bmatrix}$$

假定开始时，承包商以相等的可能性处于这三个状态之一，即初始分布为 (1/3，1/3，1/3)。又设承包商处在状态时，武器装备采办部门采取策略 $a(1)$，获得的效用为 $g(j,a(1))=j+2$，而采取策略 $a(2)$，获得的效用为 $g(j,a(2))=j^2+1$。这样，由初始分布 $\mu_0=(\mu_1,\mu_2,\mu_3)$ 及转移概率矩阵列决定了一个三个状态的非时齐的马尔可夫链$\{\xi, n\geqslant 0\}$，ξ_n 表示承包商在时刻 n 所处的努力状态，作为系统的状态。于是武器装备采办部门在时刻 m 前所得的平均累积报酬即目标函数为 $E(\sum_{n=0}^{N} g(\xi_n, a_n))$。

为方便计算，假设博弈过程只有两个阶段，即取 $m=1$，那么所求目标函数为：

$$v(e)=\underset{\pi\in S}{\operatorname{argmax}}[E_g(\xi_0, f_0(\xi_0))+E_g(\xi_1, f_1(\xi_1))]$$

则有：

$$E_g(\xi_0, f_0(\xi_0))=\sum_{i=1}^{3} g(i, f_0(i))\mu_i$$

$$E_g(\xi_1, f_1(\xi_1))=\sum_{j=1}^{3} g(j, f_1(j))p(\xi_1=j)=\sum_{j=1}^{3}\sum_{i=1}^{3}\mu_i g(j, f_1(j)p_{ij}f_0(i))$$

即目标函数为：

$$v(e)=\sum_{i=1}^{3} g(i, f_0(i))\mu_i+\sum_{j=1}^{3}\sum_{i=1}^{3}\mu_i g(j, f_1(j)p_{ij}f_0(i))$$

由此式可以看出，若要选取策略 $e=(f_0, f_1)$ 使目标函数为最大，需从后往前计算，先选取 f_1，使对于任意 j，$g(j, f_1(j))$ 最大，对此我们计算如下：

当 $j=1$ 时，$g(1, a_{(1)})=3>2=g(1, a_{(2)})$

当 $j=2$ 时，$g(2, a_{(1)})=4<5=g(2, a_{(2)})$

当 $j=3$ 时，$g(3, a_{(1)})=4<10=g(3, a_{(2)})$

可见，要使 $g(1, f(j))$ 最大，f_1 的取值应成如下对应形式：

f_1：$(1, 2, 3)\to(a_{(2)}, a_{(1)}, a_{(1)})$

将在确定了 f_1 后的最大报酬记为 g^*，其取值如前面计算所得最大值，则目标函数为：

$$V(e)=\sum_{i=1}^{3}\mu_i[g(i,f_0(i))+\sum_{i=1}^{3} g^*(j)P_{ij}(f_0(i))]$$

下面选取 f_0，使目标函数值最大，为此计算上式括号中 $g(i, a_{(1)})+\sum_{i=1}^{3} g^*(j)P_{ij}(a_{(1)})$ 的值并与 $g(i, a_{(2)})+\sum_{i=1}^{3} g^*(j)P_{ij}(a_{(2)})$ 进行比较如下：

当 $i=1$ 时，$3+\frac{1}{3}\times 5+\frac{2}{3}\times 10=\frac{34}{3}>\frac{29}{4}=2+\frac{1}{2}\times 3+\frac{1}{4}\times 5+\frac{1}{4}\times 10$

当 $i=2$ 时，$4+\frac{1}{4}\times 3+\frac{1}{4}\times 5+\frac{1}{2}\times 10=13>\frac{34}{3}=5+\frac{3}{4}\times 3+\frac{1}{4}\times 5$

当 $i=3$ 时，$5+\frac{1}{2}\times 5+\frac{1}{2}\times 10=\frac{25}{2}<14=10+\frac{1}{2}\times 3+\frac{1}{2}\times 5$

比较各个值的大小，可知f_0的取值应成如下对应形式：

f_0：(1，2，3)→($a_{(1)}$，$a_{(1)}$，$a_{(2)}$)

所以，在采办过程中，根据承包商的不同努力状态和所在时间点，武器装备采办部门的最佳决策为按上面计算出的(f_0，f_1)所决定的策略进行。

三、构建民用科技力量参与武器装备研制的激励约束机制

市场经济条件下，民用科技力量参与武器装备研制是武器装备采办部门根据相应的政策规定以合同的形式，将采办经费交付给选定的民用科技力量，委托其从事武器装备研制、生产、维修保障的行为，是建立在各自目标利益基础上，通过竞争而形成的以标的物为纽带的委托代理关系。但是，在委托、代理双方之间存在着信息不对称、契约不完备、目标不一致等原因，往往会产生代理人的道德风险和逆向选择问题，使其不能完全按照委托人的利益要求履行武器装备研制任务。于是，这就需要构建民用科技力量参与武器装备研制的激励约束机制，使其行为符合委托人的利益要求。

1. 构建公平合理的制度保障机制

①资质认证机制。民用科技力量必须符合原国防科工委制定的“许可证”制度和军队制定的“资格审查制度”所规定的条件，才能获得承担武器装备研制生产任务的资格。②项目招标机制。通过实行项目招标制度，能够促进民用科技力量与军工企业及军工科研院所，以及民用科技力量之间的竞争，达到降低国防采办经费，优化国防工业结构的目的。③信息交流机制。在民用科技力量参与武器装备研制过程中，要完善相关公共信息发布平台，强化民用科技力量参与武器装备研制的供需信息的收集及交流机制，以最大限度地避免信息交流不对称现象的发生。

2. 构建有效的利益激励机制

目前在民用科技力量参与武器装备研制的过程中，存在的委托代理危机最主要源于激励不足。作为代理方的民用科技力量，对武器装备研制负主要责任，因而承担着主要的风险，如此的对应关系使得民用科技力量从事武器装备研制过程中风险过大。所以。根据要求的报酬与风险匹配的原则，承担武器装备研制任务的高风险必然要求以高的报酬相匹配。使民用科技力量从内部产生动力，主动加

强自我激励，实现激励的最佳方式与效果。

同时，由于委托人与代理人的具体行为目标的不一致，所以造成了代理人的道德风险与逆向选择。然而，参与武器装备研制竞争的民用科技力量的生存和发展与委托代理双方的利益都是切实相关的。因此，在既定的委托代理契约条件下，为有效激励代理人，委托人应该适当地让渡一部分增量价值于代理人，使参与武器装备研制竞争的民用科技力量能够分享增量价值，以确立委托代理双方的共同目标，产生双赢效果。

3. 构建一个科学的风险约束机制

①法律风险约束机制。为保证民用科技力量参与武器装备研制竞争的健康发展，对申请参与武器装备研制竞争的民用科技力量，法律要做出一定资格条件规定：民用科技力量要具有独立承担民事责任的能力，要具有良好的资信和健全的质量保证体系，要具有履行装备研制生产合同的条件和能力。②信誉风险约束机制。信誉在民用科技力量参与武器装备研制竞争中起着良好的约束作用。因为委托人的投资是分阶段注入的，如果承担武器装备研制任务的代理人表现不好，则下期的资金投入便成了问题。③契约风险约束机制。民用科技力量参与武器装备研制，实质是一种公共部门与私营部门的合作伙伴模式。这种模式强调委托人同代理人加强合作伙伴关系的建立，并以“契约风险约束机制”督促代理人按武器装备采办部门规定的质量标准进行武器装备的科研生产，武器装备采办部门则根据民用科技力量的供给质量分期支付采办费用。

参考文献

[1] 张维迎．企业的企业家——契约理论［M］．上海：上海三联书店，1996.

[2] 张维迎．博弈论与信息经济学［M］．上海：上海人民出版社，上海三联书店，1996.

[3] 余伟生，朴正爱．博弈论及其在经济管理中的应用［M］．北京：清华大学出版社，2005.

[4] 夏世进．民用科技力量进入国防工业市场的博弈分析［J］．军事经济研究，2007（10）．

[5] 赵建元．军民融合是国防科技工业发展的必由之路［J］．国防科技工业，2005（8）．

[6] 倪明胜等．论公共信息资源管理——概念、基本特征及管理模式创新［J］．湖湘论坛，2009（3）．

战略性新兴产业军民融合式发展研究*

曾　立　黄朝峰　纪建强　位　芳

一、引言

战略性新兴产业是引导未来经济社会发展的重要力量。发展战略性新兴产业已成为世界主要国家抢占新一轮经济和科技发展制高点的重大战略，对各国未来一段时间内的经济社会发展、重大技术突破、国防科技进步都有重大意义，必须坚持走军民融合式发展道路。2010 年，我国正式发布了关于加快培育和发展战略性新兴产业的决定，将其作为抢占新一轮经济和科技发展制高点的重大战略，分别写入了党的十七届五中全会公报和国家“十二五”发展规划建议。发展战略性新兴产业，是我国应对传统产业产能过剩，寻求经济发展新引擎，加快转变经济发展方式的重要举措。因此许多学者在研究中提出，要站在国家安全与发展战略全局的高度，把培育发展战略性新兴产业与国防和军队建设有机结合起来，走军民融合式发展的道路。

二、战略性新兴产业军民融合式发展的依据

战略性新兴产业的军民融合式发展，既有我国加快转变经济发展方式的现实

* 原载于《科技进步与对策》第 23 期第 28 卷。

需要，也有军民科技界线模糊的技术基础和其他国家的实践经验，有其内在的科学依据。

1. 加快转变经济发展方式是战略性新兴产业军民融合发展的现实需要

加快转变经济发展方式是我国“十二五”时期发展的主线，是推动科学发展的必由之路，关系到改革开放和社会主义现代化建设的全局。加快转变经济发展方式，最根本的是要靠科技的力量，最关键的是要提高自主创新能力，要把增强自主创新能力作为战略基点，着力提升原始创新能力，大力增强集成创新能力和消化吸收再创新能力，提升知识、技术转移和规模化生产能力，积极构建完整的创新体系和现代产业体系。通过自主创新带动产业升级，在发展中促转变、在转变中谋发展。战略性新兴产业具有知识技术密集、物质资源消耗少、成长潜力巨大、综合效益好的特点，其军民融合发展能够加快经济发展方式的转变。

（1）战略性新兴产业的军民融合发展能够统筹军地资源，促进产业结构的优化升级。军地双方有着不同的资源优势，在战略性新兴产业军民融合的发展过程中，能进一步打破传统军民分割现状，加速传统国防科技工业与民用科技工业的调整、优化、升级，培养整个国家军民一体的工业创新体系，促进产业结构的转型升级。

（2）战略性新兴产业的军民融合发展是解决“大炮”与“黄油”矛盾的有效措施，促进国家经济又好又快发展。战略性新兴产业军民融合式发展能够实现“一分投入，两分产出”的效果，减少国防建设对经济建设的“挤出效应”，提高国防建设对经济建设的“溢出”效果。例如航天是技术密集和资本密集的战略性新兴产业，特点是高投入、高风险和高效益。欧美一些经济学家认为，它的直接投入产出比约为1∶2，相关产业可达到1∶8～1∶14。据专家估计，我国探月的投入产出比会达到1∶10，甚至在不远的将来为我国带来更多的收益。

（3）战略性新兴产业军民融合发展是加快推进自主创新。实现科技强军和建设创新型国家有机统一的重要举措。战略性新兴产业是以重大技术突破和重大发展需求为发展基础，以科技进步为发展核心，其军民融合式发展既能促进国防科技和民用科技的飞跃，也能通过其牵引带动作用加速实现国家创新体系的形成。例如，我国正着力构建以应用卫星为主要平台的天基信息系统，促进了军用和民用领域的通信、导航、全球定位等相关技术的突破与发展。

2. 国防科技与民用科技界线日趋模糊是战略性新兴产业军民融合发展的技术基础

国防科技与民用科技界线越来越模糊是战略性新兴产业能够实现军民融合的

根源所在。在历史上，军用技术一直领先于民用技术，军民技术界线明显，造成在产业发展方面往往是最先进的国防科技无法在民用部门实现产业化，或者是国防科技工业往往领先于民用科技工业水平，二者之间有明显的技术代差，无法实现军民一体化的发展道路。但从20世纪70年代中期开始，以信息化、智能化为特征的新一轮技术革命，标志着军民通用技术时代的到来。当前，民用技术和军事技术之间的界线越来越模糊，高新技术特别是信息技术具有高度的军民两用性，民用领域的高新技术基本上都可以用于军事目的。美国商务部和国防部同时列出的关键技术中，有80%是相通的。俄罗斯的这一比例也达到了70%以上。据国外专家估计，美、英、法、德、日等世界主要发达国家发展信息化武器装备所需要的高新技术，80%～90%来自地方企业，10%～20%来自军方的科研院所。战略性新兴产业是高新技术产业，军民科技界线的模糊是其军民融合发展的动力。一方面，从投入角度来看，技术的军民通用性能够吸引军地双方优质的科技资源投入其中，减少发展过程中资源投入不足的问题；另一方面，从产出角度来看，技术的军民通用性使战略性新兴产业的发展具有广阔的市场前景，减少其发展需求不确定的风险。

3. 战略产业军民融合发展的成功经验是其发展的实践基础

2008年百年罕见的国际金融危机，使世界经济遭受了20世纪大萧条以来最为严重的挑战。我国经济也受到严重的冲击，转变发展方式、调整经济结构的任务越来越艰巨，资源环境的制约越来越突出，短期的困难和长期的矛盾交织在一起，如何走出金融危机影响，在新的起点实现国民经济又好又快发展是当前的紧迫课题之一。历史经验表明，经济危机往往孕育着新的科技革命。正是科技上的重大突破和创新，推动经济结构的不断调整，提供新的经济增长引擎，使经济重新恢复平衡并提升到更高的水平。谁能在科技创新方面占据优势，谁就能够掌握发展的主动权，率先复苏并走向繁荣。1857年的世界经济危机引发了电气革命，推动人类社会从蒸汽时代进入电气时代。1929年的世界经济危机，引发了电子革命，推动人类社会从电气时代进入电子时代。电子产业迅猛发展带动了一批高技术产业崛起，推进了传统产业的升级换代，20世纪70年代的“滞胀”危机，使世界产业结构发生了重大变化，全球化、知识化、信息化、网络化时代的到来，正是在危机时刻在战略性产业率先发展的国家，才引导了一段长时间的科技进步和经济发展。以美国为例，为应对20世纪的几次经济危机，美国先后实施了“曼哈顿工程计划”“阿波罗登月计划”“航天飞机计划”“星球大战计划”和“信息高速公路计划”等，催生和带动了核工业、航天、计算机、GPS、互联网等高新技术产业发展，拉动了美国经济的快速增长。当前，在后金融危机时

代，各主要国家又纷纷采取措施，提出了新的发展思路。如欧盟宣布到2013年以前，将投资1050亿欧元发展绿色经济，保持在绿色技术领域的世界领先地位。英国从高新科技特别是生物制药等方面，加强产业竞争的优势；日本重点开发能源和环境技术；俄罗斯提出开发纳米和核能技术，这些技术都是新一代具有战略性、军民通用性的新兴产业，其发展结果对整个国家有着长远影响。在当前的情况下，战略性新兴产业军民融合式发展是我国积极应对金融危机的影响，进一步提升科技竞争力和军事关键技术的重大举措。

三、战略性新兴产业军民融合式发展的总体思路

战略性新兴产业发展事关国家经济社会发展全局，需要在战略、全局高度对其军民融合式发展进行统筹规划，采取恰当的模式进行。

1. 在统筹规划时坚持“三个统一”

（1）统一领导。在顶层设计层面，要有国家层次军队相关部门参加的权威领导机构，强化国家宏观管理的领导职能，妥善处理地方与军队、整体与局部、短期与长远、行业之间、区域之间的平衡关系。

（2）统一规划。在规划阶段，要充分结合我国区域经济发展特点和军队建设的实际需要，从规划论证入手，使军地需求相统一，利用军地两种资源，面向军品民品两个市场。

（3）统一实施。在具体操作过程中，要理顺各部门、各地区之间的利益关系，同时，建立门类齐全、功能完备、内外协调、配套衔接的政策法规和技术标准体系，最终实现经济效益、军事效益和社会效益的高度统一。比如，“大飞机项目”自2007年起正式启动，包含了大型运输机和大型客机两大项目。大型运输机项目由中国航空工业集团公司承揽，大型客机项目则由中国商用飞机有限责任公司负责。目前大飞机项目进展顺利，大型运输机已进入试飞阶段，大型客机也已获得大量订单。这主要是因为大飞机项目从立项到研发，再到生产制造都是在党中央的统一领导下，统一规划、统一实施，确保了发展方向和发展重点。

2. 在统筹协调中促进“三个结合”

战略性新兴产业发展必须统筹经济建设和国防建设，充分依托和利用社会资源，提高国防实力和军事能力，大力推进军地资源开放共享和军民两用技术相互

转移。

①将满足国防需求与满足民用需求结合起来。国防需求往往能够带动战略高端技术和产业的起步，借助民用需求和市场资本的推动，能更快更好地促进国防建设的可持续发展。②将利用国防资源与利用民用资源结合起来。充分利用国防资源和民用资源，实现军地资源开放共享和军民两用技术相互转移、相互借鉴。③将依托国防工业和依托民用工业结合起来。鼓励和支持军工企业与民用企业以产权为纽带，实现军民科研、技术、生产良性互动、高度融合。

3. 在统筹实施中完善“三种模式”

根据战略性新兴产业领域与国防科技工业的相关性和资产专用性程度高低分别采取不同的发展模式。①建立和完善依托现有国防科技工业发展优势的模式。例如核技术这类具有资产专用性程度较高、军工行业具有较强技术优势的战略性新兴产业领域，采取“依托型”的模式。②建立和完善军事工业与民用工业互动发展的模式。像高端装备制造业和新能源汽车这类与国防科技工业具有高相关性和资产专用性较低的战略性新兴产业领域，采取“互动型”的模式。在这种模式中，军工企业和民用企业双方相互合作、相互竞争，形成军事工业与民用工业的良性互动机制。比如，无人机是世界航空装备发展的热点，无论是在军事领域还是在民用领域都有广泛的市场前景。军事领域主要用于侦察、情报搜集和作战，而民用领域用于执行灾难勘察、地矿勘探和气象观测等任务。③建立和完善将军事需求嵌入民用工业发展的模式。像新一代信息技术、新材料、生物技术、节能环保这类军民通用性强的产业，与国防科技工业具有较低相关性和低资产专用性的战略性新兴产业领域，采取“嵌入型”的模式。以新一代信息技术产业为例，军队发展信息化武器装备所需要的计算机技术、微电子技术、光电子技术等信息技术 80% 以上与民用技术通用。将军事需求嵌入民用工业，充分利用民用信息技术，实现国防科技工业的跨越式发展，对于加快推进军队信息化建设和转变战斗力生成模式都具有十分重要的意义。

四、战略性新兴产业军民融合式发展的战略举措

1. 政府主导，实现顶层融合

战略性新兴产业军民融合式发展影响到经济发展方式转变和国防科技工业的

进一步转型发展，涉及国家多个部门，而不是局限于某个部门，或军地各自的职责。必须强化政府主导，由国家进行顶层统筹规划、统一部署，实现顶层的军民融合。其中，中央政府负责全国范围内的布局与协调，促进军地双方在国家层面的信息互通、互享，地方政府负责辖区内战略性新兴产业的政策执行、细则制定、具体布局规划，并与当地的国防科技部门紧密联系，实现军地双方需求与供给的有效对接、优势互补，资源的合理、优化配置。

2. 深化制度创新，实现体制融合

体制的科学、合理及顺畅与否，直接决定着相关事务的运行效果。对战略性新兴产业军民融合式发展来说，没有科学有效的体制作保障，融合之路绝不会一帆风顺。因此，要确保战略性新兴产业军民融合高效和顺畅运转，就必须把体制融合作为前提，把机制健全作为重点。

（1）要加快研究制定《战略性新兴产业发展规划》等政策性细则，从政策层面减少战略性新兴产业发展的不确定性。当前，虽然国务院已经下发了《关于加快培育和发展战略性新兴产业的决定》等文件，但关于战略性新兴产业具体的发展细则还没有出台，各地区对战略性新兴产业的理解和规划都还存在一定的差异，比如对战略性新兴产业认识不统一，一些地方将石化深加工、绿色食品、林产业、海洋产业、文化创意、现代物流、高端生产性服务业等列为战略性新兴产业。这些都需要尽快从政策法规、标准体系上加以确认。

（2）要完善税收激励政策。从国际经验看，世界主要国家在战略性产业发展初期，都曾采取过一定的税收优惠政策扶持其发展。如 1973 年后，日本发展战略的重点转向基础产业，强调原始创新和集成创新。为此，日本政府制定了一系列有关自主创新的税收激励政策，而美国则一直注重原始创新，对研发活动的税收激励政策一直占重要地位。我国自 1985 年颁布《中共中央关于科学技术体制改革的决定》以来，为配合国家各时期的产业发展战略，陆续制定了一系列创新税收激励政策。但与创新型国家相比，政策激励的效果仍不理想，目前还存在一些不利于促进企业自主创新的税制环境。此外，仍然缺少针对战略性新兴产业发展的相关税收规定，降低了社会资本的积极性。这就需要我们结合国情，创新税收激励政策，促进战略性新兴产业的发展。

（3）要加强财政金融政策扶持力度，充分发挥政府资金对推动战略性新兴产业军民融合式发展的推动和引导作用。中央和地方财政要积极支持战略性新兴产业相关技术开发和军民结合服务平台建设，加大对技术开发和改造的支持力度，探索建立战略性新兴产业军民融合发展专项资金，推动战略性新兴产业向军民融合方面发展。同时，加快推进金融产品和服务方式创新，积极拓宽融资渠道，支持符合上市条件的战略性新兴产业的相关企业上市融资。推进场外证券交易市场的建设，满足处于不同发展阶段创业企业的需求。充分运用计划和市场两个机制，发挥政府资金和社会资本两种资源，推动战略性新兴产业军民融合式发展。

3. 加快产业调整，实现产业整合

战略性新兴产业军民融合发展必须借助军地双方的优势资源共同完成：①加快传统产业的转型升级。战略性新兴产业来源于传统产业，是传统产业的高级阶段，传统产业的转型升级可以为战略性新兴产业的发展奠定坚实基础。例如新材料产业离不开钢铁、有色、石化等行业，高端装备制造业也离不开现有的制造业。必须认识到发展战略性新兴产业绝不是脱离传统产业，另起炉灶，而是要与现有传统产业实现有机结合，做到互动发展。②打破军民分离的工业体系，实现产业融合。战略性新兴产业军民融合发展需要在利用现有的国防科技工业与民用科技工业资源的基础上进行，其融合式发展必须打破封闭，消除垄断，按照优势互补、良性互动的要求，科学整合军民两大产业，才能形成和谐有序、健康发展的产业体系。

4. 完善科技创新体系，实现技术结合

科学技术是第一生产力和极其重要的战斗力，同时也是军民融合中最有力的黏合剂。技术并没有固定属性，只是由于需求和应用的范围不同而被人为地分成军用技术和民用技术。打破军用与民用界线，实现科学技术的军民融合，是新形势下我国加强技术创新、发展高新科技产业的重大策略：①确立军民融合发展的科研创新战略，将国防科技创新规划纳入国家科技创新整体规划中，由政府、军队围绕国家安全与发展的重大战略需求，科学整合军民经济科技资源，实现军民科研创新之间的相互协调、优势互补、良性互动，共同支撑军用和民用两个产业发展；②以军地高等院校、科研院所和大型企业为依托，完善相关法律制度，建立利益共享、风险同担的产学研合作创新机制，努力推动国防科技工业企业、军事科研院所和地方科技资源有机结合、科学配置；③建立一批以企业为主体、高校科研院所为支撑、战场和市场为导向、特色产品为核心、产学研用相结合的长期稳定的科研创新联盟；加快科技成果、技术专利和政策法规等数据库的建设，拓宽军民信息交流渠道，建立军民信息资源共享平台，推进军民科技资源共建共用。

五、结语

战略性新兴产业的军民融合式发展是由我国加快转变经济发展方式的现实需要决定的，国防科技与民用科技界线之间日趋模糊提供了技术基础，世界各国新兴产业军民融合发展的经验使之有了实践基础。因此，战略性新兴产业的军民融合式发展具有一定的客观必然性。战略性新兴产业发展事关国家经济社会发展全局，在统筹规划时要做到统一领导、统一规划、统一实施；在统筹协调中要做到将满足国防需求与满足民用需求、利用国防资源与利用民用资源、依托国防工业和依托民用工业结合起来；在统筹实施中要根据不同行业和国防科技特点采取依托型、互动型、嵌入型发展模式。同时，政府要在顶层设计、体制、产业和科技创新体系层面实现全方位融合，为战略性新兴产业军民融合式发展提供良好的制度环境。

参考文献

[1] 本书编写组．《中共中央关于制定国民经济和社会发展第十二个五年规划的建议》辅导读本 [M]．北京：人民出版社，2010.

[2] 刘传祥．加强战略性新兴产业军民融合发展的工作重点 [N]．学习时报，2010-11-15.

[3] 万钢．把握全球产业调整机遇，培育和发展战略性新兴产业 [J]．求是，2010 (1)：28-30.

[4] 姜鲁鸣．为什么要推进军民融合式发展 [N]．学习时报，2009-09-03.

[5] 李伯亭．国外推动寓军于民的主要做法 [J]．中国军转民，2006 (12)：33-35.

[6] 阮汝祥．中国特色军民融合理论与实践 [M]．北京：中国宇航出版社，2009.

[7] 王宏，骆旭华．美国政府技术采购促进战略性新兴产业发展分析 [J]．商业研究，2010 (11)：99-103.

[8] 于宗林．我国实行军民结合、寓军于民的回顾与思考 [J]．国防科技工业，2008 (12)：30-24.

[9] 赵澄谋，姬鹏宏，刘洁，张慧军，王延飞．世界典型国家推进军民融合的主要做法分析 [J]．科学学与科学技术管理，2005 (10)：22-27.

军工企业进入民品市场时机与领域的选择*

纪建强　陈晓和

当前，我国国防科技工业已有部分领域积极投入到民品市场，积累了一定的军转民经验，也有部分领域依然以军品为生，没有很好地实现军转民。那么，什么样的国防科技工业企业适合发展民品？进入民品市场的时机又是什么时候？本文试对这两个问题进行定性分析。

一、建模与求解

$$\begin{cases} q_1 = a_1 - b_1 p_1 + k p_2 \\ q_2 = a_2 - b_2 p_2 + k p_1 \end{cases} \tag{1}$$

其中，p_i、q_i（$i=1$，2）分别代表两个企业所能索取的产品价格和在该价格水平上的产品需求数量，b_i（$i=1$，2）代表各自产品定价变化对其需求数量的影响，k 表示两类企业产品的替代程度，k 越大表示可替代性越强，反之表示替代性越弱。

一般来说，民营企业经营该民品的时间长，市场经验比较丰富，管理水平和竞争意识比较强，市场对其产品形成了一定的偏好，需求弹性较小；而军工企业刚进入民品市场，产品的品牌效应差一些，市场对其产品的需求弹性相对民营企业要大，即军工企业价格变化对需求数量的影响要大于民营企业。但每一个企业自身价格变化对其需求的影响肯定大于对方价格变化对其需求数量的影响，即 $b_2 > b_1 > k > 0$。

假设两家企业的利润函数为π_i = （$p_i - c_i$） q_i （$i=1$，2），其中 c_i 为各自边际成本且假设不变。若两家企业面临方程组（1）的需求函数时，都采取利润最

* 原载于《军事经济研究》2012 年第 1 期。

大化定价策略，则两个企业利润最大化一阶条件为：

$$\frac{\partial \pi_i}{\partial p_i}=q_i+\ (p_i-c_i)\ (-b_i+k\frac{\partial p_j}{\partial p_i})\ =0 \tag{2}$$

令 $l_i=\frac{\partial p_j}{\partial p_i}$，表示企业定价策略受对手价格变化的影响程度，若两个企业之间不串谋，则意味着有 $-1\leqslant l_i\leqslant 0$。

把需求函数（1）代入一阶条件（2）整理之后可以得到：

$$\begin{cases}a_1+c_1(b_1-kl_1)-(2b_1-kl_1)p_1+kp_2=0\\ a_2+c_2(b_2-kl_2)+kp_1-(2b_2-kl_2)p_2=0\end{cases} \tag{3}$$

解此方程组，可得利润最大化时市场均衡价格为：

$$\begin{cases}p_1^*=\dfrac{a_2^*k+a_1^*b_2^*}{b_1^*b_2^*-k^2}\\ p_2^*=\dfrac{a_1^*k+a_2^*b_1^*}{b_1^*b_2^*-k^2}\end{cases} \tag{4}$$

其中：

$$\begin{cases}a_i^*=a_i+c_i(b_i-kl_i) & i=1,\ 2\\ b_i^*=2b_i-kl_i & i=1,\ 2\end{cases}$$

由假设条件，易知 $b_i^*>b_i>k>0$，$a_i^*>a_i$。

二、成本变化对需求数量影响的比较静态分析

将均衡价格（4）代入需求函数（1）可得到均衡需求数量为：

$$\begin{cases}q_1^*=a_1-\dfrac{(b_1b_2^*-k^2)a_1^*+(b_1k-b_1^*k)a_2^*}{b_1^*b_2^*-k^2}\\ q_2^*=a_2-\dfrac{(b_2k-b_2^*k)a_1^*+(b_2b_1^*-k^2)a_2^*}{b_1^*b_2^*-k^2}\end{cases} \tag{5}$$

则边际成本变化时，双方均衡数量的变化为：

$$dq_i=\frac{\partial q_i}{\partial c_1}\times dc_1+\frac{\partial q_i}{\partial c_2}\times dc_2 \quad i=1,\ 2 \tag{6}$$

其中，由方程组（5）可得：

$$\begin{cases}\dfrac{\partial q_1^*}{\partial c_1}=-\dfrac{(b_1b_2^*-k^2)(b_1-kl_1)}{b_1^*b_2^*-k^2} & \dfrac{\partial q_1^*}{\partial c_2}=-\dfrac{(b_1k-b_1^*k)(b_2-kl_2)}{b_1^*b_2^*-k^2}\\ \dfrac{\partial q_2^*}{\partial c_1}=-\dfrac{(b_2k-b_2^*k)(b_1-kl_1)}{b_1^*b_2^*-k^2} & \dfrac{\partial q_2^*}{\partial c_2}=-\dfrac{(b_2b_1^*-k^2)(b_2-kl_2)}{b_1^*b_2^*-k^2}\end{cases} \tag{7}$$

且容易验证下式成立：

$$\begin{cases}\dfrac{\partial q_1^*}{\partial c_1}<0 & \dfrac{\partial q_1^*}{\partial c_2}>0 & \left|\dfrac{\partial q_1^*}{\partial c_1}\right|>\dfrac{\partial q_1^*}{\partial c_2}\\ \dfrac{\partial q_2^*}{\partial c_1}>0 & \dfrac{\partial q_2^*}{\partial c_2}<0 & \left|\dfrac{\partial q_2^*}{\partial c_2}\right|>\dfrac{\partial q_2^*}{\partial c_1}\end{cases} \tag{8}$$

即每个企业面临的需求数量皆随自己边际成本上升而下降，且随对方边际成本上升而上升。

三、结论与建议

结论1：当两家企业的边际成本升高相同值时，且两家企业定价策略受对手价格变化影响程度也相同时，则军工企业的产品需求下降幅度要大于民营企业的产品需求量的下降幅度。

证明：由（7）式、（8）式知，当 $dc_1=dc_2=dc$，$l_1=l_2=l$ 时，下式成立：

$$\begin{cases}dq_1^*=\left(\dfrac{\partial q_1^*}{\partial c_1}+\dfrac{\partial q_1^*}{\partial c_2}\right)dc<0\\ dq_2^*=\left(\dfrac{\partial q_2^*}{\partial c_1}+\dfrac{\partial q_2^*}{\partial c_2}\right)dc<0\end{cases} \tag{9}$$

即只需证 $|dq_1^*|<|dq_2^*|$，即证：

$$\frac{\partial q_1^*}{\partial c_1}+\frac{\partial q_1^*}{\partial c_2}>\frac{\partial q_2^*}{\partial c_1}+\frac{\partial q_2^*}{\partial c_2} \tag{10}$$

将（7）式代入（10）式，两边乘以 $b_1^*b_2^*-k^2$，由于 $b_1^*b_2^*-k^2>0$ 和 $l_1=l_2=l$，则（10）式化简为：

$(b_1b_2^*-k^2)(b_1-kl)+(b_1k-b_1^*k)(b_2-kl)<(b_2k-b_2^*k)(b_1-kl)+(b_2b_1^*-k^2)(b_2-kl)$

移项并将 b_i^*（$i=1, 2$）表达式代入上式，展开后整理可得：

$$2b_1b_2(b_1-b_2)-(b_1-b_2)k^2-(b_1^2-b_2^2)kl+(b_1-b_2)k^2l^2<0 \tag{11}$$

因为 $b_1<b_2$，上式可化简为：

$$2b_1b_2-(b_1+b_2)kl+k^2(l^2-1)>0 \qquad (12)$$

因为 $-1\leqslant l\leqslant 0$，所以有：

$$2b_1b_2-(b_1+b_2)kl+k^2(l^2-1)>2b_1b_2+k^2(l^2-1)>2b_1b_2-k^2>0$$

即（12）式成立，从而（10）式成立。

结论 2：在结论 1 条件下，企业定价策略受对手价格变化影响程度越大时，则成本上升对军工企业的需求量影响越大。

证明：由结论 1 的证明过程且由（11）式知

$$|dq_2^*|-|dq_1^*|=\frac{b_2-b_1}{b_1^*b_2^*-k^2}(2b_1b_2-(b_1+b_2)kl+(l^2-1)k^2)dc \qquad (13)$$

记 $f(l)=2b_1b_2-(b_1+b_2)kl+k^2(l^2-1)$

则 $f'(l)=-(b_1+b_2)k+2kl<0(l\leqslant 0)$

说明 l 越小，成本上升相同数量时，两个企业之间需求量的变化差值越大，由于 $l\leqslant 0$，l 越小，即无论是军工企业还是民用企业，只要有一方对另一方的价格变化反应激烈，则军工企业需求量下降相对要多，即命题 2 得证。

结论 3：若两个企业对对方的价格反应比较激烈时，且两个企业产品的替代性比较强时，则成本上涨导致军工企业与民营企业产品需求下降的差额越大；若两个企业对对方的价格反应不激烈时，产品的替代性比较差时，成本上涨时军工企业与民营企业产品需求下降的差额越小。

证明：根据(13)式，若记 $g(k)=2b_1b_2-(b_1+b_2)kl+k^2(l^2-1)$

则 $g'(k)=-(b_1+b_2)l+2(l^2-1)k$

因为 $b_i>k>0$，可以证明，当 $-1\leqslant l\leqslant 1/2-\sqrt{5}/2$ 时，有 $g'(k)>0$，而当 l 接近于 0 时，有 $g'(k)<0$，即可得结论 3。

综上所述，本文建议：第一，在军工企业管理水平和生产能力与民营企业差距较大的领域，不宜大规模进入民品市场。第二，进入民品的生产领域要尽量选择成本变化不易剧烈波动的产业。第三，军工企业与民营企业生产民品替代性较强时，不宜与其展开价格战。第四，军工企业宜进入的民品领域应该是能充分发挥军工特色，且能生产出与民营企业差异性较大的产品。第五，军工企业在民品市场竞争能力的提高，关键是要能够降低成本。

军民融合产业集群竞争力评估及实证研究*

乔玉婷　曾　立　谭　林

军民融合产业集群是在某一特定领域内相互联系，在地理区位上集聚，具有军民两用技术与创新优势的企业和机构的集合。它包括具有军民两用技术和创新优势的核心企业和通过产业链延伸到生产销售配套军民两用产品的企业、进行军民两用技术研发的研究院所、教育和培训机构、投资机构等。军民融合产业集群由于具有规模经济、社会化分工、网络化、资源整合、自组织等特点而比单个企业更具竞争优势。

定量评估军民融合产业集群的竞争力有利于规避集群风险，进行集群治理，更好地服务于军民融合产业园区建设，从而在更广范围、更高层次、更深程度为武器装备科研生产的军民融合式发展提供产业支撑。

一、产业集群竞争力研究综述

1. 产业集群竞争力

对产业集群竞争力内涵进行界定是研究产业集群竞争力和竞争优势的基础，这方面代表性的观点主要有因素观、能力观、结构观和综合观。因素观认为产业集群的竞争力主要由集群因素的质量高低决定，具有代表性的主要有美国哈佛大学 Porter 提出的“钻石模型”，加拿大学者 Tim Padmore 和 Herver Gibson（1998）在“钻石模型”基础上提出的 GEM（Groundings - Enterprises - Markets）模型，

* 原载于《装备学院学报》2012 年第 2 期。

包括3个因素对，即“因素对Ⅰ”——基础；“因素对Ⅱ”——企业；“因素对Ⅲ”——市场。能力观认为集群竞争力是一种能力，产业集群竞争力包括集群提高生产率和创新绩效、发挥正的专业化效应、推动正的外部性和知识溢出、增强企业间协调作用、占有全球市场份额5个方面的能力。张辉认为产业集群竞争力包括从学习效用和区域资源利用能力获得正面市场竞争力和集群对于不利因素的规避能力。结构观认为产业集群竞争力由集群的结构决定，包括从集群主体间的横向结构和集群的层次纵向结构来界定集群竞争力。综合观是将上述3种或者其中2种观点的综合。

2. 产业集群竞争力评估

在产业集群竞争力定量评估指标体系与模型方面，国内外学者在Porter提出的“钻石模型”，以及Tim Padmore和Herver Gibson提出的GEM模型的基础上进行改进。该模型包括计算因素评分、因素对分值和产业集群竞争力总得分3个步骤。刘友金从创新网络的视角在GEM模型的基础上提出了改进的GEMN（Groundings－Enterprises－Markets－Nets）模型。增加了由“内网”和“外网”组成的因素对，并运用该方法比较了长沙与徐州工程机械产业集群的竞争力。刘国新、闫俊周将政府政策和社会环境作为因素对加入GEM模型中，构建GEMS（Groundings－Enterprises－Markets－Surroundings）模型评估指标体系。此外，有学者运用BP神经网络理论、组合赋权法（其中，主观赋权法选用AHP法，客观赋权法选用熵值法）、投入产出法，从复杂自适应系统的涌现视角，以及从哲学层次提出4种相互匹配的指标体系设计方法论原理建立指标体系评估产业集群竞争力。但BP神经网络法和从哲学层次提出的指标体系缺乏具体例证；组合赋权法和从复杂自适应系统涌现视角的方法提出的指标体系，缺乏从产业集群竞争力影响因素方面的全面考量；投入产出法对统计资料依赖性较大，在传统产业统计资料支持下的投入产出评估结果的可靠性需要进一步检验。鉴于政府政策与社会网络在我国产业集群竞争力形成中具有重要而特殊的作用。本文借鉴比较成熟的GEMS模型，首次对湖南省军民融合产业集群中的军民两用特种材料产业集群的竞争力进行实证研究。

二、军民融合产业集群竞争力的评估模型构建

1. GEMS模型

GEMS模型包括4个因素对8个因素，“因素对Ⅰ”——基础（Groundings），

主要包括“资源”和“设施”；“因素对Ⅱ”——企业（Enterprises），主要包括“供应商和相关辅助行业”和“企业的结构、战略和竞争”；“因素对Ⅲ”——市场（Markets），包括“本地市场”和“外地市场”；“因素对Ⅳ”——环境（Surroundings），包括“政府政策”和“社会环境”。GEMS 模型是这 4 个“因素对”名称第一个字母的缩写。模型如图 1 所示。

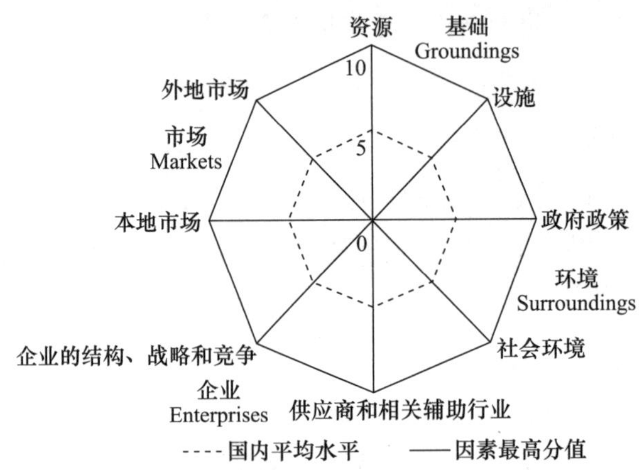

图 1　GEMS 模型

2. GEMS 模型的计算

通过对影响集群竞争力的各个因素进行量化分析得到集群竞争力，其量化过程分 3 步：

第 1 步，对影响集群竞争力的 4 个因素对 8 个因素进行赋值，每个因素可赋值 1～10 分，每个分值代表意义如表 1 所示（根据文献［1］和文献［3］整理）。

第 2 步，进行“因素对”计算和转换，计算“因素对”的分值。每个因素对的得分为：

$$P = (D_{2i-1} + D_{2i})/2 \tag{1}$$

其中，D_{2i-1}、D_{2i}为各个因素的得分，二者构成集群的一个“因素对”；P 为因素对的得分；$i = 1, 2, 3$。假定 D_{2i-1}和 D_{2i}所代表的“因素对”的因素基本上可以相互替代，即具有相同的权重，但是因素对之间不具有替代性。

第 3 步，计算“集群线性分值”和最终结果。在此基础上，做两次转换：第一次转换将集群线性分值（Linear Cluster Score）转换为各个“因素对”分值相

乘得到 $L=\prod_{i=1}^{4} P_i^{1/4}$；第二次转换是一个比例的转换，目的是使最后的得分满分为 1000。G_{GEMS} 是集群最后总分值，得分越高，集群竞争力越强。转换公式为：

$$G_{GEMS}=2.5\left[\prod_{i=1}^{4}(D_{2i-1}+D_{2i})\right]^{1/2} \tag{2}$$

表 1　因素等级与评分标准

因素等级	等级评分	评分标准
等级 1	10 分	非常优秀，具有世界级的竞争力，在全世界范围内数一数二
等级 2	9 分	优秀，具有世界级的竞争力，在世界范围内排在前五名
等级 3	8 分	良好，具有本国范围内独一无二的优势
等级 4	7 分	不错，具有本国范围内的竞争优势
等级 5	6 分	及格，具有超过全国平均水平的实力，但没有竞争优势
等级 6	5 分	基本及格，具有与全国平均水平相当的实力
等级 7	4 分	水平有限，具有略低于全国平均水平的实力
等级 8	3 分	水平很有限，离全国平均水平有一定的差距，这种差距可能影响到整个集群发展
等级 9	2 分	水平较差，离全国平均水平有较大差距，这种差距对集群造成的影响已显现
等级 10	1 分	很差，离全国平均水平有较大差距，这种差距严重阻碍集群的发展

三、实证分析

湖南省军民两用特种材料产业集群主要包括合成材料制造业、基础化学原料制造业、专用化学产品制造业、有色金属矿采选业、有色金属矿冶炼业、有色金属压延加工业、金属制品业、金属加工机械制造业等产业。

集群资源：湖南省以其丰富的有色金属矿藏资源而享有“有色金属之乡”的美誉。湖南省金属铅和锌的储量分别占全省 11 种有色金属总量的 24.54% 和 43.61%，在全国的位次分别为第四位和第五位，是中国铅锌产业大省；钨资源占全国基础储量的 44.8%，居全国第一位，是我国重要的钨生产加工基地；锑资源储量占全国基础储量的 16.4%，居全国第一位；锡基础储量占全国的 17.8%，排名第四位；铋金属储量 30.5×10^4t，占全国总储量的 63%。

集群设施：湖南省军民两用特种材料产业集群依托的研究机构主要有国防科大、中南大学、湖南大学、稀土研究院、中南超硬材料研究所、省塑料研究所等科研院校及其国家重点实验室等。

供应商和相关行业：集群重点发展稀土稀有金属材料系列，包括稀有金属铍、钽和稀土钪、钬、铥等；粉末冶金材料系列，包括航空刹车片材料、钢结硬质合金等；军用功能材料系列，包括储氢材料、永磁材料、特种绝缘材料、高强度防弹纤维等；此外，还包括钕铁硼稀土磁体等磁性材料、金刚石等超硬材料、铜铅双金属、磷青铜双金属合金轴瓦材料等合金材料。

企业的结构、战略和竞争：湖南现有规模以上有色金属企业 954 家，集群中的骨干企业主要有湖南博云新材料公司、湖南稀土金属材料研究院、湖南有色金属工业总公司、株洲硬质合金公司、常德中泰特种材料公司、航天 068 基地、衡阳星鑫公司、飞碟新材料公司等。以中南大学为主体的炭炭复合材料喷管和固体火箭发动机用高性能钼合金项目、以航天 068 基地为主体的湖南航天科技工业成高新材料产业园、以湖南稀土金属材料研究院为主体的湖南系统产业园高纯系统材料及镁合金项目等成为“十二五”期间湖南省军民融合产业发展的重点项目。但湖南省有色金属工业大而不强，产业结构特别是产品结构不合理，铅锌产品比重“一头沉”。铅锌金属产量占全省 10 种金属量的 83%，而量大面广的铜铝金属产量仅占全省产量的 12%，产品的技术含量不高，深加工产品比重仅占总产量 20% 左右，销售的产品大多数是矿产品和冶炼等初级产品。

市场：湖南现有规模以上有色金属企业 954 家，其中主营业务收入过亿元的 196 家，超 10 亿元的企业 20 家。2009 年，湖南完成 10 种有色金属产量 224×10^4t，同比增长 11.1%，居全国第四位。将有色金属资源丰富的湖南与资源较为稀缺的江苏、广东、浙江主要经济指标比较得到：湖南 10 种有色金属产量 3 倍于这 3 个省，而江苏、广东、浙江每万吨的主营收入却分别是湖南的 7.2 倍、6.0 倍和 4.7 倍，万吨利税分别是湖南的 5.2 倍、5.2 倍和 2.3 倍，万吨利润分别是湖南的 4.6 倍、2.5 倍和 2.7 倍。

政府政策与社会环境：“十二五”期间，湖南省预计对军民融合产业的 67 项重点项目通过各种渠道融资 232 亿元，其中，对军民两用特种材料产业投资 26 亿元。同时，对军民融合项目用地、基础设施配套建设等提供优惠；在投资环境上，把军工民用产业项目与招商引资项目同等对待，创造宽松的外部环境；通过组织投资洽谈会、展览会宣传、展示湖南军民融合的成果，推广介绍军民两用项目和产品。

由于评估各个因素的指标对产业集群发展有不同重要性，刘国新、闫俊周通过对 18 名专家和学者、集群内高管、行业协会人员的问卷调查，两两比较其重要性，运用层次分析法加权平均，确定了二级评估指标的权重值。本文借鉴其研究成果评估军民融合产业集群的竞争力。基于以上分析，根据集群竞争力影响因素等级和评分标准，在对湖南省军民两用特种材料产业集群因素对进行权重赋值

的基础上，得到各因素对的得分，如表2所示。

表2 湖南省军民两用特种材料产业集群竞争力得分表

因素		二级指标	赋值	权重	加权后因素得分
“因素对Ⅰ”——基础	资源	地理区位	6	0.1202	6.2276
		资本资源配置规模	6	0.2324	
		技术资源配置规模	6	0.2670	
		人力资源配置规模	6	0.2670	
		物质资源配置规模	8	0.1135	
	设施	行业协会中介机构	7	0.1145	6.725
		金融机构	6	0.2757	
		科研基础设施	7	0.2757	
		生活基础设施	7	0.0800	
		交通通信设施	7	0.2542	
“因素对Ⅱ”——企业	供应商和相关行业	生产设备	6	0.1806	6.4235
		辅助材料	6	0.1014	
		主要原材料	7	0.1806	
		相关行业配套程序	6	0.1434	
		零部件企业化程度	6	0.1504	
		与本地供应商的合作	7	0.2435	
	企业的结构、战略和竞争	集群内企业竞合程度	6	0.1605	6.8325
		企业家精神	7	0.2177	
		企业创新能力	7	0.2034	
		企业战略发展规划	7	0.1812	
		企业规模	7	0.1017	
		产业结构	7	0.1345	
“因素对Ⅲ”——市场	本地市场	市场应变能力	7	0.2026	7.3414
		市场营销能力	7	0.2865	
		市场前景	8	0.3407	
		市场份额	7	0.1703	
	外地市场	国际市场营销能力	6	0.3407	5.9142
		国际市场进入障碍	5	0.1703	
		国际市场前景	7	0.2865	
		国际市场份额	5	0.2026	

续表

因素		二级指标	赋值	权重	加权后因素得分
"因素对Ⅳ"——环境	政府政策	市场管理	6	0. 2833	6. 3590
		产业规划	8	0. 1416	
		产业政策	8	0. 2382	
		行政制度	8	0. 2026	
	社会环境	人文环境	7	0. 2481	6. 7913
		产业文化	7	0. 2951	
		社会网络关系	7	0. 2481	
		本地经济状况	6	0. 2087	

根据表 2，应用 GEMS 模型进行计算，得出湖南省军民两用特种材料产业集群竞争力的 GEMS 得分，具体计算如下：

$$G_{GEMS} = 2.5[\prod_{i=1}^{4}(D_{2i-1} + D_{2i})]^{1/2} = 2.5 \times [(D_1 + D_2) \times (D_3 + D_4) \times (D_5 + D_6) \times (D_7 \times D_8)]^{1/2} = 2.5 \times [(6.2276 + 6.725)] \times (6.423 + 6.8325) \times (7.3414 + 5.9142) \times (6.359 + 6.7913)^{1/2} = 423.506$$

四、结论及研究展望

本文运用 GEMS 模型对湖南省军民两用特种材料集群的竞争力进行实证研究，结果表明，该集群 GEMS 值为 423. 506 分。Tim Padmore 和 Herver Gibson 认为集群竞争力总分为 1000 分，250 分是集群具有竞争力的最低限度。因此，湖南省军民两用特种材料集群具有较强的竞争力。

首先，湖南省军民两用特种材料集群的物质资源优势明显，但技术和资本资源优势尚不突出。虽然集群具有自主创新优势的炭炭复合材料、高性能钼及钼合金棒材在全国具有竞争优势，但还要提升集群整体技术创新和资本运作能力。其次，该集群的本地市场和外部市场的得分较低，湖南省精深加工和高附加值产品少，深加工产量只占 20% 左右，销售的大部分是矿产品和初级冶炼产品，存在一定的集群发展风险。集群要强化产品的市场运作与营销，延伸集群产业链条；以有色金属资源为依托，加快产业结构升级，突出对铅、锌、钨、钼等的精深加工，将集群资源优势拓展到整个产业链的竞争优势。再次，该集群要依托现有技

术和有色金属、稀土金属资源优势，进一步增强自主创新能力，依托军用民用两种资源，挖掘军品民品两个市场，发展军民两用稀土稀有金属材料、军用功能材料、军用航空刹车片材料等新材料，为武器装备研制生产提供产业和技术支撑。最后，政府要结合湖南省军民两用特种材料产业集群的优势，制定合理的集群军民融合式发展战略。出台相配套产业政策，如对产业园区的人才引进、资金、土地和税收等优惠政策，培育集群协作、创新的文化引导集群健康发展。论文还要进一步对军民融合产业集群的风险进行监测、预警、规避和治理。

参考文献

[1] Padmore T., Gibson H. Modelling systems of innovation; A. framework for industrial cluster analysis in regions [J]. Research Policy, 1998 (26): 625 -641.

[2] 张辉. 产业集群竞争力的内在经济机理 [J]. 中国软科学, 2003 (1): 70 -74.

[3] 刘友金. 产业集群竞争力评价量化模型研究: GEM 模型解析与 GEMN 模型构建 [J]. 中国软科学, 2007 (9): 104 -111.

[4] 刘国新. 闫俊周. 评价产业集群竞争力的 GEMS 模型构建研究 [J]. 科技进步与对策, 2010 (1): 105 -108.

[5] 王鹏飞, 张红霞, 曹洪军. 基于 BP 神经网络的产业集群创新能力研究 [J]. 科学学与科学技术管理, 2005 (5): 73 -76.

[6] 肖家祥, 黎志成. 基于组合赋权法的产业集群竞争力评价 [J]. 科技进步与对策, 2005 (4): 60 -62.

[7] Zakarias G., Frita O., Pointner W., et al. An inputoutput analysis of regioal clusters [C] //The annual meeting of the Austrian Economic Association. Graz, Austria: Institute of Technology and Regional Policy, 2001: 13 -35.

[8] 赵建英. 基于涌现性的产业集群知识竞争力研究 [D]. 太原: 山西大学, 2010: 81 -82.

[9] 田志友, 奚俊芳, 王浣尘. 社会经济系统评价指标体系设计: 方法论原理及其实现——以产业集群竞争力评价为例 [J]. 系统工程理论与实践, 2005 (11): 1 -6.

[10] 湖南省经济委员会, 湖南省国防科技工业办公室. 湖南军民融合产业发展规划 [EB/OL]. http: //www.hunan. gov.cn/zwgk/ghjh/zxgh/200911/t20091113 -180228.html, 2009 -11 -13.

[11] 宋建民. 用科学发展观指导湖南有色金属产业结构调整 [J]. 中国有色金属, 2010 (8): 42 -43.

国家工业基础军民融合发展现状与对策*

董晓辉　曾　立　黄朝峰

经过多年发展，我国国家工业基础初步形成了武器装备科研生产体系和国民经济体系军民互动、协调发展的良好局面。但如何建设“大国防”，发展“大产业”，从系统集成的角度统筹考虑国防建设资源配置与管理问题，打破军用和民用工业基础的绝对界限，加快军品研发生产与民用企业相互融合，从国家工业层面实现国防工业和一般工业体系有机融合，是当前亟待研究的重要战略命题。

一、国家工业基础军民融合式发展现状

一是军民融合的国家工业基础思想逐步明确。军民融合战略思想最早萌发于20世纪50年代新中国工业体系建立之初。当时毛泽东同志在《十条方针》中提出：“在工业生产中要注意军民两用，注意学会军用和民用两套技术，平时为民用生产，一旦有事，就可以把民用生产转化为军用生产。”十一届三中全会以后，邓小平同志适时提出了“军民结合、平战结合、军品优先、以民养军”的十六字方针。随着改革开放的深入，江泽民同志根据国际安全需求、战争形态和经济发展需求变化提出：“要使国防科技和装备建设植根于整个国民经济和科技发展中”。进入新世纪新阶段，胡锦涛同志总结国防科技工业与民用工业协调发展的历史经验，从贯彻落实科学发展观的高度指出，要在更高层次、更广范围、更深程度把国防和军队建设与经济社会发展结合起来，走出一条军民融合式发展路子。军民融合战略思想的确立过程，体现了党中央对建立军民一体的国家工业基

---

* 原载于《军事经济研究》2012年第4期。

础思想的不断探索和发展，揭示了国家工业体系军民融合式发展的普遍规律。

二是军民融合的国家工业体制改革取得进展。新中国成立初期，为巩固国防和发展经济的需要，提出了优先发展国防工业、重工业及相应基础工业的政策，从效仿苏联体制到摸索建立自己的工业体系，国防工业和民用工业分别采用了中央政府分部门管理的运行体制。国防工业最初主要由国防科委、国防工业办按尖端和常规武器分别实施领导，并由二机部至七机部六个机械工业部具体负责管理。之后，关于如何处理国防科技工业与国家工业体系、国防科技工业和军队的关系的深入探索，为理顺新时期国防工业与市场经济关系奠定了坚实的理论和实践基础。1998 年国防科工委和总装备部的成立，十家军工集团公司的重新改组，充分体现了国家建立统一、开放的国防工业体系的迫切需要。2008 年国防科技工业局的成立，进一步表明政府将国防工业与民用工业置于国家整体工业全局下统一规划和发展，从而弱化了原来国防工业相对独立于国家工业体系的状况，增强了国防工业和民用工业的可持续协调发展能力。

三是军民融合的国家工业政策环境不断优化。目前，国家有关部委已制定并发布了一系列推动国防工业和民用工业协调发展的法规、规章和规范性文件，涉及体制改革、行业管理、科技进步、基建和技改、财税金融信贷、教育培训、国际合作、保密安全管理等各方面。近年来，国家加强了对军民工业基础融合发展的宏观规划和政策制定。2010 年 8 月国务院、中央军委专门委员会审议通过了《关于建立和完善军民结合、寓军于民武器装备科研生产体系的若干意见》（国发 37 号文），这对国家工业的军民融合发展有着战略指导性作用，进一步从宏观层面推动了军民工业基础的有机融合，2010 年底国家启动了《统筹经济建设和国防建设规划（2011～2015）》编制工作，将其作为国家“十二五”规划重点专项规划颁发施行。2011 年全国人大财经委员会制定了《军民融合促进法立法工作总体方案》，现已完成湖南、湖北、四川等地区的调研，这将对国防工业和民用工业的深度融合起到关键推动作用。

四是军民融合的国家科技创新体系初步建立。2011 年 7 月发布的国家“十二五”科技发展规划纲要明确指出：“要引导构建军民融合、寓军于民的国防科技创新体系。大力推进军民结合的科研设备共享平台的布局和建设，加强军地科技资源开放共享和军民两用技术相互转移。”这是国家科技创新体系建设指导思想的又一次重大飞跃，对我国军民融合的国家创新体系建设将产生深远影响。目前，我国已初步建成了由中国科学院、高等院校、产业部门、地方科研机构、国防科技队伍“五路大军”组成的国家科技创新体系。为进一步推动军民融合的科技创新体系融合，全国各省市通过比照国家高新技术产业发展经验先后建设了一批军民融合科技园区、军民两用技术创新基地，扩大了军民结合的国家重点实验室建设范围，并积极吸纳军民两方面企业、科研和中介服务机构。

二、国家工业基础军民融合发展中存在的主要问题

一是国家工业基础军民融合的管理体制不够顺畅。长期以来，国家民用工业和军用工业两大体系相互隔离，改革开放后虽几经调整，但军民分割、条块分割的格局尚未完全打破。国家工业军民融合发展的具体目标、发展思路和实施步骤不够明晰，重大问题上协调不足。国防工业改革和国家经济改革、科技改革之间，装备采购制度改革与国防工业改革之间不协调，武器装备科研生产规划与民口相关部门的规划计划衔接统筹不够。我国现行的国防工业管理体制主要是两级政府、三级管理体制。两级政府是指“国家国防科工局→各省国防科工局(办)”；三级管理是指“国家国防科工局→军工集团公司→军工企事业单位”。中央军委和国务院对相关军工单位通过各自渠道实行管理。目前，工业和信息化部下设的军民结合推进司，主要负责国防工业和民用工业融合的推进工作，但在具体运行中并不能高效推动国防工业和民用工业之间的融合。比如在推进“国发37号文”实施过程中就涉及20余个国务院和军队相关部门的协调，要真正形成合力存在一定难度。可见，这种体制形成多层、多头管理的现象，尤其国家根据国防科技工业的能力建设和产业发展按照军民属性分线管理，不利于军民两方面科研生产能力和产业的整体筹划。

二是国家工业基础军民融合的行业壁垒依然存在。我国现已建成由核、航天、航空、船舶、兵器、电子六大行业为主体的国防工业体系。这种工业布局的一个基本特点是以最终产品为中心，将相应的科研、生产和主要配套能力集成在一个管理体系之中，从而形成了一个完整、独立、封闭的行业体系。在这一体系中，武器装备关键技术预研、系统研制和试制等关键环节都是由军工系统来完成。而且一般只集中在一两个军工集团完成，科研生产任务大多在行业内部自我配套。当然，国家在拓宽社会力量参与武器装备科研生产方面制定了一系列规章，但由于军民行业壁垒的存在使得只有部分民口企业参与部分配套生产，绝大多数企业无法参与武器装备的研发生产。这就容易出现国防资源分散配置、重复布局，系统、设备和技术研发层面上的专业化分工程度差等问题。因此，目前的行业格局一方面致使武器装备研发生产的供应链向国家工业基础延伸较短，不利于动员更广范围社会力量进入国防科研生产领域；另一方面，军工企业开发的一些产品进入民品市场存在一定障碍。

三是国家工业基础军民融合的科技创新体系尚未建立。迄今为止，我国还没有真正建立与社会主义市场经济体制相适应的科技体制，国家宏观科技管理体制还没有理顺，对于军民融合的国家科技创新体系建设的具体方案一直不够明确，军民两用技术转移的协调机制不够健全，这也致使创新主体在创新体系中的互动关系尚未确立，政府、企业、高校和科研院所之间的政产学研用结合的程度不深。企业作为技术创新主体的地位不够突出，自主创新能力不强，高校融入国防科技创新体系的渠道和政策不够完善，国防科研体制改革滞后，创新过程中的市场要素配置能力不足。此外，风险投资尚未真正引入军工技术创新领域，中介机构和金融服务体系不能满足企业技术创新需求，各军民融合产业基地（园区）产业集群和技术集群效果不明显，影响了技术的引进消化、吸收和应用。

四是国家工业基础军民融合的政策制度仍不完善。我国目前涉及国家工业军民融合立法规范多以“指导意见”“通知”“办法”等命名，缺乏更高层次的法律规范。一些政策内容，比如国防工业和民用工业融合的总体规划、重大项目招投标制度、投融资制度、资产管理制度、知识产权制度、标准衔接制度及相关监督评价机制等尚未明确。如《中华人民共和国政府采购法》对“国防科研生产和军事采购”行为未予明确，又如《中华人民共和国民营企业暂行条例》《中华人民共和国个人独资企业法》与《中华人民共和国合伙企业法》对私营企业参与军品科研生产未作具体规定。

三、推动国家工业基础军民融合式发展的政策建议

一是进一步理顺管理体制，加强宏观规划管理。解决国家工业基础军民融合发展的组织实施问题，必须进一步健全政府管理体制。当前应当进一步强化国务院、中央军委专门委员会的决策职能，把统筹协调国家工业基础军民融合发展的重大问题作为中央专委的重要职责。同时，通过国家工业军民融合发展部际协调机构加强各职能部门的沟通与协作，进一步推动军民两大工业资源、两种技术、两大产业的统筹协调、有机结合、良性互动。

二是进一步完善创新体系，促进军民技术转移。实现国防工业基础军民融合，最关键的切入点就是完善军民融合的国家创新体系，发展军民两用科技。完善军民融合的国家创新体系需要加强创新体系中各主体之间、创新链各环节之间的军民互动，包括建立分级别的国防建设需求信息发布交流制度，建立军民科技资源供需对话机制，组织军民两大领域专家和管理人员交流，实现军口与民口基

础研究计划的深度融合，建设军民共建两用重点实验室和工程（技术）中心，推动军民之间、部门之间科技创新资源共享，发挥有关中介机构的服务咨询作用，推进军地科教合作，加强人才队伍培养等。

三是进一步壮大军民两用产业，推动军民优势互补。壮大军民两用产业是国防工业和民用工业协调发展的着力点。军民两用产业是以军民两用技术为核心优势，利用知识或技术密集平台，促进军民两用技术研发、交流、成果转化，最终服务于国家安全和经济发展的产业体系。推动国家工业基础的军民融合，需要在推进军用技术向民用领域辐射的同时，引导民用先进技术转移到军用领域，促进军民两用高新技术双向转移并实现产业化。今后，应按照军民融合式发展的战略思想，重点发展民用核能、民用飞机、民用船舶、民用航天等具有军民两用特点的技术、产品和关联产业，形成对国民经济具有带动作用的高新技术产业集群、支柱产业，保障国防科技工业可持续发展，进而使国家工业发展基础更加牢固。同时，充分发挥军民融合产业的集聚效应、规模效应和辐射效应，在产业链上促进国防科技工业基础和民用科技工业基础的协同，提高专业化分工与协作水平。

四是进一步完善相关法律体系，营造良好发展环境。当前和今后一个时期，建议重点搞好国家工业基础军民融合发展的战略规划。在规划基础上，研究相关产业政策、标准规范等重要问题，尽快消除国防工业和民用工业军民融合的制度性、技术性和行业性壁垒，促使军民工业基础供应链互相延伸。在《宪法》《国防法》框架下，应尽快出台《军民融合促进法》。不断完善市场准入许可证制度，制定有关市场监管、投资、招投标、合同管理、资产管理、武器装备协作配套管理、产品和技术标准、保密管理、安全生产和质量监督等方面的政策法规和配套制度，从而依托更大范围的社会力量承担武器装备科研生产，促进武器装备科研生产体系进一步走向小核心、大协作。对已出台法律中涉及国家工业军民融合发展的相关规定，应加以细化，使之更具实效性、针对性和操作性。及时修订《公司法》《专利法》《装备条例》《私营企业暂行条例》等法律法规，为推动国家工业军民融合发展提供良好环境。

军民融合视角下战略性新兴产业发展问题研究*

董晓辉　夏　磊

战略性新兴产业是新兴科技和新兴产业的深度融合，既代表了科技创新的趋势，又引领着产业发展的方向，更关系到综合国力的增强。战略性新兴产业具有明显的军民通用特点，它既是推动国民经济发展的支柱和先导产业，也为国防和军队建设提供关键的工业和技术基础。当前，如何以战略性新兴产业为突破口，从国家未来发展和安全战略、国家工业体系、国防科技和武器装备研发生产体系三个层面统筹考虑国防建设资源的配置与管理，进一步打破国防和民用工业基础的绝对界限，促进国防科技工业和一般工业体系的有机融合，最终实现国防建设和经济建设协调发展，是当前需亟待解决的重要现实命题。

一、战略性新兴产业军民融合发展的主要目标

战略性新兴产业军民融合发展，是指以科技含量高、军民关联性大的高新技术产业群为核心，以技术创新、人才流动、投资布局、资源共享等系统为主体，以完善配套的政策法规体系为保障的全新发展模式。它的根本任务是建设一个既能为国防和军队建设服务，又能为国民经济和社会发展服务的互相融合、协调发展的高新技术产业集成系统，其目标必须要突出“战略性”和“新兴”这两个核心关键词。“战略性”是指要从满足未来国家经济发展和国家安全需求的角度，通过能力的提升来增强国家核心竞争力，从而实现国防和经济战略转型。“新兴”主要是从技术创新的角度来看，通过信息、生物、新能源、新材料等高

* 原载于《军事经济研究》2012 年第 7 期。

科技加速交叉融合，催生新的学科前沿，孕育新的学科方向，重点突破一批技术集成度高、辐射性广、军民带动性强的重大技术系统，进而为军民科技与工业生产拓展新的空间，推动军民融合产业的变革。

在“战略性”需求方面，主要涉及跨越发展能力、快速转换能力、军民协同能力和产业竞争能力的提升。跨越发展能力是指在新概念、新原理和新领域等研究成果基础上，突破工程应用中的关键技术，以信息技术为主要手段，实现技术创新，通过提升产品和装备性能实现跨越发展。快速转换能力是指充分发挥市场在资源配置中的基础性作用，加强政产学研用的紧密结合，加速军民高新科技成果的转换。军民协同能力是指通过跨行业、跨领域、跨所有制等的联合，实现军民科技和工业人才、设备、基地等资源的集成和共享，使国防建设资源汇聚到国家、军队战略决策和重大部署上来；产业竞争能力是指通过要素、基础、政策和外部环境的深度融合，实现范围效应、集群效应和规模效应，进而提高军民结合高新技术产业的竞争力。

在“新兴”技术突破方面，主要从新概念和新原理、信息与网络技术应用、新动力和新能源、精确定位和智能化、新型材料和装备制造等科研领域突破以下七大技术：一是 C^4ISR 系统的共性和关键技术，主要依靠新一代信息技术产业领域中的新一代移动通信、新一代互联网、物联网、地理信息、高性能集成电路和高端软件等信息技术的发展实现军事领域“观察→判断→决策→行动”的智能化；二是新一代高效节能和电池技术，主要指高效节能、先进环保和循环利用的关键技术，如废物的资源化，高效电池技术、节能技术等可以大大提高武器装备的性能；三是新能源技术，指核电、核燃料循环、核技术应用等，民用核技术可以推进核武器、潜艇核动力装置的研制工作；四是生物产业技术，主要指开展针对生化武器袭击疫苗等方面的研究，进而提高部队对生化武器的防御和自我保护能力；五是高端装备制造技术，主要指航空航天、高端海洋工程装备、智能制造等领域的核心技术；六是新能源汽车，主要是关键零部件技术、整车集成技术和公共平台技术等，可为我军装备尤其是车辆装备建设发展减少能源消耗；七是新材料技术，主要指先进结构与复合材料、纳米材料、新型电子功能材料技术等，利用新材料产业的发展机遇可以促进我军高性能和高技术武器装备的跨越式发展。

二、西安、绵阳、重庆等地战略性新兴产业军民融合发展的经验及启示

推动战略性新兴产业军民融合发展目前已成为我国绝大多数省份“十二五”时期经济转型的重点。国防工业和技术优势比较明显的地区，如西安市、绵阳市和重庆市等，在推动航天产业、新材料、环保和新能源汽车军民融合发展方面取得了显著成效。探究这些地区发展的经验可为我国战略性新兴产业军民融合健康可持续发展提供借鉴。

1. 西安：以产业链构建推动战略性新兴产业军民融合

近年来，西安以航空航天、电子信息、光电等战略性新兴产业为牵引，以阎良国家航空高技术产业基地、国家民用航天产业基地、兵器工业科技产业基地等为依托，培育出了一条上下游产业覆盖细密、拥有较强辐射带动能力的新兴产业链。以航空产业为例，作为高端装备制造领域的一项重要战略性新兴产业已在西安国家航空基地得到了迅猛发展，现已成为全国唯一的以航天为发展方向的军民融合国家新型工业化产业示范基地。西安航空产业军民融合发展以“产业链构建，集群化发展”的思路为指导，以产业基地为基础，有效地整合了区域内航空产业资源和机场空域资源，形成了优势明显、体系配套的新型航空产业链。在航空产业军民融合发展中，通过充分发掘军民龙头企业、高等院校和科研院所的科技资源，借助项目驱动，不断聚集上下游配套产业，产业链得到了全方位延伸。目前，西安航空产业形成了以干线飞机、支线飞机和通用飞机为重点，推进大飞机项目、ARJ21 飞机、新舟飞机系列化生产研制为主干产业，以航空发动机、机载系统、航空大部件、航空新材料为分支产业，以装备制造业为支撑产业，以航空零部件加工、航空维修、转包生产、航空教育培训、航空旅游博览等为配套产业的全产业链体系，有力地推动了西安航天产业的军民融合发展。此外，西安市政府在政策、资金、人才等方面加大了对各类军民融合项目的支持力度，通过设立军民融合产业发展基金，加大了军民高新技术企业融合的力度。

2. 绵阳：以五大平台的构建推动战略性新兴产业军民融合

目前，绵阳市将新一代信息技术产业、新材料产业、节能环保产业和非动力核技术应用产业作为重点培育和发展的战略性新兴产业；将新能源产业、航空动力产业、新能源汽车产业和生物产业作为重点跟踪的战略性新兴产业。如何进一步以战略性新兴产业为先导，让绵阳在军民融合中充分融入到西部大开发、东部产业梯度转移和成渝经济区的发展环境中，是绵阳科技城发展的一大核心。绵阳科技城依托五大平台建设在推动战略性新兴产业军民融合方面取得了显著成效。一是建立科技成果孵化平台。借助电子科技大学、四川大学的科技资源，依托西南科技大学国家大学科技园，采用公司化运作模式组建“中国（绵阳）科技城孵化中心”，吸引了众多科研机构和高校参与。二是搭建产学研对接平台。构建以省内科研机构和高等学校为骨干、牵引省外重点科研机构和院校的产业科技支撑网络，建立健全利益共享、政策引导支持的长效对接机制。三是建设科技成果产业化平台。通过建设“绵阳国家军转民科技园”、中国工程物理研究院民品生产基地、中国空气动力研究与发展中心“军民共建共享试验基地”，使其成为战略性新兴产业军民融合发展的重要载体。四是构建科技成果转化投融资平台。借助市场机制建立了军转民投融资公司，并设立了军转民专业创业、产业项目孵化风险投资机构。五是强化人才支撑平台。建立“科技城虚拟大学科技园”，依托国家重大科研项目、重大工程和重点学科建设，联合培养新兴产业发展人才。

3. 重庆：以三位一体理念推动战略性新兴产业军民融合

重庆市战略性新兴产业军民融合是通过军民两用技术研究开发、资源共享、成果转化三位一体的理念来实现的，既体现了国防工业、战略性新兴产业和企业的特色，又深深融入了重庆军民融合科技创新体系。在军民科技研究开发方面，基本形成布局合理、装备先进、开放共享的研发基地。在长安、嘉陵、建设三个国家级技术中心的基础上，重点扶持和发展了多家省级企业技术中心作为国家级技术中心、国家工程研究中心为目标进行建设，建设了整车匹配实验室、台架实验室、环境实验室等一批具有国内领先水平的重点实验室，现已具有较强的自主研发能力。例如在新能源汽车研发方面，长安对混合动力技术的掌握居全国之首，电动汽车电源等一系列核心技术接近国际先进水平。资源共享方面，主要包括大型科学仪器设备协作共用、自然科技资源、数据资料、图书文献资源和科技网络环境等方面的互动共享，推动了军民两大高新技术产业创新体系资源合理配置和高效利用。如对原西南兵工局的科研资源整合，已建立起了能支撑西南兵器工业快速发展的技术创新能力和创新体系，完善了科研、开发、投融资等管理制度。军民高新技术成果转化平台方面，以培育和发展战略性新兴产业，提升核心竞争力为目标，着重建设了重庆高交会及技术交易常设市场、生产力促进中心、企业孵化器、科技咨询评估鉴定机构、风险投资机构等成果转化平台。

通过前文分析，可以看出政产学研用五个环节的相互衔接、渗透、支持，是战略性新兴产业军民融合的必要条件。要发挥政府顶层设计、科学布局和统筹协调的主导作用，把产学研用几个环节有机衔接。应坚持“产业链构建、集群化发展”的发展思路，以军民融合产业基地（园区）为载体，不断聚集上下游配套产业，培育和壮大优势新兴产业集群，促进物流、人流、资金流和信息流集聚。这样既能促进优势产业生产要素的优化配置，又能强化军民科技工业体系的互动。

三、推动战略性新兴产业军民融合发展的政策建议

胡锦涛总书记在中共中央政治局第二十九次集体学习时强调：“要紧紧抓住历史机遇，切实加大工作力度，推动战略性新兴产业快速健康发展。”今后一个时期，战略性新兴产业军民融合发展要聚焦国家和军队发展战略目标，突出新兴科技与新兴产业的全方位、全要素、全过程的深度融合，加强规划布局和统筹协调，大力提升自主创新能力和产业竞争能力，为加快经济发展方式转变和军队战斗力生成模式转变，实现富国与强军的统一奠定坚实的产业和技术基础。

1. 进一步强化战略性新兴产业军民融合规划计划的管理

战略性新兴产业军民融合发展，贯穿于国家经济建设和国防建设两大体系，涉及政府、军队和产业建设单位等诸多主体，规划计划的衔接、各级的统筹协调至关重要。由于受到部门分割、行业壁垒等因素影响，我国国防工业和民用工业尚未完全统一于国家工业体系内，规划制定、项目建设存在渠道分散、重复布局、各自为政的现象。比如，我国正在掀起一股自20世纪国家航空工业布局之后的新一轮航空产业布局的浪潮，很多省份正在积极布局航空航天项目，一批新的航空产业园区正在组建、改建之中，但这些地区是否遵循“有所为，有所不为”的原则，按照现实经济条件、资源禀赋和发展定位来建设，值得深思。此外，虽然国家对战略性新兴产业发展规划做出了明确的规定，但涉及军民融合领域的则没有做出具体说明，尚未形成一个完整、清晰、具体的战略性新兴产业发展兼顾国家安全的具体规划。今后，军队和国务院有关部门要加强战略层面的沟通协调，做好军队建设发展规划和计划、国防动员建设发展规划、军队人才培养规划、武器装备科研生产发展规划与《战略性新兴产业发展“十二五”规划》《国务院关于加快培育战略性新兴产业的决定》的衔接工作，力争在战略性新兴产业发展的指导思想、基本原则、主要目标、重点领域、主攻方向、行业和空间

布局等政策措施中充分体现军民融合式发展战略的主要构想，为实现战略性新兴产业军民融合式发展提供有力保障。

2. 进一步推动战略性新兴产业军民融合创新体系的建立

战略性新兴产业的军民融合作为一场深刻的社会、经济变革，对国防科技工业影响深远，军民一体科技创新体系的建立和完善应是推动战略性新兴产业军民融合的关键。根据《国家“十二五”科学和技术发展规划》《国防科技工业“十二五”发展和改革意见》等文件要求，在军民融合的科技创新体系构建方面，要大力推进国防科技创新体系与区域创新体系的有机结合，把建设军民结合产业基地作为推动军工经济和地方经济融合的载体，推进军民结合的科研设备共享平台的布局和建设，加强军地科技资源开放共享和军民两用技术相互转移。但迄今为止，我国还没有真正建立与社会主义市场经济体制相适应的科技体制，国家宏观科技管理体制还没有理顺，对于军民融合的国家科技创新体系建设的具体方案一直不够明确，军民两用技术转移的协调机制不够健全。这也致使各创新主体在创新体系中的互动关系尚未确立，政府与企业、科研院所之间互动不足。企业作为技术创新主体的地位不突出，自主创新能力不强，市场在配置各项资源（创新过程中的各相关生产要素）方面尚显乏力。此外，中介机构的服务不能满足企业技术创新的需求，各军民融合产业基地（园区）产业和技术集群效果不明显，使得技术的引进消化、吸收及应用受到影响。完善军民融合的国家创新体系需要进一步加强创新体系中各主体之间、创新链各环节之间的军民互动，具体包括：建立分级别的国防建设需求信息发布制度，构建军民工业基础联动机制，搭建军民科技管理人才交流平台，加强军民融合产业基地（园区）的建设，推动军民之间、部门之间科技创新资源共享，发挥有关中介机构的服务咨询作用等。

3. 进一步促进战略性新兴产业军民融合政策体系的完善

战略性新兴产业军民融合发展是一个长期、持续的过程，伴随着高投入、高风险，需要强有力、系统性的政策体系支撑。从政策研究与立法层次来看，目前理论研究侧重宏观分析，切实可行的对策研究不多，缺乏可操作的微观基础。立法规范多是“指导意见”“通知”“办法”等命名的规章制度，缺乏更高层次的法律法规。从政策内容来看，我国国防工业总体规划、重大项目招投标制度、投融资制度、资产管理制度、知识产权制度、标准衔接制度及相关监督评价制度等尚未完全到位。推动战略性新兴产业和军民融合应重点完善以下政策：一是宏观调控政策。要通过制定相应的产业技术政策、金融政策、财税政策、收入分配政策、投资布局政策等来规范约束各相关企业的行为，实现战略性新兴产业军民融

合发展中军事效益、社会效益和经济效益的有机统一。二是产业发展政策。各地区要遵循产业结构现状和现代化实现程度，在军民融合式发展的总体构想指导下科学规划区域战略性新兴产业发展。将战略性新兴产业融入到“军民融合产业发展规划”之中，确定特色鲜明的发展目标、重点方向和配套措施等，引导战略性新兴产业军民融合工作向更深程度和更广范围发展。三是组织运行政策。应不断完善市场准入许可证制度，制定有关市场监管、招投标、合同管理、资产管理、武器装备协作配套管理、产品和技术标准、保密管理、安全生产和质量监督等方面的政策法规和配套制度，通过政策引导，依托更大范围的社会力量承担武器装备科研生产，促进武器装备科研生产体系进一步走向小核心、大协作。

参考文献

[1] 谭清美，王子龙．军民科技创新系统融合方式研究［M］．北京：科学出版社，2008.

[2] 贺小巍．六年蓄势：产业集聚夯实陕西航空力量［EB/OL］．http：//www. caib. gov. cn/.

[3] 四川省委办公厅．关于加快推进中国（绵阳）科技城建设的意见［EB/OL］．http：//kjc. my. gov. cn/.

[4] 杨林．军民结合科技问题研究［R］．重庆市国防科工办，2009.

[5] 侯光明等．国防科技工业军民融合发展研究［M］．北京：科学出版社，2009.

[6] 刘伟祥．注重战略性新兴产业军民融合发展问题研究［J］．学习时报，2010－11－15.

[7] 侯光明等．军民技术转移的组织与政策研究［M］．北京：科技出版社，2009.

战略性新兴产业与军民融合*

孟斌斌　李湘黔　王　月

《“十二五”国家战略性新兴产业发展规划》是对未来5年产业发展的总体规划，是中国经济发展的风向标。战略性新兴产业是后危机时代解决“保增长”与“调结构”二者矛盾的战略举措。在4万亿的刺激计划及即将实行的7万亿发展规划中，合理发展战略性新兴产业能够避免产业发展不均衡、产能过剩等问题，并且促进产业升级。党中央提出了“走军民融合式发展路子”的战略思想，并在党的十七大报告中作了论述。“十二五”规划纲要中的相关部署，对这一战略思想进行了具体化。中国特色军民融合式发展道路是国防与经济建设协调发展的必由之路，能够消除军民市场壁垒，加大市场要素的自由流动，提高国防建设资源和国民经济资源的配置效率，最终提高整体经济绩效。战略性新兴产业是政府倡导的优先发展的产业，中央地方的经济发展规划中皆倾斜于战略性新兴产业，政府之前的4万亿投资和即将进行的7万亿投资应科学决策，将进一步引导民间资金，促进战略性新兴产业和军民融合式国防经济和国民经济的发展。从理论上梳理战略性新兴产业和军民融合二者之间的关系，是现实科学决策的前提。

一、战略性新兴产业

1. 新兴产业

新兴产业是指正处于产业自身生命周期过程的初期成长阶段的产业，是从产业的生命周期来定义的。战略性产业是从产业的性质及其影响力来定义的。新兴

* 原载于《工业技术经济》2013年第1期。

产业的“新”意味着刚刚兴起，处于生命周期的起步阶段，市场容量非常小。需求和技术存在着较高的风险。一般承担新的社会生产分工职能，代表着科学技术产业化的新水平、市场对产业结构的要求和产业结构转换的方向。新兴产业体现的新技术、新需求偏好对于已有的产业和市场需求具有一定的替代性和互补性，可以提升和改造已有产业，替代已有产品和服务。剑桥学者赫费南对新兴产业的特征、发展路径和演进系统等都进行了深入分析。以 Iden to product 的转化过程为视角，新兴产业的发展是一个动态演进的过程，当发展到一定阶段以后，新兴产业就会发生转变。根据其产生的根源不同，新兴产业可以分为以下两种：①技术催生型。这种类型的新兴产业是指由于技术上的创新所产生的新产业，随着新兴技术的规划化商业应用，新兴科技和金融、工业、商业的深度融合而产生的产业。由于技术是推动生产力的关键动力，这种类型的新兴产业对经济的整体带动性最强，对于经济的持续增长贡献也最大，对经济发展具有战略意义和主导作用，代表着科技创新的方向和产业发展的路径。②产业转移型。与技术催生型不同，这种类型的新兴是相对的概念，指一些产业虽然在发达国家已经发展成熟，但是在发展中国家还未发展。这种产业对于发展中国家来讲则是新兴产业。

2. 战略性产业

战略性产业的概念具有一定的历史演进。1911 年，美国经济学家 Hirschman 在其《经济发展战略》一书中认为战略性产业是投入产出表中的主导产业，在投入产出连锁关系中处于核心地位，与较多的部门具有密切的连锁关系。国内学术界对于战略性产业认识多从定性方面考虑。从产业在国民经济体系中的地位，对国计民生、国家经济军事安全的作用等方面来考虑，战略性产业要对产业升级和国家长远发展具有一定的带动作用，其作用机制包括技术的渗透、要素的拉动、管理水平的提升等方面。从经济特性来讲，战略性产业应该具有范围经济、规模经济、集聚经济属性，战略性产业的发展具有外部性，能够对相关产业的发展提供技术支撑和基础设施。

（1）考察战略性产业的理论标准。经济全球化的时代，各经济体之间存在着千丝万缕的联系，同处历史潮流的一个水平，从这个角度来讲，各国的经济体具有一定的共性；另外，由于先天自然资源、气候条件、人口、发展水平等禀赋不同，战略环境、政治诉求、地缘政治等不同，国与国之间的经济体又有其特殊性。战略性产业既要考虑共有的特性又要结合本国特性，考虑到事物的一般性与特殊性两个方面。根据产业发展理论，在全球化时代的背景下，经济体的显著特征是社会化大生产和专业化分工，从经济周期和产业结构来分析战略性产业具有一定的科学性。理论界比较成熟的观点有以下两种，一种通过考察产业的收入需求弹性（即消费需求增长百分比率和收入增长百分比率的比值）来确定产业的发展情况，当对某产业产品的消费增长率大于消费者的收入增长率时，说明消费者每增加1%的收入，对于该产业产品的购买增加值超过了1%，那么该产业处于快速成长阶段；另一种通过考察技术进步及转化的能力来考察产业，在经济体中，各部门之间的技术进步能力和技术转化能力不相同，即生产力的发展是不平衡的，那么技术进步较快，技术转化较快的部门生产力提高就最快，该部门的增长潜力就最大。

（2）我国发展战略性产业面临的特殊经济环境。从发展阶段讲，中国仍处于欠发达阶段，之前的发展得益于后发优势和人口红利。随着经济发展水平的不断提升，依靠引进技术和依靠外资投资的后发优势逐渐减小；人口老龄化即将来临，中国的人口红利也将消失。粗放式增长带来环境的破坏也使得原有经济增长模式不可持续。这些因素都迫切要求我国的经济发展转变增长方式，进行结构调整和产业升级，逐步从劳动密集型向着资本密集型、技术密集型转变。提高自身创新能力，使得经济体从低端生产向高端设计和制造发展。从福利经济来看，我国分配体系、要素市场、金融系统等存在着一些问题，使得目前中国分配不均，贫富差距不断拉大；要素价格存在不同程度的扭曲；中小企业无法通过金融体系融资等弊病的存在。在市场经济完善的条件下，这些转变本可以通过“看不见的手”来调节，但是我国社会主义市场经济还处于不断完善过程中，中国的经济体制处于转型过程中，完全依靠市场的作用并不能完成该转变。政府需要结合市场的基础配置作用，引导市场，通过战略性产业的发展来化解遇到的矛盾。

（3）战略性产业的范围。随着科学技术进步和生产力的发展变化，社会分工进一步扩大并细化，在经济发展的不同阶段，战略性产业的范围也在不断变化。从社会经济发展的不同目标、不同角度出发，许多产业都可以被视为战略性产业，例如农业、钢铁、机械、化工等工业部门是国民经济的基础，对一国经济起到重要的支撑作用，属于基本的战略性产业；劳动密集型的纺织业是发挥中国比较优势，吸收大量劳动力就业的产业，也可以说是战略性产业；电子信息产业是当今世界经济社会发展的驱动力，是重要的战略性产业；机床制造业、大型成套设备和交通运输设备制造业是为国民经济各部门提供物质技术装备的产业，是一国制造业的基础和核心竞争力所在，也是战略性产业；航天工业、航空工业、核工业关系到国家军事安全，也应列入战略性产业范畴；国防工业是研制、生产国防所需的军事装备的工业总称，也是一个技术上处于“高、精、尖”地位的特殊战略性产业。由此可见，战略性产业具有多元化的特点，涵盖的范围很广。

3. 战略性新兴产业

战略性新兴产业是战略性产业和新兴产业的交集，兼具战略性和新兴性的特

征，是以新兴科技和新兴产业相结合为基础的，在产业革命的变更中将发展成为支柱性产业。战略性，指具有对国家全局性的拉动作用，对未来的经济具有战略性的引领和支撑作用，其产业规模在经济总体中具有可观的份额。新兴性指产业处于生命周期的成长阶段，具有先导性，所提供的产品和服务是新的，处于增量需求，是高新科技成果转化的结果，同时具有较快的发展速度，主导引领相关产业兴起并达到战略性目标。一般以重大技术突破和重大发展需求为基础，技术上的突破为产业的发展提供了“技术推动”，发展需求为产业提供了“需求拉动”。同时对经济社会全局及长远发展具有重大引领作用，从纵向来看，要能够引领长远的发展，要高瞻远瞩；从横向来看，要能够带动全局，对于经济整体具有“牵一发而动全身”的功效。这就要求产业属于知识技术密集型，投入小产出大，成长潜力高，具有较好的综合效益。具体来讲，战略性新兴产业所提供的产品和服务要具有较大的市场需求预期，产业的发展能够进一步推进技术的发展，同时带动相关产业的兴起，最终带动整个产业集群的兴起。

战略性新兴产业是中国促转型保增长，转变经济增长方式的重要战略决策，是产业结构调整、经济结构调整的重要力量。根据“十二五”规划，现阶段基于我国经济发展阶段和产业基础重点培育和发展以下几种产业：新一代信息技术、生物、节能环保、新能源、新材料、高端制造、新能源汽车。

二、军民融合

军民融合是一种发展方式，是指国防与民用经济在生产、技术等多方面实行渗透，相互促进，是一个整体的经济体，而不是相互分割的孤立的体系。对于军民融合的考虑，先从产业融合开始，理论认为在传统工业经济发展进程中，产业间技术的相互融合是基础。军民融合要求把国防科技工业基础与民用科技工业基础相结合，形成统一的国家科技工业基础。技术上，要建立军民两用技术战略，实现技术上的融合；同时，应该加强军民两用技术双向转化，通过国防采办的需求拉动，实现军民的融合。

在市场经济条件下，军民融合的经济发展模式要以市场的配置作用为基础，实现各经济要素的军民融合。人才、资本、产品、服务等从生产要素到消费品等全过程的军民融合。国家要消除现有军用系统和民用系统两个经济体之间的种种障碍，为军民融合扫除体制机制以及政策上的障碍。进一步加强军民融合体制机制建设。统筹规划，引导军用经济和民用经济之间的要素相互流动，军民相互融合、相互促进，最终提高经济体的效率。建立军民融合的人才机制，包括军民两用人才的培养，人才的流动等。建立军民融合的投融资机制，通过现代金融手段，为军用高风险项目进行融资，分摊风险。建立军民融合的产品市场，使得民企有更多的机会参与军品的竞争，同时增添军品市场的活力，促进技术创新。

世界各国根据本国的情况在军民二者互动发展中采取了不同的政策，军民融合是二者互动的一种方式。美国采取的“军民一体化”模式，日本是“以民掩军”模式，俄罗斯和印度是“先军后民”模式，以色列是“以军带民”模式。

三、战略性新兴产业军民融合式发展

1. 战略性新兴产业是军民融合式发展的产业基础

如果说企业是经济体的细胞，那么产业则是经济体的一个个器官。军民融合式发展最终要体现在产业的功能上，使得产业既能够满足国民经济的需要又可以满足国防经济的要求，最终达到富国强军。战略性新兴产业由于其战略性和新兴的特点，对于国民经济和国防经济具有重大的作用。

在信息时代，越是高新技术其军民通用性越高，战略性新兴产业所潜在孕育的技术很大比例是军民通用的技术。综观人类的科技发展史，先进的技术和管理制度几乎是从军队最先开始的。军队作为国家的武装力量，势必集全部优势力量于一身。很多新技术都最先应用于武器装备。现阶段经济发展处于从机械化时代向着信息化时代发展，统计表明，纯军事技术比例很少，85%的核心军事技术可以用于民用领域，80%以上的民用关键技术可直接用于军用领域。技术是人脑力劳动的物化，技术具有很大程度的通用性，那么创造技术的人才培养体系也具有通用性。对于军事科技人才的培养要更大程度的军民融合。

技术的通用性为技术要素军民融合提供了前提。如果没有战略性新兴产业的发展，那么军民融合就无法落到实处。军民融合最终要体现在产业上的融合。战略性新兴产业为军民融合提供了基础，是军民融合的主体。

2. 军民融合式道路是战略性新兴产业的发展途径

战略性新兴产业必须走军民融合式发展的道路，才能实现富国强军的统一。战略性新兴产业发展要统筹军用市场和民用市场，军用资源和民用资源，军事需求和民用需求。根据具体的产业门类，判断其对于军事需求的依赖性和有技术特性决定的资产专用程度的高低，分别采取不同的军民融合形式。如对于高依赖性和高资产专用性产业则必须采取依托型军民融合模式；对于高依赖性和低资产专用性产业，则民企和军企可以展开互动，采取互动型军民融合模式；对于低依赖性和高资产专用性产业，应加强技术转化，增加技术的军转民；对于低依赖性和低资产专用性产业，则可以完全展开竞争，由市场来配置。

从国防工业基础的角度来看，战略性新兴产业是构成国防工业基础的核心部分，十大军工集团中的很大部分属于战略性新兴产业的领域。要在现有市场结构的基础上，消除进入壁垒，预期未来新兴产业所提供产品和服务的市场集中度，并根据民用需求和军用需求的不同，采取产品差异化策略，最大限度地满足强军兴国的需求。

参考文献

［1］ Stewart R. Clegg，Carl Rhodes，Martin Komberger Rosie Stlin. Business coaching：Challenges for an emerging in－dustry ［J］. Industrial and Comercial Training，2005，37（5）：218－223.

［2］ Xiao Y. Industrial structure and distribution of investment ［J］. Ecnomic Research，1957（4）.

［3］ 艾伯特·赫尔希曼．经济发展战略［M］．北京：经济科学出版社，1991.

［4］ 国务院办公厅．国务院关于加快培育和发展战略性新兴产业的决定［R］. http：//www. gov. cn，2010.

［5］ 侯光明．军民技术转移的组织与政策研究［M］．北京：科学出版社，2009.

［6］ 怀国模．中国军转民实录［M］．北京：国防工业出版社，2006：15－39.

［7］ 梁清文，孟庆贵，兰卫国．军工集团军民融合式发展机制研究［J］．军事经济研究，2010（12）：22－23.

［8］ 阮汝祥．中国特色军民融合理论与实践［M］．北京：中国宇航出版社，2009：19.

［9］ 赵澄谋，姬鹏宏，刘洁．世界典型国家推进军民融合的主要做法分析［J］．科学学与科学技术管理，2005（10）：26－29.

突破重围："民参军"的壁垒与对策*

——湖南省长株潭地区民口企业参与军工科研生产情况调研报告

黄朝峰　彭春丽　曾　立

民口企业参与军工科研生产（"民参军"），对于建立和完善"军民结合、寓军于民"的武器装备科研生产体系，走出一条中国特色军民融合式发展道路具有重要意义。尽管党中央、国务院高度重视，相继出台了许多鼓励支持的法规政策，并在实践中取得了一定成效，但由于涉及国防科技工业和装备采购体制等根本制度的改革，关系到原有利益格局的重新分配，这条必由之路走得并不顺畅，遇到了诸多壁垒。为了克服前进中的困难，在湖南省国防科工办、总装备部驻长沙军代室和空军驻长沙军代室等有关部门的大力支持下，湖南省国防建设与区域经济社会发展研究基地组织专家对科技比较发达、民口经济实力较强、参与军工科研生产企业数量较多、问题也比较突出的长株潭地区进行了专题调研。对调研中反映出来的问题进行了归纳总结，从国家军队、地方政府和企业等不同层面提出了对策建议。

一、调研背景：全国与湖南省"民参军"情况简介

作为军品配套单位，民口企业参与军工科研生产历史悠久。改革开放后，发展壮大的民营企业也逐渐进入军工领域，但"民参军"的总体规模一直很小。随着国防科技工业和装备采购体制改革的不断深入，特别是 2005 年 2 月国务院发布关于鼓励支持和引导个体私营等非公有制经济发展的若干意见后，"民参

---

* 原载于《西安财经学院学报》2013 年第 2 期。

军"掀起一股热潮。《关于非公有制经济参与国防科技工业建设的指导意见》《深化国防科技工业投资体制改革的若干意见》《关于建立和完善军民结合、寓军于民武器装备科研生产体系的若干意见》等一系列政策文件的相继出台，进一步鼓舞了民口企业参与军工科研生产的热情。然而在经历了一段热闹和喧嚣之后，很多起初摩拳擦掌，准备进入军工领域大干一场的民口企业，发现进入国防工业并非易事，"民参军"的总体情况并不理想。

以 2011 年 6 月总装备部批准的《装备承制单位名录》（以下简称《名录》）为例。该《名录》中，有 1600 余家企业上榜，其中民口企业近 900 家。从数量上看，已超过"半壁江山"。但从订单金额来看，则少得可怜。从所处层次看，绝大多数"民参军"企业处于二类、三类配套层次，连一类配套都达不到。

上述数据比例与我国经济发展情况很不相称。仅从民营企业来看，我国民营经济占全国 GDP 的比重已超过 50%。在我国经济最具活力的珠三角、长三角和沿海一带，不少地区民营经济比重已近八成。民营企业某些产品的科技含量、技术水平已大大超过国内军工行业的同类产品，特别是很多民营高科技企业蓬勃兴起，例如国内 IT 行业超过 80% 的生产和制造都是由民企完成。

湖南省"民参军"的情况与全国情况大体相同。作为传统军工大省，湖南是我国国防科技工业布局的几个重点省份之一。全省共有军工及军品配套单位一百多家，涉及核、航空、航天、兵器、电子等多个行业。湖南军工为我国国防建设做出了重要贡献。我国第一台航空发动机、第一枚空中导弹，我国第一颗原子弹爆炸的原材料都出自湖南军工。依托历史优势，近年来，湖南省参与军工科研生产的民口企业数量日益增多，但总体来看，数量偏少，层次偏低，规模偏小，与拥有以中联重科、三一重工、山河智能等享誉国内外知名企业为代表的湖南省民口经济实力很不相称。与以机械制造、新材料、电子信息技术等与军工科研生产联系密切的工业实力很不相称。

二、调研详录：影响"民参军"的主要因素与影响度

调研之前，调研组首先对可能影响"民参军"的因素进行了分析和归类。在调研过程中，根据与被调研企业负责人、军品业务负责人、国防工业管理部门和军代表的座谈交流情况，对影响因素多次完善和补充。从调研来看，影响"民参军"的主要因素和影响度如表 1 所示。

表1 影响"民参军"的主要因素与影响度

影响因素及简要说明			影响度	重要程度
市场壁垒	信任积淀	军方对企业产品质量的信任	5.8	比较重要
		军方对企业安全保密工作的信任		
		军方对企业提供售后服务（维护保障与战时动员）的信任		
技术壁垒	自然垄断	军工行业设备专用性强，导致沉没成本高造成的自然垄断	1.9	一般重要
		军工行业的规模经济特点与平时订货量小造成的自然垄断		
	技术标准	自成体系的军用标准	2.1	一般重要
程序壁垒	行政许可	数量偏多，军地重复设置	9.2	非常重要
		缺乏统管		
		部分许可认证手续繁多，维护费用偏高		
		部分许可认证的程序相互矛盾		
		许可证的数量限制		
		行政许可导致的行政垄断		
信息壁垒	信息渠道	缺乏统一透明的信息平台，军企信息沟通不畅	9.0	非常重要
财政税收壁垒	财政政策	与企业出身有关的不平等投资补贴政策	5.3	比较重要
	税收政策	与企业出身有关的不平等税收政策		
备注	影响度由被调研人员对某影响因素重要性程度打分汇总再求平均值得出。打分时，重要性程度采用10分制，"1~4分"表示"一般重要"；"5~7分"表示"比较重要"；"8~10分"表示"非常重要"。平均值结果四舍五入，保留到小数点后一位			

1. 市场壁垒：高度的信任积淀

"民参军"在短期内难以形成高度的信任积淀。从调研来看，军方对民口企业产品质量、保密工作和能否长期生存以保证售后服务的担心，也是"民参军"的壁垒之一。这些担心都与军企之间缺乏足够的信任有关，但这种信任关系的建立并不容易。与传统军工企业相比，不仅民口企业对于军方是陌生的，军方对于民口企业也是陌生的。它们是否值得信赖，值得托付，远非颁发几个"准入"法规文件所能解决。

武器的研发生产关系国家安全，也是敌方情报获取的重点。能否做好保密工

作，既防止泄密，又避免敌方渗透，也是军方评价装备及其零部件承包商的重要因素。在这方面，接受调研的部分军代表认为，与传统军工企业相比，民口企业的保密意识还有待提高，保密措施也有待加强。

许多武器装备的寿命周期长达数十年，其维护保障离不开原研制生产单位的长期存在和密切配合。如果一个企业交付装备不久就破产倒闭，军方在遇到质量问题时，就会出现"叫天天不应，叫地地不灵"的情况。特别在战时，装备保障任务异常繁重和紧急，单靠军方根本无法完成，这时候也需要企业派出技术人员赶赴前线进行支援保障。

2. 技术壁垒：自然垄断与自成体系的军用标准

（1）昂贵的专用设备投资和规模经济产生的自然垄断。由自然的或技术的因素使某些行业具有明显的规模经济和过高的沉没成本所形成的垄断被称为自然垄断。与其他行业相比，军工行业属于典型的资本密集型、技术密集型产业，大型武器装备研发生产投资动辄数以亿计、十亿计。这些巨额投资很大一部分投入到与武器装备研发生产有关的专用设施设备上，难以转移到其他用途，或者转移后"大材小用"，形成了巨额"沉没成本"。当一个行业存在巨大规模的"沉没成本"时，潜在进入者就不得不"三思而后行"，乃至"望而却步"。

除沉没成本外，由于固定成本投入大等原因，军工行业具有典型的规模经济特点，规模大的企业在生产成本上比规模小的企业更有优势。但在和平时期，绝大部分军品订货量很小，达不到规模经济的拐点。例如，本次调研中，除属"兵器"口的某企业订货量达到数万发弹以外，其他企业的订货量都只能以"千""百"甚至"十"来计算。在规模经济条件下，这种太小的市场难以容纳多家企业。

（2）自成体系的军用标准。由于战场环境分布广泛，要求武器装备在各种极端恶劣条件下都能够正常使用，例如极热、极寒、超高压是绝大多数武器装备试验的必考科目，对冲击、震动、电磁的要求也远高于民用产品。一些产品为军用领域所独有。因此，军用标准的存在有其合理性。但军用标准过分独立于民用标准的倾向则使新进入者难以适应，形成了进入壁垒。与其他壁垒相比，这种壁垒更具有隐蔽性。

从我国现实情况看，当前军标民标相互独立。各行业条块分割，产品技术标准难以统一，致使民口企业承接军品任务时，为了满足自成体系的军用标准，有时不得不在原有设施设备之外另起炉灶，单独建设，导致效率降低，成本增加。某航空装备的维修保障在车辆、气体等方面与民用航空完全相同，但独特的军用接口，使得维修保障不得不重新购买设备。

3. 程序壁垒：烦琐不公平的程序规则与复杂困难的行政许可

（1）烦琐不公平的程序规则。与商业采购相比，公共采购由于花的是纳税人的钱，理所应当受到公众的监督，因此发达国家对包括国防采购在内的公共采购普遍建立了标准规范的程序和详尽具体的规则，并要求供应商提供详尽的书面材料。然而，当这种对程序规则的要求超过其正常限度之后，事情就会走向它的反面，可能导致更大的浪费。

从调研和掌握的情况来看，与发达国家不同，目前我国装备采购的标准化、规范化程度有待提高与程序烦琐的情况同时并存。两种情况看似矛盾，实际上符合逻辑。由于标准化、规范化程度低，各个单位只能自行制定某些程序规则，因此各不相同，甚至差别悬殊，企业缺乏可以遵循的统一标准规范，造成后者面对不同采购单位的邀约时，不得不投入大量的时间精力，疲于应付。

被调研企业普遍认为，程序规则非常重要，程序规则的公平是结果公平的前提。正如某企业负责人在调研时所反映的，由于不同采购单位的程序规则各有不同，手续烦琐，信息难以完全透明，各种破坏规矩的行为就有了藏身之处。与采购单位熟悉的某些企业早已适应并掌握了这些规则，并能够熟练地运用这些规则为自己谋取利益，呈现出一些单位的采购被某些企业瓜分的情况。

（2）复杂困难的行政许可。行政许可偏多、缺乏统管。行政垄断严重是影响民口企业进入军工领域的重要因素，也是调研中企业反映最为强烈和突出的问题。

第一，目前民口企业参与军工科研生产，从规定来看，只要拥有《武器装备科研生产许可证》《武器装备科研生产单位保密资格认证》《武器装备承制单位资格审查认证》和《质量管理体系认证》，进入《装备承制单位名录》即可。实际上，具备这“四证”远远不够。因为各个领域、各个部门几乎都设置了相应的门槛，甚至延伸到军工企业层面。而且政府国防工业管理部门、军队、部分军工集团公司各自的认证范围，相互不兼容、不通用。这种行政许可的重复设置实际上反映了不同部门的利益之争，但却给企业增加了不小的负担。即使就军方而言，装备的研制生产也尚未实现集中统管。

第二，部分许可、认证的检查、维护费用偏高，有些检查过于频繁，增加了企业的经营成本。企业对军工领域设置一定的进入门槛，甚至门槛较高都表示理解，但认为程序、手续过于烦琐，费用偏高，有必要改进。

第三，“许可”“认证”不仅名目繁多，不少政策程序还相互矛盾。例如，申请保密资格认证，需要首先承担军品任务，或出具合同意向证明。但在军品项目招标时，一般均要求投标企业首先要具有《保密资格认证》。这些规定几乎使

想进入军工领域的企业在申请认证时陷入"死循环"。

第四，有关部门对许可证的发放数量采取了限制措施。2010 年颁布的《武器装备科研生产许可实施办法》第九条规定，对第一类许可实行数量限制，而且一般只授予核心国有军工企业。尽管从合理布局，防止浪费的角度看，对主要涉及总体、关键系统、核心配套产品的第一类许可进行数量限制有其合理性，但在当前许多民口企业技术水平已位居国内甚至世界领先地位，超过大部分军工企业的情况下，通过行政许可的方式保护原有军工企业的垄断地位，对于建立充满活力的国防科技工业体系显然不利。

第五，垄断的行政许可导致了行政垄断行为。由原政府行业主管部门演化而来的军工集团公司，尽管历经多次改革，目前仍承担一定的行业管理职能，这种既是运动员又是裁判员的双重角色造就了某些领域的行政垄断和不公平竞争环境。

4. 信息壁垒

调研中，企业反映的另一个突出问题是信息不透明。迄今为止，我国还没有建立公开统一的国防采购信息发布平台，现行的发布体系还是内部发布，由各地方的国防科工办逐级发布。许多非军工企业没有获得军品需求信息的渠道，造成无论是军事需求部门还是研制生产部门都处于双向不透明状态，信息沟通很不顺畅。

5. 财政税收壁垒

（1）不平等的投资补贴政策。现行国防科技工业的投资补贴等财政政策大多面向传统军工企业。例如，每年数以百亿计的国防技术改造费和科研生产条件保障费等国家投资只有军工企业才能享有，民口企业难以同等享受，使民口企业在竞争中先天处于劣势地位。在这种情况下，民口企业一旦研发失败，或者军方不采纳，企业基本就会陷入绝境，进入风险太大。

（2）不平等的税收政策。国防军工的免税政策通常以"隶属关系"或"出身"来确定是否免税。尽管一些民企已经事实上承担了武器装备的科研生产，但土地税、流转税和增值税等并没有得到相应的减免。税收政策不平等不仅表现在"军工"与"民口"的区别上，还表现在政府机构对"国有"与"民营"不同性质企业的区别待遇上。某企业前身是国有非军工系统企业，2003 年通过招商引资改制为民营企业。尽管该企业属于总体厂家，但由于产品未列入装备名录，因此能否直接免税就取决于当地税务部门。在改制前，税务局予以承认，并直接免税，但在改制为民营企业后，税务局就不再承认。企业每年不得不先缴税，再由军方有关部门开出免税证明，经过一系列程序最后到国家税务总局申请退税，手续烦琐，时间冗长，几乎长达两年，企业数百万资金的长期压占给企业造成了不小的负担。

三、突破重围：打破壁垒的对策建议

1. 治本之策：国家和军队加快国防科技工业和装备采购体制改革，从全局层面提供根本保障

（1）打破市场壁垒，破除行政许可和各种政策壁垒，最根本的是要深化国防科技工业和装备采购体制改革。完善法律规章和不公平的财政税收政策，营造公平有序的竞争环境。但根本体制改革往往要打破原有利益格局，需要有关权力部门削权放权，推进相当困难。总的来看，尽管国防科技工业和装备采购体制改革是治本之策，但远非短期内所能完成。还需要搞好顶层设计，加强统筹谋划，找好改革的切入点和突破口，努力协调各方面的利益关系，在寻找共识中不断推进改革。

（2）破解军民标准分割难题，大政方针已经制定，关键在于军队和政府有关部门要有更大的决心抓紧落实。这方面，美国的做法值得借鉴。1994 年 6 月，时任美国防部部长佩里宣布，不论何时何地，只要有可能就要采用民用标准及性能规范代替独特的军用规范。美军后来还进一步规定，军用标准如果 5 年没有使用，就自动失效，或改为国家标准。对于暂时不能用国家标准确定的，应以性能规格确定；对于现在不能使用国家标准而将来可以使用的，应预留接口。

（3）破除程序壁垒，应坚持原则性与灵活性相结合。既要大力推动采购程序的科学化、规范化，建立完备的规章制度，使采购单位和企业有章可循，又要在坚持制度公平、程序正义的同时，抓大放小，保持一定的灵活性。例如，美国政府要求国防采办部门采用与商业买卖同样的采购程序、合同条款、合同管理办法、质量控制方式等。为进一步简化采购程序，还要求 10 万美元以下的项目改为宽松管理。

（4）打破信息壁垒，需要在确保安全保密的条件下，建立尽可能公开透明的信息发布平台。对于确需保密的采购项目，也要在保密许可的范围内公布，尽量避免信息封锁导致的不公平竞争。

（5）对于军方而言，面对跃跃欲试的民口企业，既要在宏观层面大胆接纳，

也要在微观层面小心求证。与发达国家相比，我国目前的装备采购法制环境在迎接民口企业进入方面，仍然很不完善，监督力量也比较薄弱。如何保证民口企业的产品质量、安全保密、满足军方要求还是一个很大挑战。要努力探索对民口企业参与军工科研生产进行质量监督的模式方法，建立有章可循的制度体系。

2. 抢抓机遇：地方政府要努力营造有利于"民参军"的区域环境

由于体制改革主要集中在中央政府和军队层面，地方政府可以发挥作用的范围有限，但并非完全无所作为。在区域内创造有利于"民参军"的条件，既是地方政府营造公平竞争环境的分内之责，又是其抢抓军工市场机遇，走军民融合发展道路的必要举措。

（1）努力在区域层面打造公平竞争的政策环境。在财政税收等政策上不以"出身"论待遇，坚持军口、民口一视同仁，国企、民企一视同仁。例如，加大对民口单位军品配套科研生产能力技术改造的支持力度，对承担军工科研项目和军贸项目的民口单位给予补助。

（2）努力在区域层面提供良好的成长条件。例如，为了破解体制内发布造成的信息渠道不畅，促进军民信息互通共享，可以利用体制内渠道，建立和完善军品市场需求的信息发布制度，及时向已取得相应资格的优势民口企业公布。

（3）努力在区域层面打造"民参军"的孵化器、加速器。当前，多个地方政府将实施区域经济军民融合发展战略作为推动地方经济发展的重要抓手。对于军民融合战略而言，"军转民"与"民参军"犹如车之两轮，鸟之双翼，不可或缺。在建立军民结合产业园、军民结合产业创新基地等各种举措中，应坚持两条腿走路，既要考虑传统军工企业"军转民"，又要考虑民口企业"民参军"，引导和扶持优势民口企业进入军工领域，使军民结合园区基地成为"民参军"的孵化器、加速器。

3. 勇当先锋：民口企业要主动作为

（1）面对艰难推动的体制改革和仍然十分坚固的垄断壁垒，民口企业最有力的武器就是依靠"科技创新"，成为技术上不可替代、不可或缺的军品供应商。例如，某公司研发的航空制动材料打破国外公司垄断，关键技术达到国际领先水平使其不需为订单发愁。

（2）除依靠技术制胜外，找准参与军工科研生产的切入点也是破解壁垒的重要途径。通过重组、收购和参股等多种股份制改造形式参与军工企业的改组改制，可以在很大程度上减少进入阻力，同时直接获取民口企业所缺乏的各种关系资源。

（3）在体制尚未进行根本改革的条件下，打破军工传统产品、传统领域的利益格局非常困难，而在新产品、新领域上下功夫，另辟蹊径，就会取得事半功倍的效果。例如，某企业是国内第一家发布并生产某电子产品的民族企业，是国内该领域的领导者、创新者，技术水平和研发实力位居世界前列。由于传统军工企业并不生产该类产品，而且该公司在业界处于领导地位，其获得军品订单也就不言而喻。

（4）坚持量力而行，走军民结合发展道路，降低专用化风险。应对产业特性造成的风险，要求民口企业既要看到军工市场蕴藏的巨大商机，也要对其中的风险有清醒认识，坚持量力而行，选择正确的发展道路。在尚未形成长期稳定的订货关系，或未签订大批量订货合同前，对于购置专用设施设备要慎之又慎。走军民结合道路还可以将和平时期军品订货不稳定的风险降到最低。使企业既能在军方需要时迅速组织生产，又能在军品订货中断时期，依靠民用市场需求，渡过难关。

（5）打造具有军工特色的企业文化。与具有悠久历史的军工企业相比，进入国防领域的民口企业还显得相当薄弱和稚嫩。这种薄弱和稚嫩不仅表现在物质层面，更表现在精神层面。在长期建设和发展中，军工企业形成了“国家利益至上”的核心价值观，形成了“保密文化、质量文化、安全文化、型号文化”的军工特色文化和“报国强军”“一切为了前线”等企业文化。这些精神正是军方与企业高度相互信任、相互依赖的文化基础。民口企业参与军工科研生产，既需要在物质层面以先进设施设备、强大研发能力和高质量产品向军方展示自己的硬实力，也需要在精神层面形成具有军工特色的企业文化，方能长久。

参考文献

［1］李清华，田兆运．我军《装备承制单位名录》发布近900家民口企业上榜［EB/OL］．http：//news. xinhuanet. com/2011 -06/07/c_ 13915694. html.

［2］于春光，赵波，邹芳根．民企“从军”带来了什么［N］．解放军报，2008 -11 -20.

［3］陈汉初．美国国防部的采购程序将进行全面改革［J］．航空标准化与质量，1995（2）．

［4］于向军，况野．构建军民融合式武器装备科研生产体系［N］．中国国防报，2011 -02 -14.

［5］叶卫平．健全军民互动合作机制需要进一步克服的障碍［J］．中国军转民，2006（2）．

［6］李刚，曹莉，张超．政府科技管理信息公开若干问题的思考［J］．哈尔滨商业大学学报（社会科学版），2012（2）．

合作视角下的武器装备科研生产军民融合式发展路径研究*

黄朝峰　曾　立

建立和完善“军民结合、寓军于民”的武器装备科研生产体系是中国特色军民融合式发展路子的重要内容，是统筹经济建设和国防建设，实现富国和强军相统一的重大战略。但这条路子如何走，则涉及多个方面，既是一项复杂的系统工程，也是一个长期的发展过程。本文从合作的视角，探讨武器装备科研生产军民融合式发展路径。

一、突出科研合作的源头作用拓展融合渠道

科研是武器装备全寿命管理的起点。构建科研合作平台对推进武器装备科研生产的军民融合式发展具有源头作用，开展军地、军民间的科研合作，也是推进国防科技工业转型的重要方面。开展科研合作、拓展融合渠道，就是要整合国防科技工业领域和民用工业领域的创新资源，实现在基础领域、应用领域等各个层次的创新力量融合，使国防科技创新体系融入国家科技创新体系之中。通过军民融合，着力攻克一批关系国家安全、国民经济和社会发展的重大关键技术，大力提高高新武器装备建设和国民经济发展支撑能力。

当前，科研合作创新的体制机制还不完善，不能适应武器装备科研生产军民融合式发展的要求。一是管理体制缺位。国家有关部门和军队对融合创新缺乏科学统筹规划与有效协调管理，没有制定专门的促进融合创新的政策，在军民创新力量融合的资源配置上缺乏明确导向。二是利益保障机制不健全。由于

* 原载于《装备学院学报》2013 年第 3 期。

在科研合作中，各类创新主体的职责和权益界定不清，对共同投入、成果分享，技术、市场、管理等风险分担的机制不健全，缺乏法律约束，导致合作创新难以持续。例如，由于军队不能经商的原则要求，军队一些科研院所在与地方企业、科研院所合作过程中，遇到诸多利益矛盾，由于缺乏法律保障，仅靠“君子协议”无法有效保障合作创新的持续开展。三是缺乏长期稳定的战略合作。国防科研创新技术高、风险大、系统性和复杂性强，要求参与单位之间形成持续稳定的长期合作关系，目前“单打独斗”和“随机生成”式的产学研结合难以适应这一要求。为了破解上述难题，整合军民经济科技资源，需从多方面着手。

1. 确立军民融合发展的科研创新战略，从国家宏观规划和战略指导层面推动融合

要站在国家发展战略高度，做好科学筹划和顶层设计，将国防科技创新规划纳入国家科技创新整体规划中。建立健全军民融合基础项目长远规划体系，特别在制定投资大、周期长、见效慢的基础性科研项目及高新尖技术发展规划时，要由国家有关部门和军队围绕国家安全与发展的重大战略需求，科学整合军民经济科技资源，实现军民科研创新之间的相互协调、优势互补、良性互动、联合攻关，共同支撑军用和民用 2 个产业发展。

2. 尽快研究出台军民合作创新的政策法规，对军民各类创新主体在科研合作中的责权利进行规范

要以军地高等院校、科研院所和大型企业为主要对象，探索建立利益共享、风险同担的产学研合作创新机制，为推动国防科技工业企业、军事科研院所和地方科技资源有机结合、科学配置的合作创新提供持久的制度动力。

3. 建立一批以企业为主体、高校科研院所为支撑、战场和市场为导向、特色产品为核心、产学研用相结合的长期稳定的科研创新联盟

可以总体总装总成企业为龙头，围绕军民品总体和总装及关键系统部件研制，与军地高校科研院所结成技术创新联盟。在新技术、新产品研究开发中，统一组织协调企业内外协作配套单位同步研发。通过联盟成员协同创新，在联盟成员间实现军民技术融合，优势互补，互利共赢。这不仅有利于保证整体研发进度，而且缩短了技术产业化进程。

二、发挥项目合作的牵引作用加深融合程度

项目合作既是武器装备科研生产军民融合式发展的重要载体，也是军民融合深入发展的重要动力。项目合作既包括技术开发和技术转移项目，也包括军民合作的科研项目。通过项目合作，能有效促进军民科研机制同体、军民科研项目共研、军民科研人才共用和军民科研成果共享，引领武器装备科研生产军民融合的深度发展。从宏观上看，按照项目合作中的科技成果来源，项目合作的形式有三类：一是军转民的合作形式，即把先进、成熟的军用科技成果直接转为民用，以促进地方经济建设。如核工业利用原子能技术发展核电站和核技应用，船舶工业利用舰船技术发展民用船舶制造和大型钢结构装备，航天工业发展民用卫星，军事电子工业发展电子信息设备等高技术民品，航空工业发展民用飞机等航空民用高技术产品，兵器工业发展机械、光电、化工三大系列产品都属于军转民合作模式。二是民转军合作形式，即把先进、成熟的民用技术转为军用，促进军队的装备建设。当前，民用技术特别是信息技术、新材料、生物医药等技术应用到军事领域，这种民技军用模式，加速了武器装备和军工信息化的建设步伐，取得了明显成效。三是军民并举形式，即在设计、开发和研制阶段就考虑军民两种需求，我国的大飞机制造项目就是采用了此种合作模式。

实现3种项目合作形式的关键，是要建立“小核心、大协作、寓军于民的国防科技工业新体系”。要按照哑铃型结构的要求，武器装备科研生产两头，即型号论证和总体生产组装工作，主要由军队科研院所和军工企业承担，而其中间部分，即零部件的生产配套，则要通过引入民用资源，充分发挥民用部门、民用企业和民营企业的人才、技术和产品优势，鼓励“民参军”，通过良性的市场竞争，达到提高质量、降低成本、拓展供应渠道、提升行业水平的目的，以促进军民融合深度发展，实现军事、经济和社会效益的统一。但从实际进展来看，目前武器装备科研生产领域的“民参军”依然困难重重，存在着合作程度不高，协作项目不多等问题。为解决其深层次问题，国家先后就国防科技工业投资、军工企业股份制改造、鼓励民企进入军工领域和军工企业从事民品开发等问题制定了一系列政策措施。从操作层面来看，其直接原因主要有：一是信息沟通平台不健全，军用和民用信息双向传递不畅；二是技术标准不统一，军用和民用技术互补乏力；三是体制机制不完善，项目开发的深度合作受到不同程度的制约。破解上述难题，要多管齐下。

1. 搭建军民信息共享平台

在确保安全保密的前提下，建立尽可能公开透明的信息发布平台。既使民用单位及时了解军工方面的需求及相关信息，也使军队和军工企业及时了解民用技术发展现状和水平。重点要对军工企业信息按装备信息、技术信息、基础设施能力信息（包括生产、科研等）、人才信息等分类建立信息库与信息平台，并根据信息的秘密等级分类，制定相应的信息公开、发布制度。在这方面，美国的做法值得借鉴。除额度很低和特殊项目外，美军的采购项目全部在政府采购刊物、大众传媒和互联网上公开，任何公司和个人都可以在互联网上查找，包括“大力神”C－130 运输机的显示屏，F－15 战斗机的雷达零部件等都在网上招标。

2. 进一步统一军民技术标准

在标准体系中，规定凡是民用标准能满足军用要求的尽量直接采用，对于那些低于民用标准或能用民用标准代替军用标准的，应明确采用民用标准。尽快建立国家标准、军用标准和行业标准协调互补的标准体系。当前，目标方向已经确定，关键在于有关部门要以更大决心抓紧落实。美军早在 1994 就由时任国防部部长佩里宣布：不论何时何地，只要有可能就要采用民用标准及性能规范代替独特的军用规范。美军后来还进一步规定，军用标准如果 5 年没有使用，就自动失效或改为国家标准。对于暂时不能使用国家标准确定的，应以性能规格确定；对于现在不能使用国家标准而将来可以使用的，应预留接口。

3. 完善军用和民用产业互融机制

要立足完善社会主义市场经济体制和推进中国特色军事变革的宏观背景，从武器装备科研生产的现实需求出发，建立和完善有利于军地资本、技术、人才、信息互动双赢的军民融合式体制机制，重点在资金、人才等方面深化融合。要建立多层次、多渠道、全方位军民两用高新技术产业化多元投融资体系，允许利用国内民间资金或外资发展军民两用高新技术产业，实现资金支持的军民融合；要建立协作攻关、项目合作、讲学指导、访问交流等人才共享制度，建立军民两用人才中介机构等，实现军民人才共享。

三、依托园区合作的支撑作用提升融合层次

产业园区是产业集聚的载体。以国防科技工业产业园区建设推动武器装备科

研生产军民融合式发展，有利于优化社会资源配置，为军民双向技术转移、成果孵化和产业化开发提供创业基地和实施平台。我国国防科技工业产业园建设起步较晚，虽然已经取得了一些成绩，但总体来说，还存在许多问题。主要表现为：产业园区地位不明确，政府政策力度不足；产学研政商合作机制不完善，科技成果孵化、转化缓慢；产业园区的集聚效应没有充分发挥，产业化程度较浅、层次较低。国防科技工业要通过产业园区建设，打造新的平台，对研发、孵化以及产业化等产生推动作用，实现军民融合，使国防科技工业做强做大。国防科技工业产业园建设要做好以下三个方面的工作：

1. 正确处理武器装备工业能力建设与区域经济发展的关系

国防科技工业产业园建设离不开地方经济发展，必须注意把其发展目标、功能定位与区域经济的总体规划和专项规划结合起来，与区域经济的长期发展战略、中期发展规划和年度执行计划结合起来，在地方政府的支持和指导下得到持续健康发展。例如，某省规划建立 10 个军民融合产业基地，位于该省的某军队院校参与了其中两个产业园的建设。这两个园区利用合作单位的优势资源和技资乘数效应，推动该省国防科技工业建设，有力促进了区域经济发展。因此，要积极把国防科技工业产业园区项目纳入地方经济发展规划，为军民融合发展提供方向性指导，推动国防经济和区域经济共同发展。

2. 积极探索园区“产学研政商”合作机制

国防科技工业产业园要通过建立科技开发、成果转化、人才流动、利益和风险分担、信息共享，以及考核评价等机制，统筹军民技术标准和管理标准，促进政府、企业、区域内高校、科研院所等产学研政商一体化，完善装备产业链条。在这方面的探索已经取得了一定成果。例如某军队院校参与研制的卫星导航系统，分别落户某航天产业基地和某高技术开发区。这些产业园将通过相关单位的合作，形成产学研政商相结合的卫星技术应用创新体系，带动我国卫星导航应用技术的全面发展，加速我国卫星导航应用的产业化进程，提升自主卫星导航系统的国际竞争力。因此，要建立产学研政商合作机制，为产业园区军民融合式发展提供机制保障，使军工科研生产与民用科研生产相结合，加速科技成果孵化和转化的效率。

3. 充分发挥园区产业集聚效应

产业集聚效应是创新因素的集群和竞争能力的放大，对提高产业竞争力及区域经济发展有很强的促进作用。充分发挥国防科技工业产业园区的集聚效应，关键是要找好与地方优势资源的结合点，按照资源优化配置原则进行设置、重组或整合。例如，在“天河一号”的推动下，天津滨海新区服务外包产业园成为国内产业集聚效应的典范。由国防科技大学研制，2010 年在天津滨海新区安装部署的“天河一号”，利用其自身强大的计算能力和模拟技术，不仅吸引了新材料、大气及天文等一些基础学科领域的企业，还吸引了石油勘探、动漫制作、云计算等一批企业落户国家超级计算天津中心附近，形成了产业聚集效应。天津滨海新区也成为电子信息产业中心，2011 年第一季度，滨海新区电子信息完成工业总产值364.7 亿元，较2010 年同比增长13.3%。因此，要充分发挥国防科技工业产业园区的产业集聚效应，在更广范围、更高层次、更深程度上把国防科技工业发展与区域经济发展结合起来，为武器装备科研生产军民融合式发展提供丰富资源和可持续发展后劲。

四、重视制度创新的保障作用推动持续融合

推进武器装备科研生产的军民融合式发展是一项宏大的系统工程，涉及体制机制、职责分工、产业政策、标准衔接、信息流通等方方面面的内容，需要从制度层面进行管理、规范、推动和引导。

1. 加快研究制定《军民融合促进法》等顶层法规和配套规章，从制度层面破解武器装备科研生产军民融合式发展的根本性难题

当前，法规制度不配套、政策机制不健全、标准体系不统一已成为制约武器装备科研生产军民融合持续发展的瓶颈问题和主要障碍。从顶层设计来看，目前该领域尚无一部专门规范军地双方关系的基本法律。近年来国务院、中央军委和政府相关部门出台的一些政策法规，如《国防科技工业投资体制改革的若干意见》《关于非公有制经济参与国防科技工业建设的指导意见》《关于推进军工企业股份制改造的指导意见》《军工企业股份制改造实施暂行办法》等，也多为指导性文件，约束力与操作性不强。在改革开放不断深化、市场经济不断完善的形势下，推进武器装备科研生产的军民融合，打破国防科技工业的过度垄断，吸收非军工企业参与军工科研生产，增强国防科技工业活力，筑牢武器装备科研生产军民融合式发展的坚实基础，必须有法律依据、政策依据、制度依据。要在中央和地方法律法规、国家产业政策、军队法规和国防科技工业法规政策上创新发展，在所有制及其实现形式、投资、税收、外贸、环保、安全等政策层面下功

夫，在统一标准体系克服融合壁垒上做工作，实现各个层面军民“融合点”的衔接配套。

2. 完善税收激励政策，改变当前税收政策的不平等局面

当前税收政策不平等主要体现在以下两个方面：一方面，现行军品税收政策对军工企业和民口企业实现“双轨制”。民营企业难以同等享受增值税、土地使用税等减免优惠政策，而且大部分民口企业无法享受国家的军工固定资产投资，打击了民口企业参与军工科研生产的积极性。另一方面，由于保密等军工特殊因素的制约，军工企业大多无法满足政府规定的认证范围、中介审计、知识产权等方面的要求，从而难以享受高新技术企业所得税优惠政策。要针对上述突出问题，从国防科技工业的特点出发，结合税制改革方向和税种特征，不断改进和完善各种支持武器装备科研生产军民融合式发展的税收政策。

3. 加强财政金融政策扶持力度，充分发挥政府资金对武器装备科研生产军民融合式发展的推动和引导作用

中央和地方财政要积极支持军民两用技术开发和军民结合服务平台建设，加大对技术开发和改造的支持力度，探索建立国防科技工业军民结合产业发展专项资金，推动军民结合产业发展。加快推进金融产品和服务方式创新，积极拓宽融资渠道，支持符合上市条件的军民结合企业上市融资。推进场外证券交易市场建设，满足处于不同发展阶段创业企业的需求。充分运用计划和市场两个机制，发挥政府资金和社会资本两种资源作用，推动武器装备科研生产军民融合式发展。

五、结语

推进武器装备科研生产的军民融合式发展，是一项复杂的系统工程。不仅要通过探索竞争性采购、集中采购和一体化采购等采购模式，发挥武器装备采购制度改革对军民融合式发展的牵引作用，而且要积极推进军队科研院所、国防科技工业部门与民用企事业单位的科研合作，探索跨行业、跨区域、跨机构的多层次、多维度融合。只有多管齐下，构建寓于国家科技创新体系和国家工业基础之中的新型国防科技工业体系，这条路子才会越走越宽广。

参考文献

[1] 本刊评论员.不断推进军民结合、寓军于民武器装备科研生产体系建设[J].国防科技工业，2012（4）：3.

[2] 王军，何伟胜.探索构建军民融合技术创新体系及运行机制[J].国防科技工业，2011（10）：52-53.

[3] 穆春荣."民参军"的潜力和风险规避[J].中国军转民，2006（Sl）：92-95.

[4] 张海静.大力促进武器装备科研生产要素的交流融合[J].国防科技工业，2011（12）：60-61.

[5] 陈汉初.美国国防部的采购程序将进行全面改革[J].航空标准化与质量，1995（2）：29-31.

[6] 于向军，况野.构建军民融合式武器装备科研生产体系[N].中国国防报，2011-02-14.

[7] 湖南军民融合产业发展规划[EB/OL].http：//www.hunan.gov.cn/zwgk/ghjh/zxgh/200911/t20091113_180228.html，2012-11-29.

[8] 周小雷，陈勇，蔡渭滨.国防科大走军民融合式发展道路富国强军双翼飞[N].湖南日报，2012-09-19.

[9] 张维维，马坤.天津滨海新区渐成我国电子信息产业高地[EB/OL].http：//news.022china.com/2011/05-23/460264_0.html.

[10] 姜鲁鸣，罗永光，刘群.我国武器装备军民融合发展面临的突出问题与对策[J].军事经济研究，2010（7）：31-33.

国防工业发展战略性新兴产业模式研究*

纪建强　陈晓和

一、国防工业具备发展战略性新兴产业的条件

1. 科技成果突出，行业主导技术先进

国防工业自主知识产权率高，产业链完整，设计、生产和售后服务体系完善，是我国核心科学技术的主要基础，云集了以两弹一星、载人航天、探月工程、超级计算机、北斗卫星导航系统等重大军事科技创新项目为代表的一大批尖端科研成果，拥有一批达到国内领先或世界一流的重点实验室和重大科研试验设施，掌握了若干重要关键技术，能够为发展战略性新兴产业提供有效技术支撑。

2. 人力资源丰富，技术研发能力强

目前，国防系统承担科研任务的科研院所数以百计，科技人员达数万人。其中，两院院士100余名，拥有国家有突出贡献的中青年专家358人，享受政府特殊津贴专家7916人，国家百千万人才工程人选169人，4名国防领域的院士获得国家最高科学技术奖，超过全部获奖者的1/5。

3. 资产庞大，物质资本实力雄厚

十大军工集团都是资产在千亿元以上、营业收入达百亿元以上的国有特大型

---

* 原载于《管理现代化》2013年第5期。

企业，其中5个是世界500强企业，基础厚实，具备发展战略性新兴产业所需物质基础条件。

二、国防工业发展战略性新兴产业的模式

战略性新兴产业首先是新兴产业。新兴产业的产生有裂变、融合、嫁接和移植四种模式：裂变指的是把高新技术对传统产业进行改造，在设计、制造或原材料等方面产生出新的产业；嫁接指的是运用高新技术，使企业进入全新的、独立的发展领域；融合则是嫁接与裂变的共同作用，指将高新技术嫁接到传统产业，促进传统产业的裂变，使之成为更高层次的新兴产业；移植是指把既有技术经过“适用性的创新改进”或“技术融合”拓展了更加广阔的产业空间，催生了新的产业。各种新兴产业出现方式如图1所示。

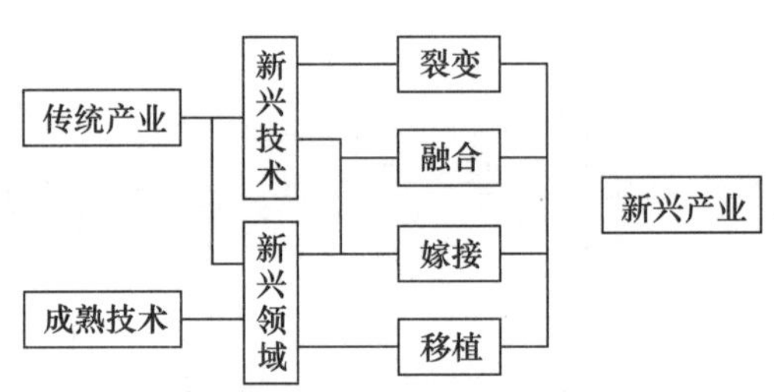

图1 新兴产业的出现方式

国防工业是传统的战略性产业，在技术、资金、信息等要素上与七大战略性新兴产业有很多结合点，可根据技术与市场结合情况采取不同的发展模式。

1. 以“裂变”模式发展新能源中的核电产业和新能源汽车产业

我国核工业科研生产体系完整，拥有以“两弹一艇”为代表的军用核技术，具备从铀矿勘查采冶到乏燃料和放射性废物的处理与处置全产业链的科研生产能力。而且，我国已经掌握原子能发电的相关核心技术，积累了丰富的核电站运行经验。下一步发展核电产业的重点，应是在现有核电技术基础上，加大对核电运行安全性、经济性相关的技术突破，以新的更高效安全的技术改造传统核电产业，使之“裂变”出新型核电产业。我国国防工业已经形成了一定规模的民用车辆生产能力，可以依托军工领域在电池、电机的优势技术，开发更节能高效的

新型汽车。

2. 以“融合”模式发展高端装备制造产业和新一代信息技术产业

新一代信息技术产业中的下一代信息网络，超高速光纤与无线通信、先进半导体和新型显示，以及高端装备制造业中的智能制造装备、卫星及应用、现代航空装备等，都是国防工业的重要组成部分。以新一代信息技术产业为例，其中的新一代移动通信、下一代互联网、地理信息、高性能集成电路和高端软件等，既在国防和军队建设中发挥着重要作用，又在推动国民经济和社会发展中具有先导性、支柱性作用。据统计，发展信息化武器装备所需要的计算机技术、军事微电子技术、光电子技术等80%以上与民用信息技术通用。因此，国防工业可以利用自身技术优势在加快产业转型升级的同时，扩大民用领域的产业化进程，引领和带动相关民品产业的快速发展，实现战略性新兴产业的“融合”式发展。

3. 以“嫁接”模式发展节能环保、生物产业

节能环保和生物产业所依赖的核心技术并不是我国国防工业的主导技术，军工企业在这方面的技术储备并不充足。以节能环保技术为例，因为现代战争对武器装备性能的依赖性，国防工业通常会忽视或牺牲一些环境资源效益而去追求武器装备的技术战术指标，行业的节能环保意识不强，该领域技术储备不足。因此，如果要发展节能环保、生物产业，需要重新进行技术开发并成功进行商业化运作。

4. 以“移植”模式发展新材料产业

应用于国防工业中的新材料均具有较高的技术含量，涉及国家核心机密，因而军用新材料的产业化速度普遍比较缓慢。例如，对装备隐身性能起重要作用的毫米波结构吸波材料、毫米波橡胶吸波材料和多功能吸波涂料等新型材料，虽早已在武器装备中得到大量使用，但却一直没有找到合适的民用产业化领域。可在适当解密情况下“移植”到民用领域。

三、国防工业发展战略性新兴产业的风险

不确定性是战略性新兴产业发展最突出、最典型的本质特征。“战略性”决定了产业发展所依赖的主导技术只能通过重大自主创新取得，技术创新的不确定

性大；“新兴性”决定了产业发展的市场发育并不成熟，产品产业化的风险高。除此之外，由于国防工业的特殊性，发展战略性新兴产业还有政策、市场、金融和政治风险。

1. 政策风险

政策风险主要来源于政策的非连续性和不稳定性，并在国家和军工企业两个层面有不一样的表现。在国家层面，国防工业受到国家严格管制，国家国防建设政策对其发展影响较大，国防经费投入规模和变化程度与军工企业整体效益相关性强。如果国家大幅度削减国防建设规模或放慢建设速度，在面对实现核心保军能力的“硬”约束下，国防工业只能将有限资源优先安排军工领域的生产，压缩战略性新兴产业等民用领域的投入，导致民品产业发展受限。例如，我国大型运输机运 10 项目的反复与最终下马，没有稳定的发展政策是重要原因之一。在企业层面，军工企业都是国有企业，发展受国家政策指挥棒影响较大。少数军工企业发展战略性新兴产业，主要是争项目和拉投资，较少考虑产业、技术、人才等基础条件，盲目跟风、重复建设现象严重。例如新能源汽车业纷纷“搭车”低碳概念，然而，目前国内纷纷上马、上路的新能源汽车，没有一辆是真正低碳的，无论是燃料电池、生物汽油，还是电动汽车，以现有的技术条件，都还做不到低碳。

2. 市场风险

国防工业发展战略性新兴产业的市场风险主要来源两个方面：一是军转民产业化面临的风险。战略性新兴产业具有十分广阔的市场前景，市场开发的深度和广度是影响该产业发展成功与否的关键因素。习惯于指令性计划的军工企业，市场风险意识差，往往跟不上民品市场的节奏和竞争形势，军转民产业化的风险高。二是产品生命周期风险。战略性新兴产业处于产业的初创期，新技术的研究和开发速度快，技术创新的机会多，但国防工业的技术开发是按国家计划进行，一旦技术完成并经过在军品上的试验定型等过程，可能就错过了发展新兴产业的窗口期，始终无法占据行业发展的主导权，存在技术滞后的风险。

3. 金融风险

战略性新兴产业是高技术、高投入、高风险的“三高”行业，需要在前期投入大量资金，且在行业发展的不同阶段，其融资需求有所不同。而国防工业是涉及国家安全的战略性产业，军工产品的利润限制性定价规则与战略性新兴产业研发投入需求间相互矛盾，使企业始终处于融资需求缺口较大的状态。无法及时融资的原因有：一是制度性融资障碍多。受保密等因素影响，国防工业的信息披露受到严格控制，与进行市场融资的信息公开制度有冲突。二是融资成本高。银行贷款和债券是国防工业的主要融资渠道，与上市或公开募集相比，贷款和债券利率要高很多，且手续烦琐，审批时间长，无法及时缓解企业资金需求。因此，融资手段的匮乏和融资机制的不完善，可能无法为国防工业发展战略性新兴产业提供及时有效的金融服务，造成因资金链断裂丧失产业发展机遇或产业化失败。

4. 政治风险

国防领域的前沿科技成果都事关国家安全，是重点保密对象。国防工业发展战略性新兴产业存在一个转化技术的前沿性与保密性之间的矛盾。如果国防工业将国防科技最新成果进行产业化，很可能会产生关键技术的外泄，影响国家战略利益和国家安全。此外，国防工业掌握的关键核心技术对科技人员的依赖程度较高，在战略性新兴产业市场前景诱导下，军工企业核心技术人员的流失风险加大，有可能会影响公司的持续研发能力，甚至造成国防领域核心技术泄密。

不同的模式里各种风险源并不一样。“裂变”模式对传统国防工业依赖性最大，政策风险可能性最大，“融合”模式依赖程度相对较低，政策风险次之，“嫁接”式和“移植”式与传统产业关联性小，政策风险最小；“嫁接”和“移植”需要开发全新的产品市场，市场风险最高，而且“嫁接”因为需要全新的技术创新，不确定性更高，与“裂变”式仅依靠传统产业相比，“融合”能够结合传统与新兴两个市场，风险最小；在金融风险方面，四种发展方式面临相同的问题，风险差异不大；在政治风险方面，“裂变”“融合”与“嫁接”都是新兴技术，技术泄密的可能性最大，而“移植”模式采用的是成熟技术，政治风险最小。

四、对策建议

首先，坚持走军民融合发展道路，提高应对政策风险能力。一是将满足国防需求与满足民用需求有机结合起来；二是将利用国防资源与利用民用资源有机结合起来；三是将依托国防工业与依托民用工业有机结合起来。以军民融合的发展方式，减轻国家国防领域宏观政策发生变化对国防工业的冲击，尽可能地减少产业发展的政策风险。

其次，推动武器装备采办制度改革，培养国防工业市场竞争能力。一是降低民用工业企业进入武器装备市场的准入门槛，打破军工集团的垄断地位，提高其市场竞争能力；二是将现有按行业分类的国防工业体系改变成按功能模块分层次的产业链上下游配合体系，鼓励军工企业走多元化发展道路，尽量减少行业之间的分割程度；三是探索武器装备市场价格形成机制，通过定价机制调整激发军工企业进行科技创新的积极性，增强科技成果转化的能力，增强风险意识和提升民品产业化水平。

再次，深化国防工业融资机制改革，建立市场多元化融资机制。一是深化产权制度改革。根据核心技术对国家安全的重要程度，采取不同的股权结构，并探索国有股比例问题，避免大股东侵害小股东利益和内部人控制现象。二是解决国防工业融资的制度性壁垒。我国国防工业领域融资法规较少，一些法规与市场融资的信息公开要求有冲突，融资活动仍然主要依靠行政审批手段，市场机制还没有起到基础性作用，融资的市场多元化程度不高。可在确保国防安全的情况下加大信息披露力度，加快国防工业的资产证券化进程，促进有条件的公司整体上市。三是完善军工企业退出制度。改变按“出身”定政策的模式，树立武器装备来源认定军工企业的思维，避免因“身份”而导致不能退出国防工业，长期依赖国家财政补贴亏损运行。除极少数关系国家安全战略核心军工企业外，其余企业必须按市场机制优胜劣汰，以市场竞争压力迫使军工企业提高效率，提高在资本市场的融资能力。

最后，完善国防知识产权保护机制，防止技术成果外泄。一是创新国防知识产权的权利归属。可探索国防知识产权所有权与使用权的分离制度，在国家保留必要的外贸介入权等控制权下，允许研发单位或核心人员获得使用权，鼓励科研单位和人员从技术产业化中获取收益。二是健全国防知识产权保密制度。在《国防法》《保守国家秘密法》《国防专利条例》等法律基础上，进一步完善保密责任制度，规范国防工业单位和人员的权利职责，健全保密审查制度，明确各等级秘密的审定、解密等程序。同时，建立保密信息平台，成立专门的机构统一管理国防知识产权的相关事务。三是培养国防知识产权专业人才。可利用军地联合培养方式，建立一支规模适度、素质较高的知识产权人才队伍，满足国防科技和武器装备建设发展的需要。

参考文献

[1] 林学军. 战略性新兴产业的发展与形成模式研究 [J]. 中国软科学，2012，2.

[2] 贺俊，吕铁. 战略性新兴产业：从政策概念到理论问题 [J]. 财贸经济，2012，5.

[3] 朱瑞博，刘芸．战略性新兴产业机制培育条件下的政府定位找寻 [J]．改革，2011，6.

[4] 纪玉山，孙海梅．促进战略性新兴产业发展的风险投资策略研究 [J]．税务与经济，2012，1.

[5] 曾立，黄朝峰，纪建强，住芳．战略性新兴产业军民融合式发展研究 [J]．科技进步与对策，2011，12.

[6] 庞博文，白海威．对我国国防知识产权保护的几点思考 [J]．装备指挥技术学院学报，2010，4.

依托军民结合产业示范基地推进湖南新型工业化发展*

曾 立 杨 筱

一、湖南新型工业化建设现状

区域经济发展走新型工业化的道路是现阶段推动经济又好又快发展的新趋势，但单纯依靠企业扩产增容难以实现以高投入、高效益、低环境污染为特征的新型工业化。而依靠军民结合产业示范基地实现军工与地方经济双赢、互补、可持续发展，是推动新型工业化发展的重要动力。

1. 新型工业化的基本内涵

在科学技术的突破性进步、经济全球化的进程加快、市场经济体制的普遍确立和资源环境约束加剧的大背景下，为完成全面建设小康社会的目标，党的十六大首次提出，要“坚持以信息化带动工业化，以工业化促进信息化，走出一条科技含量高、经济效益好、资源消耗低、环境污染少、人力资源优势得到充分发挥的新型工业化路子。”十七大和十八大进一步强调了走中国特色新型工业化道路，并明确了其特征和途径。

新型工业化是在总结发达国家和中国传统工业化经验的基础上，立足全面建成小康社会的战略目标，针对国内外工业化发展趋势做出的战略调整，涉及的面非常广，体现了我国经济社会发展模式从渐进式发展向跨越式发展转变、从不可持续发展向可持续发展转变，经济增长方式从粗放型增长方式向集约型增长方式

---

* 原载于《湖湘论坛》2013 年第 6 期。

转变、从外延扩大再生产向内涵扩大再生产转变，经济增长更加重视质量效益，更加注重节能环保，更加注重自主创新，更加注重统筹协调。

2006年，湖南省提出以新型工业化作为实施富民强省战略的第一推动力，是继2000年湖南省提出的农业产业化、工业化、城镇化基础上的又一次重大创新。但新型工业化工作任重道远，不能一蹴而就，评价并指导新型工业化工作必须建立多层次、全方位的评价体系。就湖南省而言，走新型工业化道路必须立足省情、因地制宜，发挥湖南特色和优势。《湖南特色新型工业化研究》课题组在综合考虑联合国工业化指标体系、英克尔斯现代化指标体系和《中国产业发展报告》给出的新型工业化评价标准的基础上，提出了衡量新型工业化进程的指标体系，考虑以综合经济、工业化水平和质量、生态环境、社会可持续发展四个一级指标衡量新型工业化进程，涉及17项二级指标，65项。

2. 湖南省新型工业化发展现状

改革开放以来，湖南工业经济快速发展。首先，工业规模不断壮大，2009年实现工业总产值13507亿元。其次，省内地市工业特色逐渐凸显，如长沙市工业以电子、食品、机械为支柱产业，化工、建材、轻纺、医药、汽车、冶金等工业也有较好基础；湘潭是湖南重要的工业基地，形成了以冶金、建材、机电、化工、纺织五大支柱产业为主体，食品加工、电子、轻工为补充的工业体系；株洲作为50年代我国八大重点建设工业城市之一，已发展成为以机械、冶金、化工、建材等重工业为主导，拥有电力电气、煤炭采选、棉麻纺织、轻工、陶瓷、电子等工业的新兴工业城市。最后，科技创新能力显著提高，2009年湖南专利申请量为15948件，其中发明专利占27.7%；拥有高新技术企业874家，高新技术产品总产值4500亿元；大中型工业企业拥有科技活动人员69998人，投入科技活动经费148亿元。

但若要按《湖南特色新型工业化研究》课题组建立的指标体系系统评价湖南新型工业化进程，则湖南的新型工业化道路还很长。尽管经过多年发展取得了不少成就，但湖南属于经济欠发达地区，工业基础薄弱，尤其是高新技术产业与发达省份相比仍存在很大差距，不少指标落后于全国平均水平。2009年湖南GDP在全国排名第11位，人均GDP排名第16位；由表1中部分工业化衡量指标来看，作为一个传统的农业大省，湖南省三次产业结构演进水平落后较多，同时二元经济结构突出，城乡发展差距较大；工业发展能耗大；科技投入不足。

3. 军民融合是推进新型工业化的重要手段

针对当前现状，湖南省必须紧紧抓住国家实施中部崛起战略和开展两型社会改革实验的机遇，继续深化实施“一化三基”战略，进一步丰富富民强省的战略内涵。必须始终把自主创新作为转变经济发展方式的主动力，把推动新型工业化建立在依靠科技进步、劳动者素质提高和管理创新的基础上。

表1　2009年湖南与部分省市经济发展指标对比

省份	地区生产总值（亿元）	人均地区生产总值（元）	规模以上企业工业总产值（亿元）	居民消费水平（元）	城乡消费水平比（农村居民=1）	地区生产总值能耗（吨标准煤/万元）	三次产业结构（百分比）	大中型工业企业R&D经费（亿元）	大中型工业企业R&D人员全时当量（人·年）
湖南	13059.7	20428	13507.64	7929	3.1	1.202	15.1∶43.5∶41.4	82.5	32312
北京	12153.0	70452	11039.13	22154	2.1	0.606	1.0∶23.5∶75.5	85.8	31010
上海	15046.5	78989	24091.26	29572	2.3	0.727	0.8∶39.9∶59.4	207.0	60695
江苏	34457.3	44744	73200.03	11993	2.2	0.761	6.6∶53.9∶39.6	452.0	184542
浙江	22990.4	44641	41035.29	15790	2.6	0.741	5.1∶51.8∶43.1	215.9	95861
广东	39482.6	41166	68275.77	15291	4.0	0.684	5.1∶49.2∶45.7	500.0	224650
湖北	13240.4	22677	15567.02	7791	2.9	1.230	13.9∶46.6∶39.6	105.8	47226
全国	340506.9	25575	548311.42	9098	3.7	1.077	10.3∶46.3∶43.4	3211.6	1306179

资料来源：《中国统计年鉴》（2010）。

军民融合式发展是湖南推进新型工业化的有利选择。国防工业作为国家战略性产业，具有强大的物质技术基础、丰富的科技攻关经验、可靠的创新人才队伍和有利的政策环境支持，是推动技术结构由跟踪模仿为主转向自主创新为主的先锋队，近年来极大地推动了我国新兴产业的崛起和传统产业的改造，也必将加快新型工业化发展进程。据统计，美国航天局近十年来已将上百项国防科技成果成功转化，仅在集成电路、燃烧涡轮、低温技术和程序软件4个领域里获得的经济效益就超过数十亿美元。美国在空间技术上每投入1美元，开发潜应用技术可收回14美元。日本经济支柱的汽车、电脑、核发电技术等都获益于国防科技成果的开发。有资料显示，每项潜应用技术开发成功，都会获得十几倍以上的效益。

为在更广范围、更高层次、更深程度上把国防和军队现代化建设与经济社会发展结合起来，自2009年起，工业和信息化部依托国家新型工业化产业示范基地创建工作，积极开展国家级军民结合产业基地的培育和认定，推动军民结合产业集聚化、规模化发展。截至目前，已分4批认定和挂牌了24个国家级军民结合产业基地，其中有3个在湖南省。经过几年的发展，这3个军民结合基地发展良好，军工企业融入地方经济，民用企事业单位参与军工建设进程加快，为推进湖南新型工业化进程发挥了重要作用。

二、湖南军民结合产业示范基地建设情况

湖南当前有湘潭市雨湖区、株洲通用航空产业基地、平江工业园区三个国家级新型工业化（军民结合）产业示范基地。在政府的大力扶持下，园区建设不断完善，项目承载能力极大增强。

1. 湘潭市雨湖区

湘潭雨湖区军民结合产业示范基地主体园区为湘潭经济技术开发区和先锋工业经济园。2013 年 1 月，湘潭市雨湖区被工业和信息化部批准认定为第四批国家新型工业化产业示范基地（军民结合）。目前，基地军民两用产品品种达 20 大系列 300 多个品种，涉及矿产、冶金、交通、能源、新材料、水利、船舶、特种装备、通信、建筑等多个领域。

“十二五”以来，雨湖区实施“开发建设新区，改造提升老区，发展壮大园区”的工作思路和“强商兴工、富民强区”的发展战略，使得湘潭雨湖军民结合示范基地的建设取得了重大发展。三大主导产业，即以江麓机电、江南工业、平安电气为龙头的先进装备制造产业，以江南众泰、江麓机电、江滨机器为龙头的汽车及汽车零部件产业，以开启时代、湘潭无线电、全创科技、蓝思科技为龙头的电子信息产业，产业集群迅速发展，龙头企业配套发展，并与区域内 13 家高等院校、5 家国家级企业技术中心、17 家省级企业技术中心和工程技术研究中心等开展合作，科技创新常态发展。

为深入贯彻军民结合方针，雨湖区按照“军民结合、良性互动、转型升级、实现双赢”的要求，制定了产业示范基地发展目标：突出发展先进装备制造、汽车及汽车零部件、电子信息三大军民结合主导产业，着力打造江麓军民结合产业园、江南军民结合产业园、雨湖军民结合产业园三大产业园；以锰元素为基础进行新材料和新能源技术创新，建设若干技术中心；同时以治理湘江流域重金属、湘锰地区污染源头为切入点，实现污染集中治理和资源利用效率提高。

2. 株洲通用航空产业基地

株洲通用航空产业基地（军民结合）2010 年 12 月获批设立，依托株洲国家高新区董家塅高科技工业园建设，先后获批“长株潭地区综合性国家高技术产业基地”、全国唯一的“国家火炬计划中小航空发动机特色产业基地”。截至 2012

年底建成园区面积4.5平方公里，落户企业61家，其中规模以上企业44家、航空类企业18家。

株洲作为新中国“一五”期间重点建设的六大航空工业基地之一，在中小航空发动机、燃气轮机、航空机械传动等领域处于国内领先地位，是全国集航空发动机设计研发、制造于一体的中小型航空产业体系最完整的地区。产业基地已形成包括中小型航空发动机、通用航空整机制造、通用航空运营、航空配套产业和衍生产业在内的完整的航空产业体系，着重突出公共技术服务平台、通用航空器公共试飞服务平台两大基础服务平台建设。公共技术服务平台以新芦淞产业发展集团为载体，整合331厂、608所在中小型航空发动机研发和制造技术上的优势，以公益性、开放性、服务型为目标，积极向民用产业及通用航空产业领域拓展。通用航空器公共试飞平台已于2010年获空军司令部和民航中南局批复建设，将为通用飞机整机制造提供必需的整机试飞服务，并将推动株洲航空产业实现由航空发动机制造向飞机整机制造的历史性飞跃。

当前，株洲通用航空产业基地结合自身实际，提出实现“三个目标”，即建成湖南通航运营中心、建成中南地区最具影响的通用航空城和建成世界一流的通用中小航空发动机研发、生产基地。建设的初步思路是“依托和依靠、通航带非航、宜业更宜居”，即依托中航工业的军工技术和军民结合战略，依靠世界通航企业的成熟技术和成功经验，引进技术和人才，整合优势资源；以通航产业为主导，打造一条完备的航空产业链；并打破原有纯工业园区的发展模式，由“建园”向“造城”转变，建设一座生产、生活、生态协调的航空新城。

3. 平江工业园

湖南平江工业园于2011年被批准为国家新型工业化（军民结合）产业示范基地，下辖伍市工业区、寺前工业区和天岳工业区，先后获评“中国最具发展潜力工业园区”“中国最佳投资环境工业园区”等称号。现有企业75家，正式投产企业53家。

经过几年发展，平江工业园配套设施基本完善，项目承载能力增强，主导产业定位准确，企业聚集效应明显。当前园区拥有国际一流的民爆生产企业澳瑞凯、全省最大民爆企业南岭、大型国有控股企业神斧集团、国企与民企合股经营项目中航液压、方正达电子科技等一批实力雄厚的军民结合企业，形成了上下游配套、链条完整的民爆器材产业园、先进装备制造产业园、新材料产业园和电子科技产业园四大产业集聚区。

平江工业园在产业立园思想的指导下，以泛珠三角经济圈和湖南省产业集群的产业转移，以及长株潭经济圈作为工业园发展的支撑条件，以岳阳产业经济带

作为工业园产业配套与产业互动，形成了西部工业新城远景规划，将围绕民爆器材产业园、先进装备制造产业园、电子科技产业园和新材料产业园四大军民结合产业板块，延伸产业链条，推动产业升级，突出技术创新，强化科技支撑，打造4个100亿元产业集群，不断提升园区发展水平，更加突出园区的示范和辐射作用。

三、加快军民结合产业示范基地建设的对策建议

全面落实科学发展观，建立和完善寓军于民的武器装备科研生产体系，加速军民结合产业聚集发展，加快军工经济和地方经济融合，实现工业化与信息化深度融合，必须加快建设军民结合产业示范基地。

1. 增强创新能力

依靠军民结合产业示范基地推动新型工业化进程，关键是要发挥科学技术的第一生产力作用，通过筛选重大军转民技术，在战略性新兴产业、传统优势产业、现代服务业领域推进具有良好应用前景的国防科技成果产业化，进而提升基地发展水平。当前，湖南三大军民结合产业基地内的高等院校、研发机构承担了多项国家863课题、科技支撑计划和国家创新基金项目，如湘潭雨湖区内的湘潭大学、湖南科技大学在机电一体化、物理、矿山装备、计算机软件等领域都设立了专门的研究机构，龙头军工企业江麓机电、江南工业都有国家认定的企业技术中心。但仍有部分企业存在科技创新意识不强、科技创新投入力度不够等问题，尚未成为真正技术创新主体。

必须坚持优化发展、创新发展。强化军工企业管理者的科技创新意识，支持企业建立人才结构合理的研发机构，支持应用前景良好的科技研发计划和科技产品投向市场，不断鼓励企业增加研发投入，广泛与高校和科研院所开展学术交流。主管部门应组织重大科研项目的联合攻关，加强关键技术储备，实现科技资源共享，促进军民通用工业技术的合作开发，建立高等学校、民用科研机构与国防科研机构的协作机制和贯穿“基础研究—应用研究—开发研究—产业化”全过程的技术创新服务体系。

2. 拓宽融资渠道

军民结合产业示范基地建设往往需要大量资金投入，尤其集中在技术研发和

购买设备上。一些大型军民结合产业前期投入巨大，回报周期长，如通用航空产业还在破冰时期，单纯依靠基地开发力度不够，建设缓慢，后续发展需要多元化资本进行支持。军工产品在向民用转化以及民企在利用军工技术进行升级时往往都会遇到资金瓶颈，新项目引入对军民结合产业示范基地在土地出让价格、扶持资金方面都有较高希望，使基地的资金压力更大，成为基地进一步扩大发展的瓶颈。

为保证充足的资金支持，一是要增加财政专项资金投入，国家和各级主管部门应对科技创新工程、技术改造与产业发展等重点项目予以扶持。二是进一步加强税收政策支持力度，坚持对军民结合企业免收或部分返还企业所得税、营业税和增值税等，免收和返还的税费用于高新技术开发。三是多方面拓宽军民结合企业及产业基地的融资渠道，如加大对军民结合企业和产品的信贷力度，设立创业投资引导资金，建立风险补偿机制，支持金融机构、风险投资机构投资科技创新活动，实现投资主体的多元化；证券监管部门对基础条件比较好的军民结合企业应给予帮助，支持其上市融资。

3. 加强公共服务

军民结合产业示范基地还在发展阶段，目前，军民结合产业发展公共服务体系支持力度和手段有限，在促进军转民、民参军，加快军民两用技术产业化等方面的作用尚未得到充分发挥，亟须进一步建设和完善，军民科技互动中存在科技成果转化不畅、科技资源开放和共享水平较低等问题，人才培训、产权交易、商务、法律、金融担保等服务体系尚未建立。

基地的和谐发展需要强化组织领导，创新体制机制，完善公共服务平台。一是各军民结合产业示范基地要实行统一领导、统一规划、统一政策、统一管理，在产业布局、项目准入、土地征拆、招商服务、人力资源等方面着力构建精简、高效、充满活力的管理体系。二是完善军民互动平台，完善军民科技资源共享互动平台，鼓励科技资源开放共享，充分发挥国防科技重点实验室、研发中心等高科技资源的作用，择优支持一批重点实验室和工程技术研究中心，形成开放、流动、合作、竞争的机制；完善非盈利的军民科技资源信息服务平台，收集企业、科研院所、高校有关技术供求的信息，发布军民科研生产资源以及技术、人才资源等相关供需信息，为军工和民口单位提供及时、准确的信息服务；完善高技术成果转化服务平台，组织开展专业性的军民两用科技成果交流对接活动，重点推广一批促进产业升级改造的自主创新成果产业化。

参考文献

［1］陈志平．新型工业化道路理论与实证研究［M］．长沙：湖南人民出版社，2009.

［2］湖南省咨询业协会．湖南特色新型工业化研究［M］．北京：人民出版社，2011.

［3］中华人民共和国统计局．中国统计年鉴 2010［EB/OL］．http：//www. states. gov. cn/tjsj/ndsj/2010/indexch. htm. 2010－12－10.

［4］2009 年中国各省人均 GDP 排名［EB/OL］．http：//wenku. baidu. com/view/2e9d5034eefdc8d376ee32bc. html. 2010－12－10.

［5］军民结合产业基地专栏［EB/OL］．http：//www. miit. gov. cn/n11293472/n11293877/n14651746/index. html. 2013－05－07.

［6］刘海林，许嵩．我国军民结合产业发展现状、环境及政策建议［J］．军民两用技术与产品，2011（11）．

［7］魏南．加快军民融合产业基地建设［J］．中国军转民，2011（8）．

论战略性新兴产业的军民融合发展*

纪建强　黄朝峰

后金融危机时代，新兴产业已经成为世界各国走向经济复兴的选择和重点，对于中国等发展中国家而言，发展战略性新兴产业是转变经济发展方式、实现内生增长的重要途径。然而，从全国范围看，各地政府只考虑到战略性新兴产业对经济发展的促进作用，而忽视了其推动国防建设的特殊功能。因此，有必要从战略高度统筹考虑，谋划战略性新兴产业的军民融合式发展道路，这不仅对我国社会经济科技发展具有重大引领带动作用，而且对未来一段时间国民经济发展、重大技术突破、国防科技进步都有重大意义。

一、提高战略性新兴产业军民融合发展的认识水平

战略性新兴产业具有战略性、全局性、导向性等特点，在国民经济中具有重大战略意义，关乎国计民生、国家经济安全或军事安全，必须从战略高度理解战略性新兴产业军民融合发展的重大意义。

1. 要认识到军民融合发展是战略性新兴产业自身特点的内在要求

七大战略性新兴产业在技术、人才、设备、信息等要素层次都具有军民通用的特性，军民融合发展是其内在必然要求。以新一代信息技术产业为例，其中的新一代移动通信、下一代互联网、物联网、地理信息、高性能集成电路和高端软件等，既在推动国民经济和社会发展中具有先导性、支柱性作用，又在国防和军队建设中拥有广阔应用前景。据统计，发展信息化武器装备所需要的计算机技

* 原载于《当代经济管理》2013 年第 7 期。

术、军事微电子技术、光电子技术等80%以上与民用信息技术通用。我国北斗卫星导航系统建成以后，年产值可达500亿元，其中民用需求占系统用户总量的95%以上。又如发展高端装备制造业中的航空航天产业，需要新材料、现代制造、先进动力、电子信息、自动控制、计算机等领域关键技术的群体突破，对于发展经济、改善民生和转变战斗力生成模式都具有十分重大的意义。因此，战略性新兴产业军民融合发展有一定的必然性，应切实提高军民融合发展意识。

2. 要牢固树立战略性新兴产业军民融合发展既是富国之策又是强军之略的观念

走军民融合式发展道路，把战略性新兴产业培育成既是国民经济持续健康发展的重要支柱，又是武器装备重要的工业基础，有利于进一步形成国防建设和经济建设相互促进、相互协调发展的良好局面，减少国防建设对经济建设的“挤出效应”，提高国防建设对经济建设的“溢出”效果。欧美的一些经济学家对航天产业作过评估，其投入比为1:2，与核心技术相关的产业可以高达1:8~1:14。据央视报道，花费239.15亿美元的“阿波罗登月计划”，不仅实现了美国赶超苏联的政治目的，同时也带动了美国科学技术特别是推进、制导、材料、电子学和管理科学的发展。而据专家估计，中国探月工程的投入产出比会达到1:10，甚至在不远的将来会为中国带来更多的收益。可见，战略性新兴产业不仅能够极大地提高国民经济发展水平和速度，还能推动武器装备现代化建设发展。

3. 要有局部利益服从服务国家利益的大局观

自国家确定了新能源、新一代信息技术等七大领域作为战略性新兴产业后，各地区、各部门格外积极地加以贯彻落实，也是情理之中的事情，但应避免争抢项目，盲目跟风，造成产业趋同。根据李金华的研究，生物医药应以山东、广东、江苏、河南为依托，节能环保应以广东、浙江、江苏、天津为依托，高端装备制造业应以山东、江苏为依托，新能源汽车应以吉林、广东、山东、上海、湖北为依托，新一代计算机和通信技术应以广东、北京、江苏、上海为依托建立集聚区。但从现实情况来看，产业同质化趋势明显，根据各省市发布的战略性新兴产业发展规划看，北京、天津等12个省市列出的战略性新兴产业涵盖了国家规划的全部7个领域，而把新材料、新能源、新一代信息技术作为发展重点的省市分别有30个、25个、23个，其他领域的战略性新兴产业也有类似现象。在战略性新兴产业培育发展中，区域的产业、项目选择趋同、雷同现象比较明显，这都是从各自地区局部发展利益出发，而没有从整个国家利益出发考虑产业布局的结果，极容易造成争先恐后、大干快上，不注意发展阶段、发展条件和循序渐进，最终造成重复建设，一哄而上，一哄而下。

二、提供战略性新兴产业军民融合发展的制度保障

任何新兴产业的培育发展都需要政府提供相应的制度保障、政策法规支持。目前，我国还没有建立起与战略性新兴产业军民融合发展相适应的制度体系，需要进行制度创新，并完善法律体系。

1. 建立权威、高效的战略性新兴产业军民融合领导决策机构

战略性新兴产业军民融合发展涉及政府与军队、军工企业与民用企业等多方面利益关系，需要理顺不同地区、行业部门、军地之间的工作关系。在顶层设计层面，要有国家层次军队相关部门参加的权威领导机构，强化国家宏观管理的领导职能，妥善处理地方与军队、整体与局部、短期与长远、行业之间、区域之间的平衡关系。因此，需要设立权威有效、上下联动的决策机构，可考虑建立由国务院总理或第一副总理牵头，军队总装备部部长、各相关国务院部委和国防科技工业局负责人参加的军民融合发展委员会，就战略性新兴产业军民融合的规划、途径、政策等方面进行统筹规划和协调，并上升为国家意志，强制执行。同时，各省市也应建立相应的领导机构，贯彻落实上级决策指示，就本地区战略性新兴产业军民融合进行统筹规划。

2. 进一步深化国防科技工业管理体制改革

很长一段时间，我国国防科技工业由国防科工委和国务院相关机械工业部管理，民用工业则由经委/发改委等部委负责。2008 年，大部制改革后，民用工业的管理职责合并到工业与信息化部，并下设副部级的国防科技工业局管理全社会的国防科技工业。这是很大的改革，初步改变了过去那种国防工业与民用工业完全分离的管理体制，是在中央政府管理体制层面体现军民融合的一个重要变化。但是新的国防科技工业管理体制仍具有很大程度的独立性，行业垄断、部门垄断、行政性进入壁垒并没有真正打破。必须进一步加快改革步伐，尽快实现国防科技工业与民用工业管理体制的真正融合，建立适应国防建设和经济建设融合发展的宏观管理体制，为战略性新兴产业军民融合发展提供制度保障。以转变政府职能改革为抓手，加大行政放权力度，减少各种类型“民参军”的行政审批，在必要保密的原则下，包括国防科技工业局在内的工业管理部门将职能重点转变

到信息发布、政策支持、军地协调等服务功能上来。

3. 建立门类齐全、功能完备、内外协调、配套衔接的政策法规和技术标准体系

首先，要加快研究制定《“十二五”国家战略性新兴产业发展规划》实施性细则，从政策层面减少战略性新兴产业发展的不确定性。当前，各地区对战略性新兴产业的理解和规划还存在一定的差异，一些地方将文化创意、石化深加工、林产业、绿色食品、现代物流、海洋产业、高端生产性服务业等一般新兴产业列为战略性新兴产业。这都是对战略性新兴产业定位上存在认识差异的结果，需要尽快从政策、标准体系上加以确认，以方便从规划阶段便考虑到产业的军民两用性。其次，完善税收激励政策。对战略性新兴产业进行税收优惠，是世界各国的普遍做法。如 1973 年，日本把基础产业列为发展战略的重点，开始注重产业技术的原始创新和集成创新。为此，日本政府制定了减免、优惠等一系列能够刺激自主创新的税收政策。我国虽然也在不同时期制定过相应的税收激励政策，但总体上激励的效果仍不理想，还存在一些不利于促进企业自主创新的税制环节。特别地，仍然缺少针对战略性新兴产业发展的税收优惠规定，对自主创新激励不够，需要创新税收政策，促进战略性新兴产业发展。最后，要加强财政金融政策支持力度，以政府资金推动和引导战略性新兴产业走军民融合发展道路。同时，加快战略性新兴产业融资方式创新，积极拓宽融资渠道，鼓励支持战略性新兴产业企业上市融资。综合运用计划和市场两个机制，共同推动战略性新兴产业军民融合发展。

三、打造战略性新兴产业军民融合发展的产业平台

战略性新兴产业军民融合发展的最终结果就是要形成在若干领域具有重要影响和战略地位的军民融合型产业。所谓军民融合型产业，是指那些具有军民两用广阔前景，军事效益和经济效益显著，对军事装备研制和国民经济发展发挥着重要引领作用的产业。军民融合型产业有两个来源方式，一个是从国防科技工业出发，打造军民融合的国防工业体系；另一个是依托民用高新技术产业，走“民参军”发展道路。

1. 进一步推动国防科技工业军民融合发展

经过多年“军转民”发展，我国国防科技工业已基本实现了“军品为本，

民品立业”的产品结构，民品行业涉及能源、材料、信息技术等多个领域，下一步发展军民融合型产业，关键要做好如下几点：①优化民品结构，朝战略性产业方向发展，按照“有所为有所不为”的原则，择机退出一些非核心、发展前景不好的产品。发挥军工企业自身科技优势，集中力量朝国家规划的战略性新兴产业领域进军。②转变发展方式，加快转型升级。抓住国家经济发展方式转变契机，促进民品产业由粗放型增长方式转变到集约型增长方式。将产业的发展动力转变到依靠劳动者素质提高、管理创新上来，依托产业结构优化升级做大做强军民融合型产业。③强化技术支撑，提高科技创新能力。在现有军工技术优势基础上，进一步优化内部科技资源配置，提升整个行业的自主创新能力和水平。可设立相应的民品技术开发基金，对有重要发展潜力产品的科技攻关、技术研发、人才培养等方面给予资金支持。

2. 鼓励引导民用高新技术产业走军民融合发展道路

对于民用领域军民融合型产业的培育，则要在如下两方面下功夫：

（1）打破军民分离的工业体系。受发展历史、管理体制等多种因素影响，我国军工企业自成体系、封闭独立仍比较严重，高新技术民用工业企业长期无法融入国防科技工业体系，抑制了“民参军”的步伐和程度。要打破军工行业垄断，鼓励有实力的优秀民用工业企业进军武器装备科研生产领域。

（2）改革军品采购制度。我国国防军工行业长期处于封闭和半封闭状态，军品采购范围小，招标信息传播渠道少，许多大型国有企业对国防军工需求了解甚少，甚至根本不了解。除少数经常与国防科技工业企事业单位联系的企业外，大多数民营企业不知道国防科技工业的技术需求是什么，因而无法为国防服务。因此，应扩大军品采购范围，合理提高军方产品、技术需求的透明度，从需求上引导民用高新技术产业走军民融合发展道路。

四、夯实战略性新兴产业军民融合发展的技术基础

军民两大创新体系的融合是推进战略性新兴产业军民融合发展的技术保障。实现两个创新体系融合，实质上就是要建立军民融合的国家创新体系，融合军地科技资源网络，促进创新要素的军民良性互动，提高国家自主创新能力。

1. 加强国家创新体系各主体之间、创新链条各环节之间的军民互动

①消除国防科技创新体系与民用科技创新体系壁垒，将国防科技创新规划纳

入国家科技创新整体规划中。调整军民分离的国家科技管理体制，由政府、军队围绕国家安全与发展的重大战略需求，整合军民科技资源，实现军民科技创新之间的相互协调、优势互补、良性互动，共同支撑战略性新兴产业发展。②加强国家、区域层面国防科技创新体系与民用创新体系的协调互动，建立开放、协作的军民融合式科技创新体系基础。统筹军地两大系统的基础性科研机构和高等院校，强化其在国家科学技术基础与应用研究、前沿探索、先期技术开发中的主力军作用，为武器装备与战略性新兴产业发展增加知识积累和核心技术储备。③建立一批以企业为主体、高校科研院所为支撑、战场和市场为导向、特色产品为核心、产学研相结合的长期稳定的科研创新联盟。通过政策引导，以满足战略性新兴产业军民融合发展的技术需求为主要目标，引导军民科技资源双向流动，优先支持军地两大系统的企业、高等院校、科研机构联合承担技术攻关项目，形成长期、稳定的以企业为主导和核心，军地双方高校、科研机构联动的协作创新机制，努力推动国防科技工业企业、军事科研院所和地方科技资源有机结合、科学配置。

2. 建立健全军民科技资源共享机制

①进行系统、深入的科技资源普查，摸清家底。新中国成立 60 多年来，我国科研设施、基地和人力物力财力资源等科技条件建设有了很大的积累和改善，但是由于缺少统一的普查机构，再加上历经多次体制变革，科技资源实力的系统掌握存在一定的困难。可由科技部牵头，联合工信部、国防科工局、教育部和总装备部等相关部门，成立联合调查机构，定期系统调查各类科技资源数量、规模、使用情况等统计信息，彻底搞清大型科研试验平台、基地、人员等各类科技资源实际状况，为科学合理统筹规划军民融合式国家科技资源体系提供数据支撑。②构建国家层面军民两用科技基础平台。虽然我国各类科技资源都积累了一定的规模，但与此同时，多年以来存在的多头投入、重复分散、利用率低下的问题仍然大量存在。因此，必须从国家层面优化科技资源分布与配置，建立军民两用的科技基础平台，提高科技资源利用效率。在国家科技基础条件平台建设中，要注意吸纳军民两大创新体系中的优质存量资源参加建设，军民共建、军民共用、边建边用，为军民两大创新体系服务。近期，应围绕制约七大战略性新兴产业长远发展的科学技术，由国务院、中央军委牵头，对相关科技资源进行全面普查，摸清科情科力。依托科技部国家科技基础中心平台已有成果，全面融合高校、科研院所、军队、军工系统和地方企业科技资源，打破当前军民分割、条块分割、相互封闭、重复分散的格局，形成服务于全社会战略性新兴产业技术创新需求的军民两用科技基础平台。③完善以促进科技创新要素流

动、知识扩散、军民两用技术双向转移为核心的科技资源服务体系。依靠工信部军民结合推进司、科技部、教育部有关司局、总装备部等单位，建立覆盖军地双方的中介服务体系，并加强国家层面、军队系统、区域层面科技中介服务体系的有机结合，提高对战略性新兴产业科技创新活动的全过程服务能力和水平。

3. 加速军民两用科技成果推广转化

由于战略性新兴产业的发展严重依赖技术创新，所以对于战略性新兴产业来说，科技成果的有效转化是重中之重。而军民两用科技成果推广转化则是战略性新兴产业军民融合发展的重要途径。①充分发挥国防科技创新对于培育发展战略性新兴产业的支撑作用。国防科技创新体系是国家创新体系的重要组成部分，战略性新兴产业的培育发展需要国防科技创新的引领和支撑。新中国成立以来，两弹一星、载人航天、探月工程、超级计算机、北斗卫星导航系统等重大军事科技创新项目，对我国核工业、航空航天工业、信息产业等战略性产业的发展，发挥了不可替代、不可或缺的关键作用。如由天津市滨海新区和国防科技大学共同建设，以天河一号千万亿次高效能计算机系统为基础构建的国家超级计算中心，已经并将继续带动石油勘探数据处理、航空航天装备研制、新材料开发和设计等战略性新兴产业发展，创造了上百亿元的经济价值。②鼓励民用高新技术企业从事军民两用技术开发。目前，我国民用高新技术企业已经拥有丰富的科技资源，具备从事军民两用技术开发的能力。以国家高新区为例，2008 年，国家高新区拥有 5.3 万家企业，汇集了 7000 家研究开发机构，700 多个国家工程（技术）研发中心和开放实验室，300 多家产业技术检验检测平台，拥有各级科技人员 135 万人，占全国的 30%，R&D 投入接近甚至超过了许多发达国家平均水平，达 1658 亿元。民用工业企业已经在新材料、新能源、高端装备制造等领域取得了一批重要技术创新成果，可以从事相关领域军民两用技术的开发及产业化。下一步，应做好如下几个方面工作：首先，建立民用高新技术成果的通报和展示制度，使军方装备部门能及时了解民用高科技企业具有军事应用潜力的成果。建立民企与军方合作开发军品项目的机制，减免民企的军工产品税。把装备研发由封闭的集中机制转变为开放式的民用企业都能参与的机制，更多地吸纳民用科技成果。其次，向民口单位发布可以利用先进民用技术的国防科研和武器装备协作配套科研项目指南，实现信息双向交流，并在武器装备科研生产许可和向国家推荐参加军工科研任务竞争方面，打破军民界限，实行同等政策，支持民用技术为军工服务。最后，设立军民两用技术开发中心，推动军民科技资源和先进技术的双向转移，构造小核心、大协作、军民兼容的军工科研体系。③完善军民两用科技

成果推广转化的法律体系。这方面，发达国家做得比较多。如美国自从 20 世纪 90 年代以来，就相继颁布了《国防授权法》《国家竞争力技术转移法》《国防工业技术转轨、再投资和过渡法》《联邦技术转移法》《国防采办系统》等法案，为军民两用科技成果推广转化提供了良好的法制环境。其他国家如英国、法国等也都有类似的法律法规。而我们国家的军民两用科技成果推广政策，大多是以领导人讲话和政府文件形式下发，尚无一部明确关于军民两用科技成果推广转化的法律，推广转化活动缺少稳定的法律保障，不确定性较大，不能有效促进军民两用科技成果的推广转化。

参考文献

[1] 刘洪昌．中国战略性新兴产业的选择原则及培育政策取向研究［J］．科学学与科学技术管理，2011（3）：87－94.

[2] 万钢．把握全球产业调整机遇　培育和发展战略性新兴产业［J］．求是，2010（1）：28－30.

[3] 邓龙安．战略性新兴产业科技创新体系建设路径选择研究［J］．科学管理研究，2012（2）：37－41.

[4] 东北财经大学产业组织与企业组织研究中心课题组．中国战略性新兴产业发展战略研究［J］．经济研究参考，2011（7）：47－50.

[5] 李金华．中国战略性新兴产业发展的若干思辨［J］．财经问题研究，2011（5）：3－10.

[6] 刘铁，王九云．区域战略性新兴产业选择过度趋同问题分析［J］．中国软科学，2012（2）：115－127.

[7] 全林远，邵丹，辛伟刚．略论军民融合型产业发展［J］．装备指挥技术学院学报，2011（1）：1－5.

[8] 叶继涛．区域优势产业军民融合理论及创新对策研究［J］．科学学研究，2007（S6）：68－72.

[9] 游光荣．加快建设军民融合的国家创新体系［J］．科学学与科学技术管理，2005（11）：4－11.

[10] 徐建国．贯彻落实科学发展观，促进科技资源开放共享［J］．中国科技资源导刊，2009（1）：1－4.

[11] 纪晶华，许正良．发展战略性新兴产业的关键是实现自主创新［J］．经济纵横，2013（1）：98－102.

[12] 宾建成．我国战略性新兴产业发展研究［J］．当代经济管理，2012（12）：74－81.

[13] 旷毓君，纪建强，胡庆元. 军民两用技术成果推广转化机制设计[J]. 军事经济研究，2012（6）：11－13.

[14] 刘金峰. 试论我国产业结构的调整与优化 [J]. 石家庄经济学院学报，2004（6）：668－670.

军工企业国防知识产权转民问题研究*

纪建强　安家康

国防知识产权是指在国防科研、生产、使用、维修，或军民两用技术与产品研究开发过程中产生的创新成果，以及其他能够应用于武器装备和国防建设的发明创造，主要包括：专利（国防专利）权、技术秘密、集成电路布图设计、计算机软件著作权等。国防知识产权产生的经济主体除了由国家直接投资产生以外，还包括其他经济主体及个人发明创造产生的能够应用于武器装备和国防建设的知识产权。将国防知识产权推广转化到民用领域，是军工企业走中国特色军民融合式发展路子的重要举措，也是实现军工企业服务国民经济建设的有效结合点和着力点。但是在将国防知识产权从军工企业推广转化到民用领域的实践中，还存在许多问题，其对民用领域的促进作用还不够明显。深入研究军工企业国防知识产权在民用领域推广运用的相关问题，对促进军工企业提高自身“造血”能力，实现转型发展，达到“一分投入，两分产出”的目标，具有较为重大的理论和现实意义。

一、国防知识产权的特点

新中国成立60多年来，我国军工企业承担了绝大多数的武器装备科研生产任务，经受住了各种重大考验和挑战，并取得了骄人的成绩：自主创新能力持续增强，质量与可靠性不断提高，一批重大前沿技术、基础技术和关键技术取得重大突破。在不断提升武器装备科研生产能力和水平的过程中，军工企业积累了大

* 原载于《军民两用技术与产品》2013年第12期。

量的国防知识产权成果。与一般的民用知识产权相比较，国防知识产权具有如下特点：

1. 主要由国家投资形成

国防科技对国家安全具有重要影响，是典型的公共产品，私营部门的资金往往不愿或没有能力进入这一领域，因此，国防知识产权的形成绝大多数是政府行为，主要由国家出资进行研发且研发主体以国有企事业单位为主。创造国防知识产权的主体是国有科研机构及科研人员，国家对民用领域的科研主体进入国防科技研发领域设有严格的要求和限制。而且，国防知识产权是由国家出资并由国有科研机构创造的一种公有产权，与普通民用知识产权的私有制形式不同，其权利的归属往往不是非常明确、具体的个人，而是归集体或公共所有。

2. 特殊的法律制度

普通的民用知识产权只适用一般性的、普适性的知识产权法律制度，而国防知识产权的保密权、申请权、转让权、有偿使用及国防专利补偿费的相关内容是由《国防专利条例》规定的，因此，普通的民用知识产权的推广转化规则不适用于国防知识产权。即使与部分具有公共产权性质的民用知识产权相比较，国防知识产权仍具有很大的特殊性。例如，我国《科学技术进步法》规定，“执行国家科学技术计划项目过程中产生的知识产权，归项目承担单位所有，法规、规章另有规定或合同另有约定的除外”，国防知识产权就属于例外条款。

3. 交易范围、方式受到限制

民用领域的知识产权可以根据市场需求在全球范围内自由交易，而国防知识产权的转化则受到一定的限制。一方面，国防知识产权一般限制仅在国防领域内应用，其最终产品多是武器装备，对保密性有特殊要求；另一方面，与民用知识产权的市场化交易方式不同，国防知识产权的交易多采用行政计划的方式，并不以追求经济效益为根本目标，通常更看重的是对武器装备技术和战术指标的影响。

二、军工企业国防知识产权转民用存在的问题

随着军民融合战略的不断深入推进，我国军工企业国防知识产权在民用领域

的推广应用取得了较大进展。以十大军工集团为例，各军工集团不断加大军民两用技术开发力度，在完成军工科研生产任务的基础上，积极发展民用产品，民品产值已经占到营业收入的70%以上，军转民的体制机制不断得到优化。但是，我国军工企业的国防知识产权在民用领域的应用仍然存在一些问题，突出表现在以下方面：

1. 国防知识产权转民用的权益归属不明确

按照目前的规定，由国家出资形成的知识产权，其权益归国家所有，推广应用中按“谁出资、谁受益”的原则进行，但其中没有明确定义国家的含义和知识产权所有者代表人的身份；另外，虽然国防知识产权的形成凝聚了广大科研人员的智力成果，但他们却没有享受到其转化带来的收益。因此，诸如此类的权益不清、权利配置不合理等问题，使国防知识产权主体推广转化应用的积极性受到制约。在这方面，西方发达国家做得较好，例如美国的《拜杜法案》、日本的《科学技术基本法》等法律都有规定，除涉及国家安全的核心技术之外的国防知识产权由研究开发单位保留，但在一定条件下，政府有权要求研究开发单位将其使用权授予符合条件的申请人。因此，虽然我国大量的国防知识产权由军工企业掌握，但目前实际上都是“无主财产”，普通科研人员无法享有其转化带来的收益，也不拥有按市场要求进行转化的权利，无法实现权益的有效配置。

2. 军工企业进行国防知识产权转民的动力不足

首先，没有相应的评价体系。目前，在国务院国有资产管理委员会的管理体制下，军工企业较看重企业资产的保值增值，热衷于从事一些有利于扩大企业规模、增加产品销售收入的项目或资产兼并、重组活动，而不愿意开展风险较高、收益不明显的国防知识产权转民用的活动。虽然国资委有相应的技术创新方面的考核指标，但没有针对军工企业进行国防知识产权转化工作的要求。对于军工企业国防知识产权转民用工作，考核“指挥棒”无法产生激励作用。此外，由于国防知识产权转化在国防科技活动评价体系中并不居于主要地位，科研机构和人员更重视项目的鉴定、评奖和保密过程，忽视了在这方面的有效激励。

其次，军工企业在思想观念和认识上还存在误区。长期以来，军工企业习惯了计划经济下“等、靠、要”的生产经营方式，认为将国防知识产权推广转化到民用领域是上级部门或专门机构的职责，与自己无关，不愿承担国防知识产权转化过程中可能出现的各种“风险”，因此只注重军品科研成果的开发，不太注重将科研成果转化为经济效益，单位的生存基本依赖于国家财政的“输血”。

最后，军工企业与民用企业之间的信息不对称增加了国防知识产权转化的交易成本。军工企业与民用企业对国防知识产权所包含的技术信息的了解是不对称的。我国绝大多数军工企业地处西部、东北等经济相对欠发达地区，当地的民用企业技术水平普遍低于军工企业，接受高、精、尖国防知识产权的能力有限，军工企业的国防知识产权很难在当地找到合适的转化基地。因此，由于缺少交流沟通的信息平台，国防知识产权很难在军民双方充分自由流动，这也阻碍了推广转化的顺利进行。

3. 军民信息交流机制不健全

目前，我国缺少有效的军民信息沟通平台。军民分割的管理体系导致军工企业无法及时掌握民用市场的技术需求信息，民用企业也不具备了解国防知识产权相关信息的有效手段和途径，需求与供给的对接耗费了大量的时间和精力，大大增加了国防知识产权转化的成本。例如，军工企业往往并不关注民用领域的技术需求情况，无法判断所掌握的国防知识产权在民用领域推广转化的可行性，以及该项技术相关产品的市场情况等信息，要想获取这些信息通常要付出高昂的成本。同样，由于国防知识产权所具有的特殊的保密性，民用企业并不了解其具体的技术细节，以及转化到民用领域的难度等。据统计，美国、日本等发达国家的国防科技成果有70% ~80%应用于民用领域，产生了明显的经济效益。而我国这一指标只有30%，不及发达国家的一半。信息共享不健全、交流不充分、信息服务工作不到位是导致国防知识产权转民动力不足、效果较差的重要因素之一。

三、军工企业国防知识产权转民用的对策

国防知识产权转民用涉及体制、机制和法制等方面，关系到军工企业、国防知识产权管理机构等多个部门，是一个各方面必须协调、通畅运转的系统工程。将国防知识产权管理纳入国防科研、立项、生产、经营及装备采购和保障等环节，实现知识产权管理与战斗力生成的有机衔接，完善国防知识产权归属、利益分配和激励制度，引领提升国防知识产权创造能力。同时，我国民用新材料、能源、电子等领域已具备先进的研发能力，为军民融合式战斗力生成积累了深厚潜力。落实“十二五”规划提出的“深度融合”目标，需要确立有利于转变战斗力生成模式发展、开放、共融的时代思维，将有实力的民用核心创新技术吸引到国防采办中，保证民用领域知识产权优先服务于战斗力生成。同时提升国防知识产权应用能力，使武器装备研发既能满足军事变革的需要，又能促进国民经济发

展。从现实情况看，还需要采取如下措施，才能确保国防知识产权转民用工作有效开展。

1. 进一步细化国防知识产权的归属和利益分配制度

权利归属和利益分配是国防知识产权能否成功转民用的关键问题之一。一方面，应进一步完善国防知识产权分类管理制度。不同的国防知识产权对国家安全的影响不同，转民用的难度和适应性也有所不同，因此必须区别对待。可根据国防知识产权的涉密程度，将其分为绝密、机密和秘密等级别进行管理。对绝密类国防知识产权，要确保国家对其所有权和转让权等一系列权利的绝对控制，但要给予科研单位和科研人员较高水平的经济补偿。对机密类国防知识产权，国家拥有其保密期限内的相关权利，并对科研人员实行一定补偿，在解密后，明确其产权归科研人员所有，鼓励其在民用领域转化应用并获取收益。对秘密级国防知识产权，允许科研人员在与民用企业签订保密协议的基础上，将其推广转化。

另一方面，制定明确国防知识产权归属与利益分配的专项办法。在我国现行法律体系中缺少对国防知识产权归属与利益分配的明确规定。建议以十大军工集团为依托，对不同行业、不同类型的国防知识产权归属和利益分配给出明确、具体的实施办法。可先在某一部分企业进行试点，在某些国防知识产权转民用的实践基础上，通过修改和完善反馈意见后正式颁布实施。

2. 出台国防知识产权转民用的政策措施

首先，完善国防知识产权解密制度，定期解密。技术成果通常有非常强的时效性，过时的技术基本上不再具有任何经济价值。《国防科学技术成果国家秘密的保密与解密办法》只规定了定秘机关和上级单位为解密单位，未说明具体解密时期。定期开展国防知识产权解密工作，能够及时将国防科技成果转化到民用领域。

其次，建立管理国防知识产权转民用工作的政府职能部门。在国防科技工业局与工信部军民结合推进司两个机构基础上，成立专门的政府职能部门，负责整体规划信息收集、解密后的国防知识产权转民用工作；设立专项转化资金并实行资金引导，支持国防知识产权在民用领域的二次开发。

最后，完善国防知识产权转民用的服务体系。例如，美国在国防部和各军兵种均建立了军民两用技术信息数据库，并形成了完善的技术信息发布交流平台，企业、高校、军方之间的沟通交流十分顺畅，有效地促进了军民两用技术的双向转移。因此，对于国防知识产权转民用，政府可提供一个交流展示服务平台，定期发布国防知识产权的相关内容，并提供民用领域的需求信息。同时，利用网络、报纸等媒体加大对国防知识产权的宣传力度，促进军民用领域企业、科研院所、大专院校之间的洽谈。

3. 健全激励和约束机制

首先，在军工企业层面，建立国防知识产权转民用的考核体系。在现有考核指标的基础上，适当增加对国防知识产权转民用工作的指标和权重，激励军工企业将所掌握的国防知识产权推广转化到民用领域。其次，在国防科技成果鉴定过程中，强调成果转民用的潜力。在以往注重对预期科技指标考核的基础上，强调成果的转化运用效果，特别要将其在民用领域产生的经济效益或预期可能产生的经济效益纳入对科研单位和科研人员的考核指标体系中。最后，采用多样化的转化形式。建议根据不同类型国防知识产权的特点，采用自行实施、技术转让、技术入股、联合生产等方式进行转化，允许和鼓励科研人员以“技术股”的方式享有国防知识产权的转化收益。

军民融合制度变迁与国防市场结构转变*

张允壮　曾　立　黄朝峰

一、引言

目前，我国已经确立了军品的商品属性，形成了军品供给和需求的国防市场主体：供给方主要是国防科技工业，以十大军工集团为代表；需求方是政府，以中国人民解放军后勤和装备等采购和管理部门为代表。军品供给方与需求方之间是买卖关系，即国防工业市场存在竞争关系。军品买卖关系的确立，是我国国防工业市场化改革的重要里程碑，为国防工业融入社会主义市场经济奠定了基础。然而由于历史原因、体制性障碍和市场结构改革滞后，国防工业市场仍然存在现代企业制度不健全、企业竞争机制不完善、行业管理机制不灵活等一系列问题。因此，打破军品市场的垄断格局，调整和完善国防工业市场结构，确立军工厂商之间的有序竞争关系，有效发挥市场机制作用，是国防工业市场化改革的重要内容。

2011 年，军民融合的国防科技工业发展思路被写入“十二五”规划，为“十二五”时期国防工业市场化改革指明了方向。然而，一个尚未明确的问题是，军民融合国防工业市场化改革的目标是什么？基于现有国防工业现状，按照诺斯等制度经济学家提出的发展路径依赖理论，国防工业市场化改革能够走向何方？带着这些问题，本文从军民关系制度变迁的角度，考察国防工业市场结构主体的历史沿革，讨论军民融合国防市场结构的目标模式选择。

---

* 原载于《科技进步与对策》2013 年第 14 期。

二、市场结构理论及其再认识

市场结构是特定市场中，企业与企业之间在数量、份额、规模上的关系，以及由此决定的竞争形式。因此，市场结构研究的核心问题是竞争与垄断的关系问题。在主流经济学演化过程中，美国经济学家爱德华·张伯伦（Edward Chamberlin）和英国经济学家琼·罗宾逊夫人（Joan Robinson）首先提出了垄断竞争理论，他们依据市场的垄断和竞争程度，将其划分为完全竞争市场、完全垄断市场、垄断竞争市场和寡头垄断市场4种不同类型。完全竞争的市场状态，买者和卖者数量无穷多，且无进出障碍，产品同质，竞争非常激烈，其结果是任何企业都无法左右商品的市场价格；完全垄断市场上，只有一个生产者、一种商品，潜在竞争者进入市场非常困难，其结果是商品价格被垄断企业控制，缺乏降低成本的激励因素。垄断竞争和寡头垄断介于完全竞争和完全垄断之间，相较于垄断竞争市场，寡头垄断市场生产者数量更少，产品异质性更强，垄断性也更强。

垄断竞争理论是市场结构与厂商均衡理论体系的基础理论，尽管其有完整的体系和严谨的模型，但也存在划分边界模糊和难以实证化的问题。此后，贝恩、植草益等依据不同的行业集中率（指标 *CRn*），将市场结构进一步区分为实践性更强的各种类型，如寡占型（CR8≥40%）、极高寡占型（CR8≥70%）、高中寡占型（40%≤CR8≤70%）、竞争型（CR8≤40%）、低集中竞争型（20%≤CR8≤40%）和分散竞争型（CR8≤20%）等。行业集中率是衡量一个行业市场集中程度最常用的指标，除此之外，还有赫希曼指数（Herfindahl－Hirschman Index）、洛伦兹曲线、基尼系数、逆指数和熵指数等计量指标，其中赫希曼指数（HHI）也被经常运用于市场结构经济分析之中。

在任何国家，国防工业面对的都是一个特殊的军品市场，市场交易数据因保密等多重因素而很少公开。因此，我们很难通过公开渠道的数据测算国防工业市场的绝对集中度或相对集中度，从而定量研究国防工业市场的结构特性。但是，从定性分析的角度来看，学者普遍认为，在国防市场中，就国防产品需求而言，政府是军品的唯一买主，属于典型的买方垄断市场；就国防产品供给而言，由于军品生产规模有限，加上安全保密需要，一些大型武器装备系统的研制生产，往往只涉及一家或少数几家企业，生产集中度、规模经济与范围经济、产品差别化和市场进入退出壁垒效应等因素决定了卖方寡头垄断的市场性质。因此，在国防市场中，只有卖方和买方之间、卖方之间的有限竞争，不存在买方之间的竞争。

国防市场与民用市场特点的对比分析详见表1。

表1　民用产业与国防产业特点的对比分析

项目	民用产业	国防产业
产品	多采用成熟技术，侧重快速转化	突出前沿科技，转化速度较慢
市场结构	买者、卖者数量众多	仅有一个买家，采购种类繁多，但数量较小
需求	受价格和质量影响，富有竞争性	买方垄断，对价格敏感程度一般，更看重产品效能
供给	与需求相适应，富有竞争性	少数卖主垄断，存在过剩产能
市场进出	自由进出	大量的进出壁垒（如武器装备科研生产许可证等）
价格	受市场竞争程度影响	取决于成本，且受管制
产量	受市场竞争程度影响	取决于政府
风险	企业自负	企业与政府共担
利润	受市场竞争程度影响	受政府管制
竞争	存在于生产的各个阶段	通常仅存在于研发阶段

三、从军民结合制度变迁看国防市场结构演进

由于国防是一种纯公共产品，具有（行政）垄断的特性，世界各国均主张实施不同程度的非市场化管理，把国防经济看作“一个特殊的、没有市场的世界”。国防工业是国家战略性产业，是国防现代化的物质和技术基础，是国家创新体系的重要组成部分，是国家先进制造业的一支重要力量，肩负着政治、经济、军事三重使命，大体经历了军民分立、军转民、军民结合寓军于民再到军民融合的发展演进历程。对于中国国防科技工业军民结合关系的制度变迁，国外研究中国问题的学者或机构也持相同看法，如美国中央情报局分析师、中国军事问题专家 R. A. 毕胜戈、美国国会技术评估办公室等。与军民关系制度变迁相对应，国防市场结构经历了由计划控制到完全垄断再到寡头垄断的强制性制度变迁（见图1）。

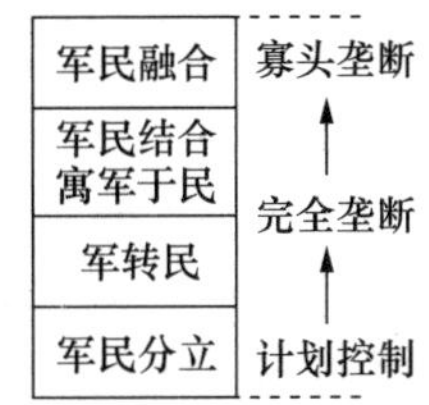

图1　军民关系制度变迁与国防市场结构演进

1. 计划控制的“市场”结构（1949～1978 年）：以军民分立为主要特征

新中国成立初期，国家仍然面临严重的安全威胁，特别是中苏交恶、美国侵越后，为了应对战争风险的亟须，国防工业在体制上几乎完全否定了市场的作用，政府干预和调节成为军工科研生产资源配置的唯一形式。国防工业实行的是纵向金字塔式控制，最高决策者（党中央、国务院、中央军委）和下级组织（供应商）保持着行政隶属关系上的高度同一性；价格调节体制微弱，实行单一的、以计划控制和实物运动为特征的数量调节；企业依靠主管部门给予的计划配额获得投资品，计划部门和企业在确定投入和产出计划指标时，缺乏明确的成本界限与机会成本原则；军工企业不以盈利为主要目的，国家对其实行完全的保护和扶持。

由此确立的“军民分立”的国防工业管理体制，是特定时期国际和国内多种因素共同作用的产物，对于落后国家的国防工业快速起步、发展壮大起到了重要推动作用。但是由于单纯的军事导向，国防工业只能发挥服务军事的单一职能，军工内部不同行业之间和科研与生产之间缺乏有效的分工协作，资源重复配置和浪费现象比较突出，资源配置效率较低。

2. 完全垄断的市场结构（1978～1999 年）：以军转民、军民结合为主要特征

改革开放后，党和国家的工作重点转向以经济建设为中心。“军民结合、平战结合、军品优先、以民养军”十六字方针的提出，标志着国防工业发展战略的重大调整，也标志着国防工业市场体制改革的开始，在此基础上初步形成了以完全垄断为主要特征的国防市场结构。

国防工业发展战略调整首先带来的是服务对象的调整，国防科技工业由单纯的为国防服务转变为同时为工业、农业、科学技术和国防现代化服务。相比新中国成立初期的国防工业体系，此时的国防市场正在逐步形成，国防市场主体不断调整（见图 2）。为了转变职能，政府国防工业部门改为公司，如核工业部、航天工业部、兵器工业部等（前身为二机部、七机部、五机部等）相继组建了中国核工业总公司、中国航天工业总公司、中国航空工业总公司、中国船舶工业总公司和中国兵器工业总公司。这些总公司管辖众多的工厂和子公司，内部产业链完整，外部没有竞争者，因此形成了经济学意义上的完全垄断市场结构。

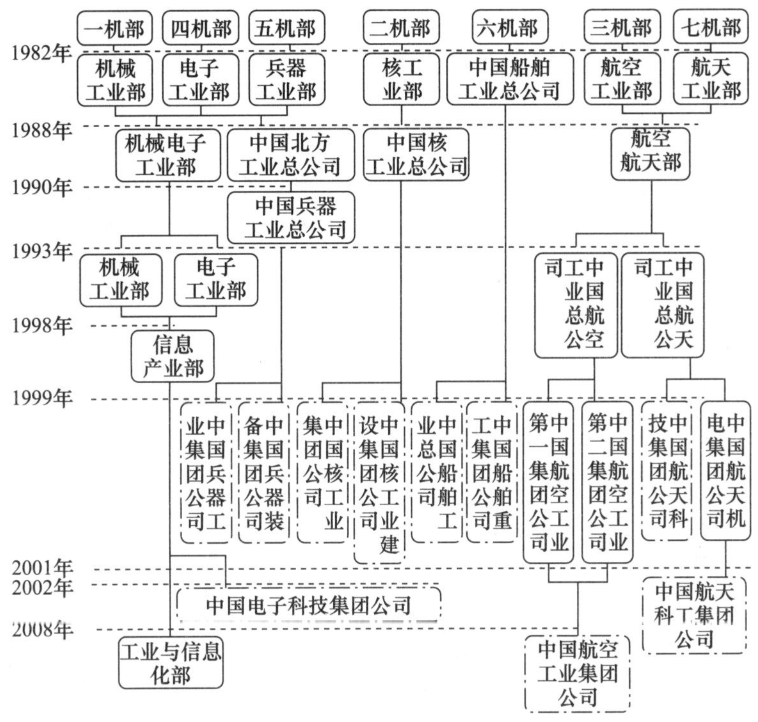

图 2　国防工业市场主体的历史变迁（1949～2008 年）

注：边框为虚线的市场主体为现有的十大军工集团；基于各大集团互联网信息整理而得。

“计划控制”向完全垄断市场结构的转换，也带来了管理体制的调整。1998 年，国务院牵头成立了新的国防科技工业委员会，将其作为国防科技工业的管理部门，使军队和军工企业转变为订货关系，分离了军品的供需双方，培育出国防市场相互独立的交易主体。通过优化产业结构和资源配置，加快体制机制创新，国防市场军工企业主体大幅精简，军品任务逐步向重点保军企业集中，形成了重点突出、规模相对合理、供需大体平衡的军品能力结构，基本建立了“小核心、大协作”精干、高效的科研生产体系。

3. 寡头垄断的市场结构（1999 年至今）：以军民结合、军民融合为主要特征

经过改革开放 30 多年的发展，我国国防科技工业已初步形成了军民结合、寓军于民的发展格局，但仍与国防建设、经济发展的要求不相适应，与社会主义市场经济体制不相适应。为了充分适应社会主义市场经济体制的要求，十七大报告首次提出了国防科技工业要走中国特色的军民融合式发展道路的重要思想。

2005 年，国务院发布关于鼓励支持和引导个体私营等非公有制经济发展的若干意见，鼓励、支持和引导非公有制经济参与国防科技工业建设。2008 年，国家实行大部制改革，国防科技工业委员会并入工业与信息化部，标志着国防科技工业进一步融入国家工业体系和科技体系。2010 年，国务院发布关于鼓励和引导民间投资健康发展的若干意见，明确鼓励民间资本进入国防科技工业投资建设领域，允许民营企业参与承担军工生产和科研任务，从政策上为建立规模经济、有序竞争的国防市场结构奠定了基础。

国防市场主体进一步调整，形成了以军民结合为主要特征的寡头垄断市场结构。1999 年，为了引入内部竞争机制，五大军工集团一分为二，组建了十一大军工集团；2008 年，为了克服项目重复闲置的问题，中航一集团和中航二集团重新合并，形成了目前的十大军工集团格局（见图 2）。与此同时，国防采购制度也在不断变革，由最初的指令生产发展到军品订货再到现在的合同采购，逐步形成了以十大军工集团为主承包商、大量中小制造企业为分包商和原材料商的国防合同承包体系（见图 3）。以载人航天工程为例，载人航天工程共有八大系统，3000 多家参研参试单位，其中既有中国航天科技集团、中国航天科工集团、中国电子科技集团等主合同商，也有中国建筑总公司、中国建材集团公司等分包商；既有攀钢集团江油长城特殊钢有限公司、北京跟踪与通信技术研究所、中国运载火箭技术研究院等国有企业或科研院所，也有德力西集团、查尔斯集团、广东易事特电源股份有限公司等民营企业。

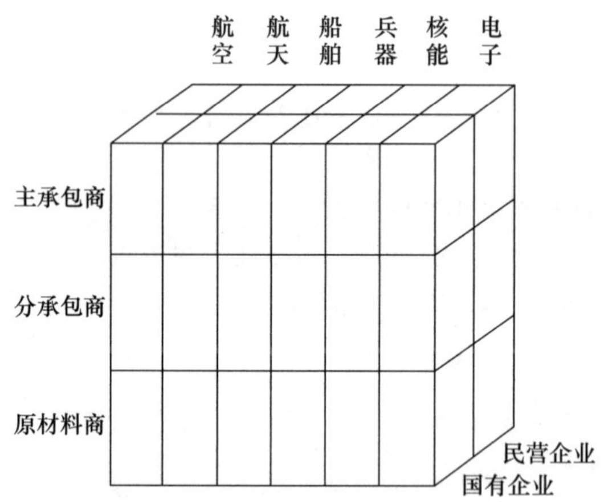

图 3　国防合同承包结构体系

四、现阶段国防市场结构存在的主要问题

从国防科技工业市场发展情况来看，由于历史原因、体制性障碍和国防科技工业自身改革的滞后，国防工业市场仍然存在现代企业制度不健全、企业竞争机制不完善、行业管理机制不灵活等一系列问题。十大军工集团公司是政府原国防工业部门和军工总公司的“衍生物”，政企难分，仍然带有强烈的行政垄断特征。

1. 现有国防市场结构安排，既难以充分实现规模效率，又难以完整体现竞争效率

由于十大军工集团不是依靠市场力量进行兼并重组，而是依靠国家行政调控手段，按照原有的隶属关系和地域条块拆建而成，其内部资源的调拨配置受到较大制约，内部分工协作关系并不紧密。尽管十大军工集团在规模上都已跻身世界500强之列，但由于条块限制、配置低效，规模经济效率并不高。集团公司虽然是拆建而来，但彼此间专业分工界限明显，大多形成了对某些产品研发生产的事实垄断，集团间竞争程度并不高。而且，国防产品需求方（军方）自身拥有一定规模的科研试验单位，这些科研试验单位大都具有较强的研发实力，即使军方实行项目招投标，竞标者往往也要与招标方的下属研发单位联合才能中标，难以有效开展竞争。D. C. 博格（Boger）等也证实，双头垄断与完全垄断的市场效率并无较大差异，具体优劣取决于市场空间和在位企业的进入时序，对于单一买主且采购规模不大的国防采购市场，双头来源采购并非完全优于单一来源采购。

2. 军民融合发展的体制机制尚待创新

由于受计划经济体制和国有企业性质影响，军工企业所有制结构单一，行政色彩浓厚，公司治理结构不完善，产权制度不明晰，内部激励机制不健全，缺乏一定的内生动力和发展活力。当前，国家提出军工企业股份制改造和投资主体多元化的改革思路，但还处于起步阶段。尽管部分军工企业实行了换壳上市，但往往都局限于军工企业的民营业务，而且数量较少。据《湖南省军民融合产业发展规划》（2009 年 11 月 17 日）显示，湖南省军工企业中仅有南方宇航、南岭民爆两家上市公司，但其军工及配套单位总数达 130 多个。因此，国防市场亟待建立适应市场经济新形势的军民融合体制机制。

3. 非公有制经济参与国防市场竞争的政策环境尚待完善

改革开放以来，个体经济、私营经济和外资经济等非公经济实力不断增强，规模不断壮大，已经成为我国社会主义市场经济的重要组成部分和国民经济中的一支重要力量。个体经济和私营经济参与国防科技工业的生产和发展，有利于充分发挥市场在资源配置中的基础性作用，促进国防工业市场竞争，提升国防装备生产质量、降低生产成本和研发费用，加速自主创新和科技进步，从而促进国防经济发展方式转变，对加快实现国防建设与经济社会融合发展具有重要意义。然而，现阶段我国军民融合的政策法规体系尚待健全，部分政策法规不适应市场经济要求和形势发展的需要，已出台的部分政策法规尚待制定可操作的细则办法；军品市场开放程度不够，地方军工、民口单位、非公经济参与军品科研生产障碍仍然较多，信息不对称、待遇不公平的问题较为突出；同时，社会层面上也尚未建立起服务于军民融合的公共服务体系。

五、国防市场结构调整与目标模式选择

要解决国防工业市场长期存在的痼疾，真正将军民融合推进并落到实处，就需要调整目前的国防市场结构模式。对于市场结构调整目标的选择，产业组织理论一般是从市场结构对经济绩效影响的角度考虑的。1940 年，美国经济学家克拉克（J. M. Clark）首次提出市场结构优化的“有效竞争”理论。所谓有效竞争，就是指规模经济和竞争活力两者有效协调，形成了有利于长期动态均衡的市场竞争格局。克拉克虽然提出了规模经济和竞争活力的基本内容，但没有明确提出具体衡量标准。1957 年，美国哈佛大学教授梅森（E. S. Mason）从市场结构和市场效果角度提出了有效竞争的分类标准，比如市场上存在相当多的买者和卖者，新企业能够进入市场，任何企业都没有占据很大的市场份额，不存在共谋行为等。梅森提出的标准虽然增加了调整市场结构的可操作性，但也存在很多问题。例如，允许市场上存在相当多的卖者和买者，固然有利于实现市场竞争，但却难以达到规模经济的要求。1958 年，美国经济学家索斯尼克（Stephen Sosnick）提出了以“结构—行为—绩效”三分法来概括包含多项内容的有效竞争标准，即著名的产业组织 SCP 分析法。SCP 的有效竞争标准是不存在企业进入和流动的人为限制，存在对上市产品质量差异的价格敏感性，交易者数量符合规模经济的要求。

所谓国防工业目标市场结构，是指在提高国防科技资源配置效率方面能够发挥更大潜力、挖掘更大潜能的市场结构形态。经过调整和优化实现的目标市场结构，是现有国防市场结构的帕累托改进。需要注意的是，目标市场结构并不是一成不变的，不同的发展阶段和安全环境，对应不同的目标市场结构。以美国国防市场结构为例：苏联解体后，冷战结束使美国面临的外部安全威胁大幅降低，美国国防和安全预算也面临大幅跳水。由于科技进步和订单减少，大批国防工业企业破产或合并，国防工业市场主要企业数量由1993年的44家锐减至2001年的6家（见图4）。然而，美国国防工业市场主体的合并并未造成国防市场的完全垄断。通过图4可以清楚地看到，美国每家国防工业公司都是综合性大公司，在国防工业多个领域都有竞争力，从而防止了垄断市场结构的形成。例如，通用动力公司兼并的子公司中，不仅有高科技电子系统公司，还有钢铁、航空和造船公司；诺斯洛普·格鲁门公司不仅制造船舶装备，还有航空和信息子公司。国防实力交叉配置，使军火企业巨头的实力旗鼓相当，保证了国防项目招标中至少有两家以上的企业有能力投（中）标。

考虑到军工行业的特殊性，结合21世纪国际安全形势和世界新军事变革的内在要求与内在趋势，本文认为，现阶段国防工业目标市场结构，应该是以垄断寡头为主体、多种资本和多种组织形式并存的混合市场结构。具体来讲，就是以垄断竞争市场为基础，以（混合）寡头垄断市场为主体，以（准）完全垄断市场为补充的多元市场结构模式，决定国防生产效率和行业竞争力的是（混合）垄断寡头市场结构。

（准）完全垄断是指竞争程度较低的市场，一般只存在一家或只有若干家生产经营企业，这些企业所提供的是关系国家战略核心安全的武器装备或服务。比如核武工业，该产业具有较高进入壁垒，新企业只有通过相应的制度安排才能进入。垄断竞争市场是指竞争程度较高的市场，存在多个生产经营企业，新企业进入虽有障碍但仍较容易，比如被装物资等军需工业，该产业技术水平相对较低，经济规模相对较小，成本和价格具有一定的弹性空间，在存在大规模需求的情况下，完全可以实行垄断竞争的市场结构。

除以上两种市场结构涉及的产业外，其他基本为大企业或大企业集团占主导地位的产业，比如航天、航空、船舶、兵器等。这些产业大都是资金和技术密集型企业，经济规模和技术水平要求很高，只有大规模投入才能使产品和技术有竞争力。为了发挥这些产业的规模经济效能，减少过度竞争，往往对一些新进企业进行较严格的资格审查和控制，因而这类市场必然是存在较高进入壁垒的寡头垄断市场，更精确地说，应该是一种混合的寡头垄断市场。在以公有制为主体、多种所有制并存的社会主义初级阶段，混合寡头垄断的国防市场结构既能被在位者

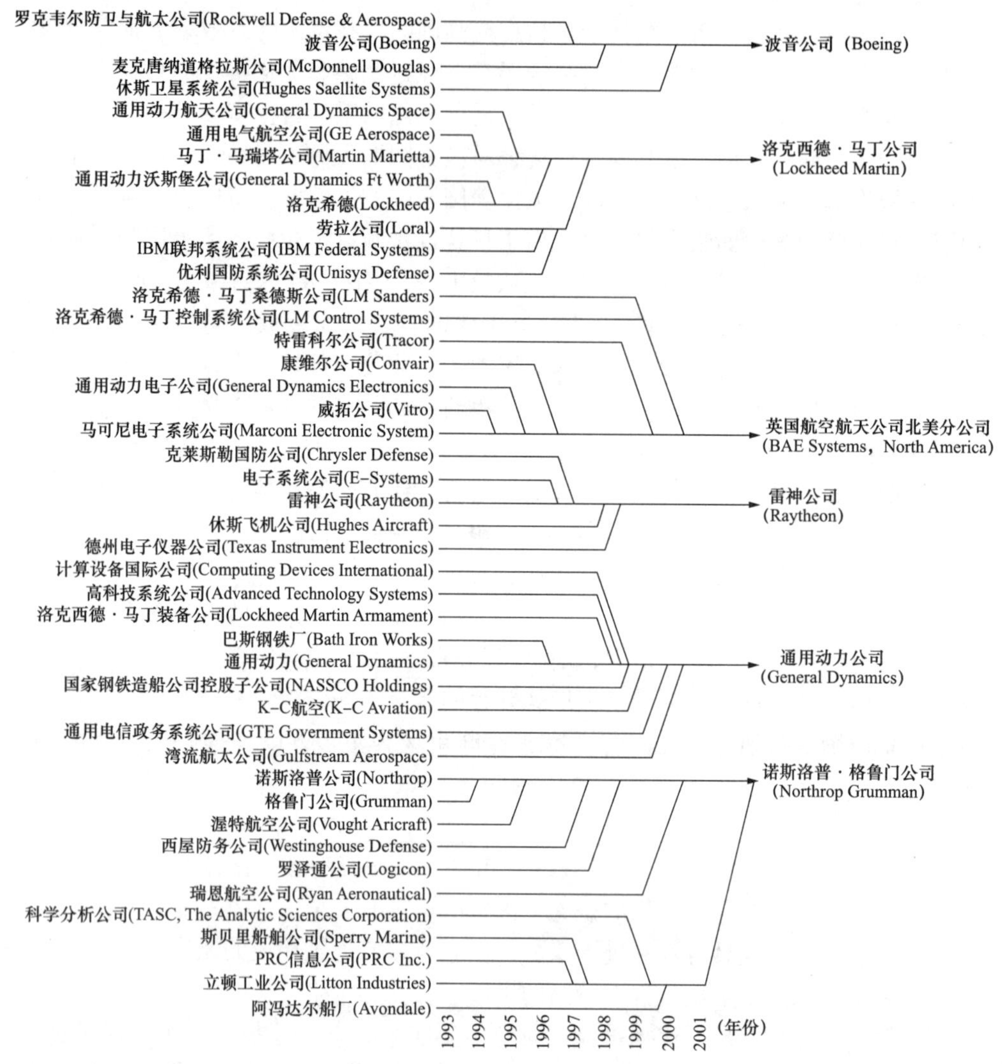

图4　美国国防工业市场主体变迁（1993～2001年）

资料来源：Gansler J.，S. William Lucyshyn. A strategy for defense acquisition research［R］. College Park：University of Maryland，2005.

所接受，又能实现低成本转换；既能发挥规模效应，又能开展有效竞争。特别是在国有企业完全占据主体地位，并且具有不可替代的存在意义的情况下，培育符合国家战略利益目标的非公有制大型军工企业，有利于发挥“鲇鱼效应”，激励不同所有制结构的企业各尽所长，实现有效竞争、协调发展。

我国国防工业的垄断是一种复合型垄断，具体来说，就是自然垄断和行政性

垄断的叠加与交织。要形成有效竞争的市场格局，首先是打破行政性垄断。行政性垄断是一种体制现象，是传统经济体制延续的结果，其破除有赖于产权制度和组织管理制度的变革。其次是支持军工企业的自主性兼并重组，特别是军工集团业务部门之间的交叉重组，使军工集团能够普遍做到“一专多强”，彼此之间有竞争之基、竞争之势。最后，改革国防采购制度也很重要。在国防工业这样的买方市场中，政府既是需求方，又是管制方，其采购制度对国防工业市场结构的形成具有重要的引导作用。

六、结语

国防工业是国家战略性产业，经历了军民分立、军转民、军民结合寓军于民再到军民融合的发展演进历程，与之相应的国防市场结构也经历了由完全垄断向寡头垄断的强制性制度变迁。市场结构的历史变迁，增强了企业管理创新和技术创新的激励，降低了企业生产和管理成本，节约了市场搜寻和配置成本。然而，国防市场结构的调整并未完全发挥其规模效率和竞争效率，国防市场对大多数潜在进入企业来说，仍是一个神秘的利润高地。国内外研究及实践表明，军民融合体制有利于打破资源配置瓶颈，发挥市场在资源配置中的基础性作用，提高资源配置效率，实现民间金融资本（技术）与军事人力资本（技术）的优势互补，促进国防经济与国民经济的良性互动与可持续发展。因此，要进一步推进国防科技自主创新，走军民融合发展道路，就必须调整和完善现有国防市场结构。借鉴国内外发展经验，我国国防工业目标市场结构模式应该是以垄断竞争为基础，以（混合）寡头垄断为主体，以完全垄断为补充的多元市场结构模式，决定国防生产效率和行业竞争力的是（混合）寡头垄断市场结构。打破行政性垄断，推进业务交叉重组，改革国防采购制度，实行军工企业股份制改造是实现向国防经济目标市场结构模式转变的重要途径，但对于如何打破行政性垄断，交叉重组哪些业务部门，实行什么样的国防采购制度，本文尚未给出完全解释，这也是下一步研究的重点。

参考文献

[1] 王庆功，杜传忠．垄断与竞争：中国市场结构模式研究［M］．北京：经济科学出版社，2006.

[2] 胡静寅．市场结构与我国装备制造业的自主创新［J］．经济理论与经济

管理，2009（12）.

[3] 杜人淮.国防工业市场化改革的路径选择 [J]. 南京政治学院学报，2005（2）.

[4] 王宝坤.国防科技工业应加快投资主体多元化进程 [J]. 国防科技工业，2006（12）.

[5] 陈秀山.国防工业发展战略与国防工业政策研究 [M]. 北京：兵器工业出版社，2004.

[6] 于宗林.我国实行军民结合、寓军于民的回顾与思考 [J]. 国防科技工业，2008（12）.

[7] 游光荣，赵林榜，刘闯.关于当前我国武器装备科研生产体系军民结合、寓军于民建设程度的评估 [J]. 中国军转民，2009（11）.

[8] 阮汝祥.中国特色军民融合理论与实践 [M]. 北京：中国宇航出版社，2009.

[9] 张娇芳，陈晓和.国防科技工业制度变迁研究——兼论军民融合的发展历程 [J]. 科技进步与对策，2011，27（7）：51-54.

[10] Bitzinger R. A. Civil-military integration and Chinese military modernization [R]. Honolulu：Asia-Pacific Center for Security Studies，2004.

[11] Us Congress Office of Technology Assessment. Other approaches to civil-military integration：The Chinese and Japanese arms industries，BP-ISS-143 [R]. Washington，DC：US Government Printing Office，1995.

[12] Boger D. C.，Willis R. Greer，J. R.，Shu S. Liao. Competition in defense acquisition：Myths and facts [J]. Defense Analysis，1989（3）：245-255.

[13] Ciark J. M. Toward a concept of workable competition [J]. The American Economic Review，1940（2）：241-256.

[14] Masion，Edward S. Economic concentration and the monopoly problem [M]. Cambridge：Harvard University Press，1957.

[15] Sosnick Stephen H. A critique of concepts of workable competition [J]. Quarterly Journal of Economics，1958（3）：380-423.

[16] Gansler J. S. William Lucyshyn. A strategy for defense acquisition research [R]. College Park：University of Maryland，2005.

[17] 徐留平.国防工业管制 [M]. 北京：机械工业出版社，2004.

军民融合国防科技工业自主创新 5W 模式研究*

彭春丽　黄朝峰

一、引言

自主创新不同于一般科技创新，它是以科技发展为支撑、以科技创新为主题、以实现核心技术自主掌控为主要目的和基本特征的创造性活动。机制是舶来语，来自希腊文“mechae”，原意是指机器运转过程中各零部件之间相互联系、相互制约和互为因果的连接关系。《现代汉语新词语词典》对机制的解释是泛指一个工作系统组织或部分之间相互作用的过程和方式。按照这一定义，自主创新机制主要是指为实现自主创新目标，各要素之间以及要素和与之相关联的外部环境之间相互作用、相互影响的内在机理。随着军民融合、寓军于民国防工业科研生产体系的不断完善，军民融合开展国防工业自主创新势必为武器装备产业升级及其结构改善提供源源不断的动力。

二、国防科技工业自主创新 5W 模式构建

传播学领域 5W 模式又称传播政治模式，由美国政治学家 H. D. 拉斯维尔提出，其中 5W 分别指：Who（谁）、Says What（说了什么）、In Which Channel

* 原载于《科技进步与对策》2013 年第 21 期。

（通过什么渠道）、To Whom（向谁说）、With What Effect（达到什么效果）（见图1）。图1中，箭头表示信息流，箭头方向表示信息流动方向。由传播者发出传播信息，信息经过加工变为传播力强的新闻，通过媒体向受众传递，从而达到信息传播效果。该模式清晰阐释了传播过程的基本构成要素：传播者、传播渠道、受众、传播内容和传播效果。5W模式为后人研究传播学界定了范畴，成为经典传播模式。然而，该模式也有很大缺陷。因为传播过程极为复杂，信息传播方向除了由传播者通过媒介抵达受众外，受众还可以通过媒介传播信息，或完全通过人际传播传达信息，而该模式仅描述了传播者单向传播信息的过程。

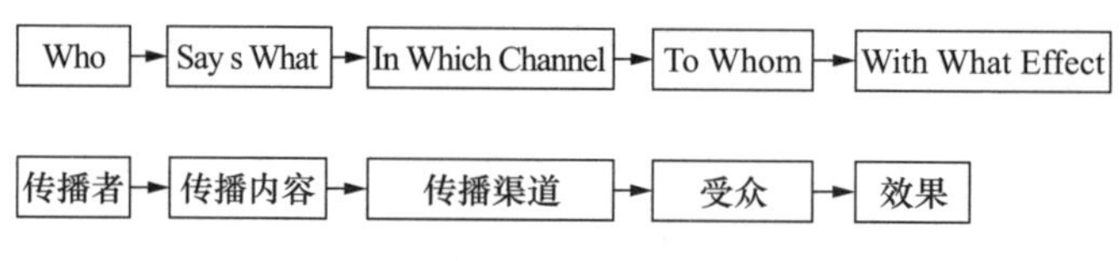

图1　传播学领域5W模式

目前，5W模式被广泛用于分析传播现象和传播过程，很少用于其他研究领域，将5W模式引入自主创新领域本身就是一种创新。5W模式本质上是一种信息传播模式，而信息一词的含义极为丰富，既包括新闻、广告等传媒信息，又包括科技信息、产品信息和知识信息等。自主创新机制本质上是一种信息传播过程，军民融合国防科技工业自主创新机制各要素（国防工业、研究所、高校、民营企业等）通过构建合作平台和自主创新团队，向军队提供创新型武器装备，以达到国防科技工业自主掌控核心技术的目的。其中，创新性科技信息是连通整个机制的信息流。

构建军民融合国防科技工业自主创新机制同样需要5W模式，即Who（主体是谁）、Do What（做什么）、In Which Channel（通过什么渠道）、To Whom（产品服务对象）和With What Effect（达到什么效果）（见图2）。

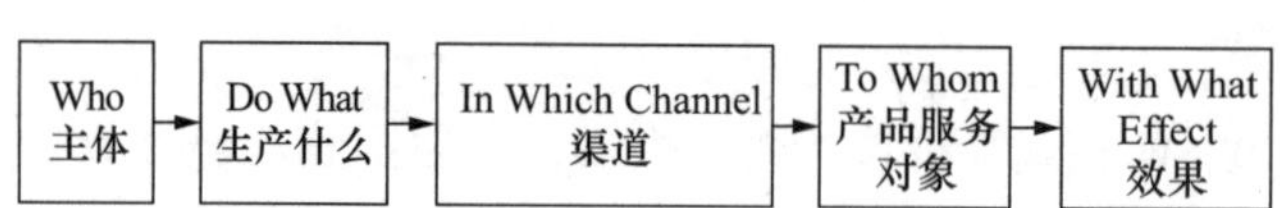

图2　军民融合国防科技工业自主创新5W模式

三、国防科技工业自主创新 5W 模式各要素内涵

1. Who：企业是自主创新的主体

企业是国防科技工业自主创新模式中的重要构成要素，在技术攻关、产品开发、资源配置等各环节和不同层面直接决定自主创新进程及成败。

武器装备研发主体地位是企业创新主体地位的支柱。创新是建立一种新的生产函数，只要发明还未得到实际应用，那么它在经济上就是不起作用的。企业不仅能够在基础研究、技术攻关等基础知识创新方面贡献力量，还能直接将科研成果转化为产品，将实验技术转化为工艺，真正完成创新流程。我国现存十大军工集团，每个集团军下设相应研究院所和生产单位，总数超过 2000 家，是我国武器装备研发的主力军。此外，企业对武器装备研发的市场需求、研制标准和研制现状往往比非企业机构更清楚。因此，发挥企业的创新主体作用能节省沟通成本，便于统筹规划和实施顶层设计。

市场主体地位是企业创新主体地位的前提。创新是一项高投入、高风险的探索活动，作为市场主体之一，企业对市场运作机理无疑最为敏感和熟悉。由企业自主决定什么时候进行生产，生产什么，对哪些产品进行创新和改进，是自由市场的本质要求。正因为认识到确立企业市场主体地位的重要性，中央在 1998 年做出重要决策，对国防科技工业管理体制进行改革，组建国防科工委和十大军工集团，开始逐步确立国防科技工业的市场地位。此后 10 余年，我国不断推进国防科技工业股份制改革，目前已有上百家军工企业完成上市。上市也推动企业不断进行自主创新。如西飞国际在 1997 年上市后，创新动作不断，2010 年申请专利 42 项，获得授权 26 项。

军民融合主体地位是企业创新主体地位的必然要求。企业军民融合主体地位是指在军民结合高技术产业自主创新体系中，国防科技工业应主动作为，充分利用军地资源。引入新技术、新工艺、新流程，进行武器装备研发。首先，作为军民融合主体，企业很了解军用需求和民用需求。全球十大军火供应商均为军民融合企业，美国参加国防科研和生产的工业企业占其企业总数的 1/3 以上，日本许多企业也都具有军工背景，民间企业三菱重工集团是日本最大的国防承包商。其次，作为军民融合主体，企业能合理利用军民人力、技术和其他资源，更好地实现资源优化配置并开展创新。如波音公司 P－8A 生产的“海神”飞机，具有反

潜、反水面战、情报、监视和侦察等多种功能，而这种新型巡逻机实际上是由波音公司的 77－800 民用客机改装而成的。事实上，将民用飞机改装成军用飞机是很多国家的常用做法，而将军用卫星、淘汰军用炮弹改装成民间应用产品，也是军工企业利用军用技术资源和生产线创造经济价值的有效途径。

2. What：创新型武器装备是自主创新的产品

武器装备是国防科技工业的主要产品，武器装备核心技术创新是高科技信息在国防科技工业自主创新机制下生产的产品。根据原创性程度，自主创新可分为原始性创新和非原始性创新，其区别是对核心技术的自主掌控程度。

从新中国成立开始，我国国防科技工业经历了从模仿创新等非原始性创新到原始性创新的过程，在航空、航天、兵器、电子信息技术、工程物理等高技术领域取得了一大批具有世界先进水平的成果。非原始性创新是引进发达国家的有形技术和无形技术，包括硬件、软件、脑件和支撑件等，主要有模仿创新、集成创新和引进技术再创新 3 种形式。模仿创新是我国国防科技工业发展初期的主要创新形式。新中国成立之初，为了尽快建立国防工业基础，我国从苏联引进大量机械武器，抗美援朝时期又以半价赊购方式（只有少量属于苏联无偿赠送）引进苏联 106 个陆军师、23 个空军师的装备，我国军工企业在苏联专家帮助下，用这些设备仿制生产出 56 式枪械、歼－5 战斗机、带 5 字头的各种火炮、59 式坦克等主要装备，这些装备都达到或接近当时世界先进水平。集成创新是指从现有两种或两种以上的对象或系统中选取适当要素进行重新集成和整合，以构成具有新的整体功能和优势的新技术或新产品的创造性活动。引进消化吸收再创新，从某种程度上来说也是一种集成创新，两者在国防科技工业的实际创新活动中没有明显区别。日本是利用集成创新和引进消化吸收再创新的典范，“二战”后加大从国外进口机械和引进技术的力度，平均每年引进 1000 项技术，1968 年最高时引进 1744 项，努力实现“1 号机引进，2 号机国产”的目标，在很多领域实现了再创新，其核心技术自主掌控能力得到迅速提升，在国防科技工业领域也同样实现了赶超欧美国家的目标。通过查询世界知识产权数据不难发现，美国和日本是最大赢家，中国申请专利数占专利总数从 1995 年的 1.8% 上升到 2010 年的 19.8%，虽然有了大幅提升，但相比美国仍处于追赶状态。我国国防科技工业进行自主创新完全可以引进发达国家先进技术，节省基础研究时间，在消化、吸收的基础上进行再创新。例如，在中国歼击机的发展历程中，我国多次引进俄罗斯武器装备技术，并与其签订协议，在中国建设流水线生产歼－11 战斗机，为我国掌握核心技术、进行自主创新提供了便利。舰载武器等海洋作战武器创新也得益于从俄罗斯、英国等国家引进先进技术，歼－20 飞机的生产就是一个例子，就连一向

对中国国防工业创新性持批评态度的加拿大籍华裔军事评论员平可夫也认为，歼－20飞机的众多集成创新相当独到和成熟。此外，我国采用独有的“三舱一段”模式设计了神州系列飞船，不仅实现了航天空间产品创新，而且在载人航天工程涉及的众多高新技术领域采用大量新工艺、新方法和新材料，并获得了大量知识产权。

原始性创新是一次创新，以基础研究活动为基础，直接实现从技术发明到技术和产品商业化的过程，往往需要充足的创新资金投入、高水平的创新人才和先进的设备投入等条件。我国“两弹一星”工程就是一次成功的原始性创新，在苏联专家撤退、带走核心技术的前提下，我国科学家自主掌握核心技术，用十几年的时间成功研制出“两弹”（导弹、核弹）。相对于常规武器而言，尖端武器装备原始性创新要求更为高端，尖端武器装备和核心制造技术在各国都属于绝密资料，无法通过技术引进、设备引进等方法进行低成本二次创新，因而也是我国国防科技工业进行自主创新需要重点攻克的难关。原始性创新的另外一个例子是“天河一号”超级计算机的研制。2009年，我国首台千万亿次超级计算机系统“天河一号”在国防科学技术大学横空出世，成为继美国之后第二个研制出千万亿次超级计算机系统的国家。无论是“两弹一星”工程还是超级计算机的研制，都越来越注重军民融合对创新的重大作用，更加重视建立大协同自主创新体系。事实上，国防科技工业进行原始性创新，更加需要集中军用、民用优势资源，以重点、难点问题为突破口进行技术攻关和成果转化，并掌握核心技术，从而在技术和产品上取得原创性和革命性进展。

3. In Which Channel：产学官研一体化平台是自主创新的实现渠道

由企业、政府、科研机构、院校、中介等机构搭建的产学官研一体化创新平台对军民融合自主创新起重要作用，企业的主体地位在前文已有所阐述，本文重点阐述后四者。

政府是一体化平台构建的重要推动者，主要通过项目支持产学研结合。近年来，国内外进行国防科研、推动国防创新的重要方式是政府提出大项目，以大项目为载体联合各机构进行创新。如美国政府每年都会提出一些大计划和项目，并由专门机构负责执行。其中，“曼哈顿计划”就是美国政府的大手笔，它以项目汇集全世界各国科学家，调动各行业、院校、科研机构资源，斥巨资最终实现了世界上第一次核爆炸。此外，政府资金和政策资助也为国防科技工业进行自主创新提供了各种便利，如税收优惠政策有利于降低企业创新风险，鼓励民营企业发展的政策促进了非军工企业与军工企业间的联合创新。

科研机构和院校是国防科技工业自主创新机制的信息制造厂和“智囊”。科研机构和院校基础研究对国防科技工业自主创新有重要的启发和带动作用。例如，美国陆军、空军、海军在开展技术创新之初，首先都要到大学、科研机构游说有关科学家为其服务。我国国防科技工业也有与科研机构及院校合作的优良传统，"两弹一星"和超级计算机的研制都充分利用了高校资源。但目前也存在一些问题：首先，技术成果转化率不高。我国专利的平均实施率仅为10%，科技成果转化取得效益的比例也只有10%～15%，远远低于发达国家60%～70%的水平。其次，缺乏信息交流中介服务机构。目前，我国负责协调国防工业生产的部门主要是信息产业部下设的国防科工局，缺乏为民间研究机构、高校技术资源与国防科技工业搭建桥梁、提供技术供求信息的中介机构，导致高校科研经费高、成果转化率低，而国防科技工业又往往找不到急需的科技成果。最后，国防科技工业还未形成从民间科研机构和高校获取技术资源的科学理念，获取武器装备生产所需技术仍依赖于自身科研机构。这种直线式、封闭式的技术供求关系与当前的开放环境相背离。

中介机构是连接国防科技工业与政府、高校及科研院所的桥梁，是高科技信息的"管道"。目前，我国科技中介组织机构主要包括技术交易市场、生产力促进中心、科技评估机构、大学科技园孵化器等服务性机构，"十五"以来，全国共有7万多家科技中介机构。其中，生产力促进中心1218家，各类高新技术创业服务中心超过500个，居世界第二位。科技评估机构已经发展到约100家，专职人员近千人，科技咨询业迅速发展，从业人员达到十几万人，年收入超过300亿元。这些数据表明，我国科技中介组织已开始蓬勃发展。国防科技工业也开始重视中介机构的重要作用，1996年，航天总公司军转民科技委成立军转民生产力促进中心，之后又于1999年更名为国防科技生产力促进中心。它是面向国防企事业单位、研究机构和社会进行综合性服务的权威中介机构，定期更新国内外国防资讯，为国防科技企业提供咨询合作、技术贸易、国际交流、专项培训等多项服务。

以国防科技企业为中心，由政府、非军工企业、科研机构、院校、中介等构成的产学官研一体化创新平台，对推动创新资源的合理流动和优化配置发挥了重要作用。如图3所示，①政府是单向箭头的起点，说明政府在推动国防科技工业提高资源利用效率方面还大有作为；②与政府有形的手相比，市场这双无形的手实际上在调配着整个资源的运转，如国防科技企业与非军工企业之间的合作竞争、中介的兴起、院校与国防科技工业之间的合作等；③虚线表示资源需求流动方向，国防科技工业通过平台将资源需求传递出去，由需求拉动创新，进而减少供需匹配成本。

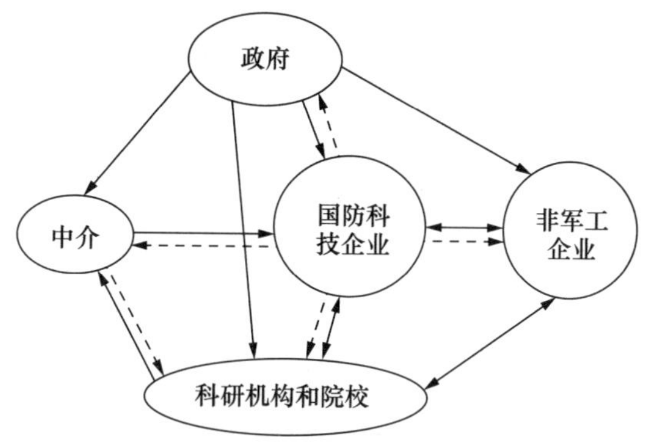

图3　产学官研平台及其相互关系

注：图中箭头表示资源流动方向。

4. To Whom & Effect：强军富国是自主创新的终极目标

（1）国家长治久安不仅要求国防科技工业现阶段拥有强大的军队、先进的武器装备，还要求国防力量发展能满足国家战略需求，不断进行自主创新。目前，我国已经在航空、航天、电子信息技术等领域掌握了核心技术，成功制造出世界顶尖的武器装备，如超级计算机、"北斗卫星导航系统"等，但从整体来看，我国国防科技工业创新能力不足、自主创新动力不强，尚不能完全满足国防安全需求。当前纷繁复杂的国际环境以及发达国家对高新技术的垄断，对我国国防科技工业提出了更加紧迫的要求，国防科技工业必须刻不容缓地抓住新技术革命的契机，不断进行自主创新，研制出尖端武器装备，并乘势而上，引领下一代武器装备发展。

（2）提高科技创新对国民经济的贡献率是国防科技工业自主创新的重要目标。据统计，目前科技创新对我国GDP增长的贡献率只有40%左右，而发达国家如德国、美国高达80%。为充分发挥科技对经济社会发展的支撑引领作用，中共中央、国务院在2012年9月印发了《关于深化科技体制改革　加快国家创新体系建设的意见》，提出了将科技进步贡献率提高到55%的具体目标。此外，2008年全球金融危机后，无论是西方发达国家还是欠发达国家，都把科技创新作为走出经济低迷的发展战略，不断加大R&D投入规模和比例。

（3）国防建设与国民经济的协调发展要求我国国防科技工业进行军民融合式创新。党的十八大强调，坚持富国和强军相统一，加强军民融合式发展体制机制建设。我国国防科技工业进行军民融合式创新发展，既是走中国特色军民融合式发展道路的必然要求，也是国防科技工业融入市场、同步满足国防建设和经济建设发展的内在要求。目前，以十大军工集团为主体的国防科技工业在行政上颇受优待、在经济上享受优惠、在国防科研水平上已超越民营企业，但国防科技工业要想获得市场地位，仅仅依靠现有技术和资源还远远不够，其产品市场前景、适用性、产量、成本等均与民用市场脱节，如果不进行创新，必然会在激烈的市场竞争中遭到淘汰。

四、对策建议

党的十八大明确指出：坚持以创新发展军事理论为先导，着力提高国防科技工业自主创新能力，深入推动军队组织形态现代化，构建中国特色现代军事力量体系。因此，推动国防科技工业自主创新是走中国特色社会主义和国防建设的必经之路，也是关系未来我国国防科技能否赶超欧美国家、再攀科技高峰的关键。在上述军民融合国防科技工业自主创新5W模式中，政府完全可以从前4个W着手，推动我国自主创新机制建设。

1. 用制度确保企业的自主创新主体地位

企业主体地位能否确立，是影响其能否顺利开展自主创新的关键。目前，我国企业在国防科技工业自主创新体系中的主体地位尚未确立，技术研发能力相对薄弱，许多领域的关键技术仍依赖进口，而且对引进的设备、技术仍以模仿创新为主，消化吸收再创新比率不高。确立企业自主创新主体地位，首先，要打破军民分离的格局。长期以来，我国形成的军用工业与民用工业分割格局导致军民两大创新系统相互独立，军用企业与民用企业缺乏有效沟通，并导致许多重复立项和资源浪费，这种分割、重复和浪费，影响了企业主体作用的发挥。其次，应加快军工企业股份制改革，推进投资主体多元化，推动国防科技工业自主管理。应广泛吸收社会资本，改变军工企业行政色彩浓厚的现状，确立企业市场地位，激励军工企业建立经理制度、责任激励制度并进行自主经营管理。

2. 完善知识产权制度，保障军民融合自主创新信息流的完整安全

贯穿自主创新过程最重要的是高科技信息，其能否得到有效保护直接影响企业主体的创新主动性、产品创新程度、产学官研一体化平台的完善以及对军队和国民经济的贡献。因此，完善知识产权制度，保障创新性高科技信息的主权是自主创新的必要条件。在技术更新换代日益加速的今天，及时掌握最新科技是实现

经济效益和国防效益增长的利剑，而高科技被仿冒、仿制和复制的现象也在不断增多，如果不能对自主创新者的知识产权加以保护，将给企业带来巨大的经济损失，对整个国家、产业创新更是一种无形的长期创伤。完善知识产权制度，首先要从制度上保障自主创新者的产权，使之能享受到自主创新成果，从而激励其更加努力地进行创新，有利于形成优良的创新环境。另外，知识产权制度还能降低国防科技工业自主创新成本。国防科技工业进行自主创新需要投入大量资金、人才和设备，在某项研发技术已经相对成熟的前提下，直接引入能节省大量资源和成本，而知识产权制度为科研成果提供了转让平台，不仅有助于自主创新者收回创新成本，还能加快创新成果传播速度，提高国防科技工业自主创新效率。

3. 作为产品服务对象的军队和地方应以需求牵引自主创新

国防安全迫切要求国防科技工业进行自主创新，国家应当把握契机，适时提出研究项目，并以项目为载体，调动国防科技工业、民用企业、高校、科研院所大力协同，完成创新项目。此外，利用发展战略性新兴产业的契机，进一步推动军民融合，提高国防科技工业自主创新能力。国防科技工业是我国的战略性产业，也是高新技术最先得到应用的地方。在我国重点发展的七大战略性新兴产业（节能环保、新兴信息产业、生物产业、新能源、新能源汽车、高端装备制造业和新材料）中，几乎每项都与国防科技工业发展有直接或间接联系。国家应以此为契机，推动国防科技工业与民营企业加强合作，加大资源共享力度，形成良好的竞争环境。

4. 鼓励开展原始性创新

长久以来，我国发展国防科技工业突出其实用性，这就不可避免地出现了“拆东墙补西墙”的现象，陷入长期依赖进口设备和技术而自身发展不足、自主创新能力不强的困境，这种状况在国防尖端技术领域表现得尤为明显。如果不能从根本上解决这一问题，将很有可能陷入“引进、模仿，再引进、再模仿”的恶性循环之中。国防科技工业不同于一般工业，关系到国家的国防安全和长治久安，如果不能掌握核心技术、缺乏在尖端技术上的原始性创新，就意味着放弃未来国防发展的主动权而受制于发达国家。加强基础研究是解决此问题、获取原始性成果的唯一途径，只有通过培养大批人才，加强物理、化学、数学、生物学等基础学科的科学研究，才能为技术发展提供坚实的理论支撑。国家应采取措施加大高等教育投入力度，吸引留学人才回国服务，加快国家重点实验室建设。

参考文献

[1] 詹颂生．自主创新概念和路径新探［J］．岭南学刊，2009（2）：

14 – 18.

[2] 亢世勇，刘海润．现代汉语新词语词典［M］．上海：上海辞书出版社，2009.

[3] 熊彼特．经济发展理论［M］．邹建平译．北京：中国画报出版社，2012.

[4] 甘学荣，程荣．推进国防工业军民融合之路［N］．解放军报，2009 – 07 – 28.

[5] 孙旦平，李伟．波音飞机美国军队和民航都用它［N］．中国青年报，2012 – 05 – 11.

[6] 徐焰．国防现代化买不来［N］．中国青年报，2011 – 05 – 06.

[7] 宋河发，穆荣平，任中保．自主创新及创新自主性测度研究［J］．中国软科学，2006（6）：60 – 66.

[8] WIPO Economics & Statistics Series. 2011 world intellectual property indicators［EB/OL］. http：//www. wipo. com，2012 – 12 – 12.

[9] 王长勤，王雄春，纪海涛等．歼 – 20 从仿造到创造的新标志［N］．中国青年报，2012 – 07 – 27.

[10] 郑邵钰，张清勇．武器装备创新的理论与实践［J］．中国政府采购，2005（11）：17 – 21.

[11] 王握文．陈明．天河一号超级计算机研制纪实：自主创新攀登高峰［N］．科学时报，2009 – 11 – 17.

[12] 鲁贵宝，曾繁华．我国建设创新型国家的科技创新政策研究综述［J］．科技进步与对策，2007，24（8）：1 – 4.

[13] 张晓凌，张慧．北京工业大学技术转移中心建设研究报告［R］．北京：北京工业大学，2006.

[14] 肖龙阶，陈爱江．我国国防科技成果转化的激励机制研究［J］．中国科技论坛，2007（10）：69 – 72.

[15] 张维．我国科技创新贡献率只及德美一半［J］．党政干部参考，2011（6）：51 – 52.

国防工业军民融合融资机制构建与实现路径研究*

纪建强　陈晓和

一、引言

2010年，国务院、中央军委在《关于建立和完善军民结合、寓军于民武器装备科研生产体系的若干意见》中指出："发挥政府资金对建立和完善军民结合、寓军于民武器装备科研生产体系的引导和推动作用，引入社会资金，形成多元化投资格局。加快推进金融产品和服务方式创新，积极拓宽融资渠道，为军民结合产业发展提供金融支持。探索建立国防科技工业、军民结合产业投资基金，推动社会资本参与武器装备科研生产和建设。"从目前来看，国防科技工业改革虽已进入财务创新改革阶段，市场多元化融资机制也已成为共识，但如何构建恰当的国防工业融资模式、其实现路径如何都还需要进一步探索。

二、国防工业融资机制变迁

新中国成立以来，我国国防科技工业融资机制经历了单一财政拨款、国有银行贷款和市场机制融资的变迁过程，目前正向市场多元化融资机制方向发展。

---

* 原载于《科技进步与对策》2013年第21期。

1. 1949～1978 年：单一财政拨款模式

这一时期各行各业的融资机制具有明显的行政色彩，国防工业也不例外，国家财政拨款是其融资的唯一渠道。具体融资机制为：运行方式是单一行政计划，资金供给方是国家财政部门，资金需求方是国家行政机关各军工部委，资金流动方式是政府直接拨款，融资环境是高度集权中央计划经济体制（见图 1）。

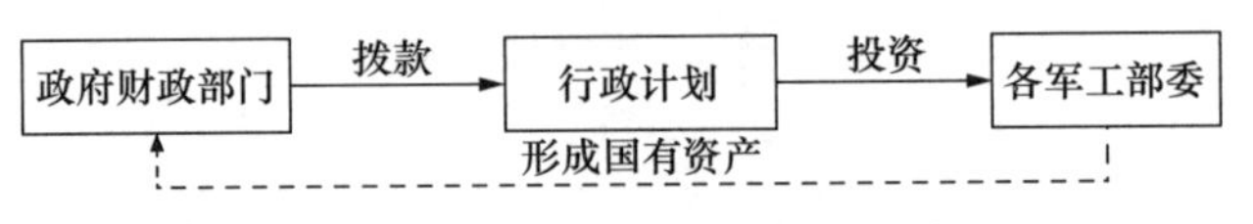

图 1　1949～1978 年国防科技工业融资机制

这种行政纵向型融资机制的积极作用在于：①为我国迅速建立较为完整的国防工业体系提供了资金保障；②使我国迅速集中财力掌握了若干具有重要战略意义的国防科学技术；③适应了当时我国经济社会制度的发展需求。然而，单一的以国家投资为主的融资模式具有典型的粗放型增长特点，资金支持力度和筹集额度受决策集团特别是核心成员主观意志、国家发展战略及安全环境影响的程度大、使用效率低下、监督监管体系不健全、不注重投资回报率。随着我国国防工业规模的不断扩大和国家工作重心的转移，国家单一财政拨款已经不能满足国防工业发展的资金需求，融资机制改革逐渐被提上日程。

2. 1978～1993 年：国有银行贷款模式

1979 年，我国进行了以“放权让利”为主线的经济体制改革，国有企业融资机制发生了“拨改贷”的重大变化，国防工业融资机制改革也随之展开。军工企业资金来源渠道和方式发生改变，国有银行贷款成为新的融资模式。这一时期的融资机制是：资金供给方以国有银行为主、以国有财政部门为辅，资金需求方是带有事业单位性质的国有军工总公司，资金流动方式是贷款和财政拨款，融资环境是以计划为主、市场开始发挥重要作用的社会主义经济制度（见图 2）。

图 2　1978～1993 年国防科技工业投融资机制

国有银行贷款模式融资机制的积极作用在于：①一定程度上激活了军工企业活力。一方面，新型融资机制扩大了军工企业资金来源渠道，部分缓解了军工企

业资金瓶颈，使企业发展活力增强；另一方面，国家对资金用途干预程度减小，企业有了更大的资金支配权，激发了企业提高资金利用效率的积极性。②为探索军民融合融资模式奠定了基础。融资机制由国家拨款转为国有银行贷款，打破了传统计划经济思维下的融资机制，为变革融资观念、积累新的融资经验、培育新的融资环境、进一步探索依托市场机制实现军民融合融资作了铺垫。

然而，国有银行贷款融资模式也存在很大弊端，主要表现在：国有银行和军工企业都不是独立的市场经济主体，借贷产权比较模糊，银行信贷约束软化，企业在还贷压力不大的情况下，有很强的贷款激励，导致企业资产负债无法维持正常的生产经营，一度形成了以国家高债务、银行高利率、企业高成本、居民高债权为特征的不良债务结构和以财政债务危机、银行债务危机、企业债务危机为代表的三大债务危机。为解决国防工业发展需要的资金困境，自 20 世纪 90 年代中期开始，我国国防工业融资机制便开始由国有银行贷款模式向市场多元化方式转变。

3. 1994 年至今：市场多元化融资模式

自 20 世纪 90 年代以来，随着资本市场的快速发展，我国企业融资方式趋于多元化。私营企业和国有企业投融资机制的顺利运行，为国防工业提供了很好的实践经验，加上军工企业现代企业制度逐渐确立，直接融资已成为企业获取长期资金的重要方式，市场多元化融资模式逐渐形成。这一时期的融资机制是：资金供给主体多元化，但仍以国有资金为主；资金需求方（军工企业）的市场经济主体地位进一步确立；贷款、债券、股票等多种融资方式并行；融资环境是不断完善的社会主义市场经济体制，市场逐渐在融资中起重要作用（见图 3）。

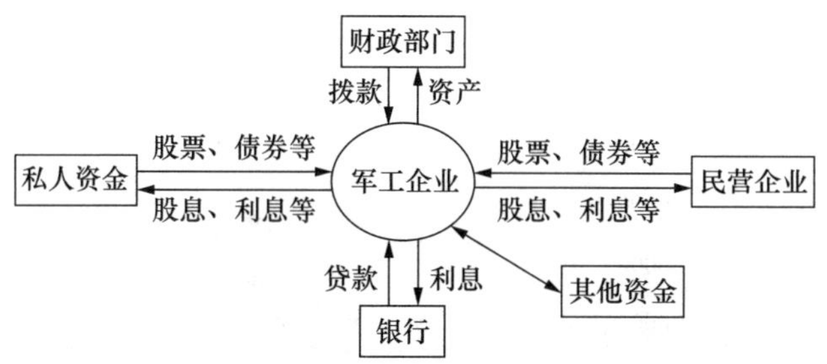

图 3　1994 年至今国防科技工业投融资机制

市场多元化融资机制的积极作用体现在如下几方面：①扩大了国防工业发展资金来源渠道。与以往较为单一的融资方式相比，多元化融资机制为国防工业发展提供了多种吸引外部资金的渠道，军工企业可以通过上市、发行债券、发行基金等多种方式筹资，获取资金途径多。②促进军工企业绩效提升。在市场融资机制下，资金从收益率低的领域不断流入收益率高的领域，按市场收益情况从经营状况差的公司不断流向增值能力强的公司。军工企业要想以市场手段筹集资金，必须具备较高的市场盈利能力，而这只有通过不断改善经营绩效，才能以良好业绩吸引众多投资者。另外，投资者特别是私人出资者出于对资本保值增值的关注，会加大对军工企业的监督力度，从外部环境方面构成对军工企业经营的市场压力，强迫企业提高资源配置效率。③提升国防工业军民融合程度。一方面，多元化融资机制为民营资本进入国防工业提供了多种途径，加速了“民参军”的步伐；另一方面，国防工业将资金投入到利润率更高的民用产品领域，促进了“军转民”的进程。

三、国防工业融资机制问题探析

当前，我国国防科技工业融资机制在融资主体、融资方式和融资环境等方面还存在很多有待完善的地方。

（1）政府资金比例较大，资金来源主体并未真正实现多元化。受长期计划经济体制的影响，军工企业发展的“等、靠、要”思想牢固，不愿或没有能力利用市场方式筹集资金。以航空航天产业 R&D 资金为例，如图 4 所示，1995～2008 年，政府和企业自筹资金比例超过 90%，且绝大多数年份（除 2001～2006 年外）政府资金都始终保持在高位，尤其在 2006 年以后，政府资金增幅明显超过企业资金。而代表其他融资渠道的金融机构贷款只占总企业 R&D 资金来源的较少部分，不及政府来源资金的 1/10。

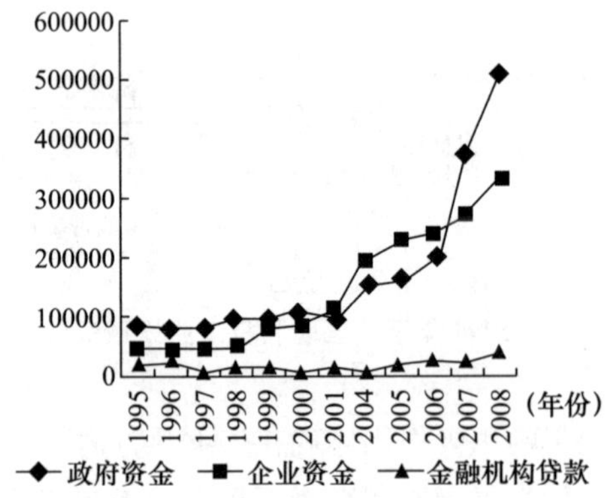

图 4　1995～2008 年航空航天产业 R&D 资金来源

资料来源：《中国历年高新技术统计年鉴》。

从目前情况来看，虽然军工集团采取了多元化的市场融资方式，但总量较少。例如，目前通过上市进行融资的军工企业大多是军工集团下属子公司，大多将民品资产打包上市，上市规模不大，核心武器装备生产资金无法从市场上获取，仍依靠国家有限的投资，从上市军工企业年报中反映的情况来看，绝大多数只单独从事民品生产。

（2）资金利用效率低下。以国家投资为主的融资模式是传统计划经济思维的体现，资金利用效率低下。一方面，资金配置过程不是按照市场经济机制运行，不能有效引导资金优化配置。国家融资主要以行政计划围绕项目的方式进行，资金投入过程中的人情投资、长官意志因素较多，投资决策缺少充分的市场调研，失误率高、效率低下。另一方面，委托代理成本高。从出资人角度来说，人们无法对国有资金代理者（政府官员）实施有效监督，容易造成政府官员与军工集团串谋，导致投资项目决策、评估和验收过程缺乏规范性，资金浪费严重。

（3）与国防工业管理体制不相容。从宏观层面来看，市场多元化融资机制发挥作用的重要途径之一就是各资金主体能够从资本市场自由出入，但现有国防工业管理体制并不能实现这一目标。私人资本等非公有制经济进入军工领域要经过国防工业管理部门、军队装备部门审批，程序复杂、进入壁垒高。从微观层面来看，市场多元化融资机制要求公司各种经营活动尽可能被投资者掌握和了解，公司有责任和义务及时公布重大经营决策、管理层和财务信息。但因保密需要，军工企业经营项目投资特别是涉及国家核心机密的项目不可能完全公开，投资者与公司所有者、经营者之间信息不对称程度较大，军工企业难以获得投资者信任，影响资金供给方注资的积极性。原因主要归结为以下几个方面：

第一，融资激励机制运行不畅。首先，军工企业保密性强、信息披露公开性差，不利于投资者了解公司的真实经营状况。其次，军工企业治理结构复杂，投资者很难监督公司管理层。我国军工集团大多具有二级、三级法人治理结构，党委、董事会、经理层和母子公司关系错综复杂，行政性分权管理方式仍是公司的重要治理方式，与现代企业制度要求还有一定差距，投资者很难准确了解资金使用情况，也无法从根本上履行出资人的有效权利，投资风险高，影响了投资者的积极性。再次，军工企业皆为国有企业，投资者很难获得公司经营管理决策权，无法通过合法途径保证自身权益不被大股东侵占。最后，现有军品订货制度抑制了投资者的积极性。我国军品订货制度规定投资军品项目只能收到5%的利润率，与市场上经营绩效较好的公司相比，利润率明显偏低，根本无法吸引资金投入军品项目。在这些因素的综合影响下，现行融资机制缺少对资金供给方的出资激励，资金根本不愿流入国防工业领域，导致军工企业无法在资本市场上实现融资需求。

第二，投资制约机制不到位。企业通过资本市场融得的资金最终要以投资方式加以使用，如果不能受到很好的约束，投资效益就很难得到保障，更无法保障出资人的合法利益，最终影响资金供给方的积极性。从目前来看，我国国防工业投资制约机制存在以下问题：首先，缺乏对投资主体的有效约束。国防工业领域投资具有多重委托代理关系，投资主体的努力程度根本无法有效观测，投资效益很难正确估计。其次，条块分割的军工管理体系很难实现对投资项目的有效制约。我国军工企业分属航空、航天、船舶、核电子等行业，投资项目缺少有效的外部竞争压力，创新动力不足、效率低下。最后，缺少对国防科技投资的有效评价。在当前仍以项目审批为主要投资模式的前提下，重申请、轻评审的投资模式透明度不高、资金利用率低。

第三，融资保障机制不健全。国防工业融资机制在一定规则、制度下运行，如果存在制度缺位、法规不全等现象，必然会影响整个体系的良性运转。虽然我国颁布了《公司法》《信托法》《关于向金融机构投资入股的暂行规定》等相关融资法律法规，也相继发布了《民营企业进入国防科技工业》等相关行业许可规定，为军工企业进行市场多元化融资提供了一定基础，但从实际操作层面来看，还缺少针对国防工业融资的法律法规和措施规定，除军工集团部分下属上市公司外，很多融资活动仍然主要依靠行政审批运行，削弱了军工企业自主融资的作用，其他资金供给方也因不了解相关行政规定而不愿冒政策风险进入国防工业领域。

四、国防工业军民融合融资机制构建

国防工业融资机制改革是国防经济体制改革的重要环节，必须在国家层面统筹谋划、系统考虑，既要照顾到国防工业的特殊性，又要兼顾机制运行效率和效果。

1. 总体思路

首先，坚持市场多元化融资模式不动摇。军民融合融资机制要求资金来源主体多元化。虽然市场多元化融资机制还存在一些问题，但从发展趋势来看，市场多元化融资是我国国防工业融资模式的发展方向，必须坚定不移地坚持下去。其次，坚持市场配置资源的基础地位不动摇，适当运用计划手段。市场机制是军民融合融资机制的内在需要，也是降低融资成本、提高资金使用效率的有效手段。贷款、债券、基金等方式要依据市场机制进行，并真正反映资金使用的机会成本，争取将最优质资金吸引过来。再次，按项目涉密程度采取相应融资方式。国防科技领域投资的特殊性要求考虑融资可能引起的国家机密泄露风险。出于安全保密需要，可根据国防科技投资项目涉及国家秘密的程度分类设置融资模式。对事关国家核心秘密的投资项目，宜采用以国家直接投资为主的融资方式进行；对国家安全影响不大的投资项目，可采用市场化融资手段，通过股票、债券、贷款等金融工具筹集资金；对介于二者之间的投资项目，可采取向国有银行贷款，或对投资主体进行严格审查的方式进行市场化融资。最后，按武器装备寿命周期分阶段实行不同的融资方式。在武器装备全寿命周期过程中，每个阶段的风险程度、所需资金规模都各不相同，可在不同时期采取不同的融资方式。在预研阶段，往往风险高、投入大，宜以争取国家财政投入和企业自筹资金为主；在设计定型阶段，产品需求通常比较确定，融资方式宜以国家贷款和企业自筹资金为主，也可适当吸引风险投资；在生产阶段，固定成本投入大、风险较小，可通过贷款、发行债券、股票等方式进行融资。国防工业常见的融资方式见表1，可根据不同情况选择恰当的融资方式。

表1　国防工业融资方式

融资性质	融资方式			适用秘级			适用阶段		
				高	中	低	预研	科研试验	生产
直接融资	吸引投资（私下募集）	政府投资		√	√		√		
		基金投资	产业投资基金		√	√			√
			创业投资基金			√			
			风险投资基金		√	√		√	√
		创业投资	国家投资公司	√	√		√	√	
			私人投资公司			√			√
			海外投资公司			√			
	股票融资（公开募集）	主板发行股票	发行A股股票			√			√
			发行B股股票			√			√
		创业板发行股票				√		√	
		海外发行股票				√			
间接融资	信贷融资（银行贷款）	信用贷款	普通贷款		√	√			√
			技术改造与开发贷款		√			√	√
		担保贷款	政府担保贷款	√	√		√		
			其他担保贷款			√			√
		抵押贷款				√		√	√
	债券融资		普通债券		√	√			√
			可转换债券			√			√

2. 融资模式构建

根据前文各种可供选择的融资方式，可针对具体融资主体和投资项目选择不同的融资模式，根据军工集团治理结构采取合适的融资模式。从集团层面来看，军工集团融资优势在于资产庞大、财务管理规范、信用有保障、抗风险能力强；劣势在于资金需求规模大、融资管理复杂、融资对象多。在当前无法实现整体上市的前提下，应以争取国家投资、国有银行贷款和发行国防基金、企业债券等方式进行融资。这样既能发挥企业规模大的优势，又能提高融资效率，减少与众多融资对象谈判协商的交易成本。在集团下属子公司层面分为两类：第一类属于核心保军子公司，这类公司涉及核心军事机密较多，信息公开程度有限，与市场多元化融资信息披露制度存在冲突，一般无法从市场上直接进行融资，可采取两种间接方式进行融资，一种是依靠国家财政拨款或争取国有银行贷款，另一种是直接从母公司中申请专项资金，以实现保密要求与资金需求在国有系统内部相融，避免公开外泄；第二类属于军民融合程度较高的子公司。这类公司多不涉及核心机密，民品产值比例较大，公司治理规范，市场适应能力强，适合从资本市场上直接进行融资，可发挥直接融资时间短的优点。母公司按《公司法》履行相应职责，以提高公司绩效为准则回报投资者。军工集团各层次融资模式见图5。

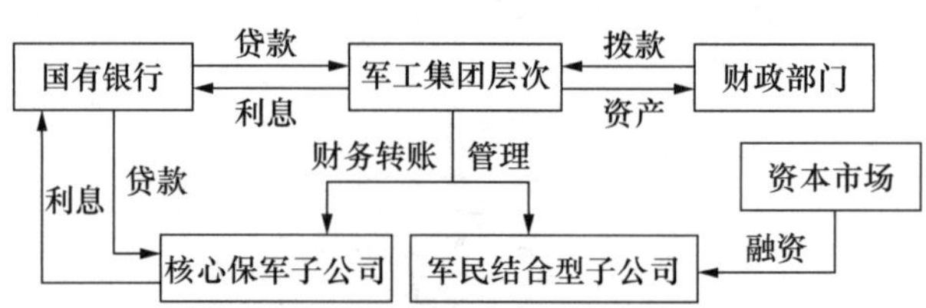

图5 军工企业各层次融资模式

此外，还要根据投资项目类别采取不同的融资模式。涉密程度较高的项目一般都是国防科技领域的前沿技术项目，普遍具有投入规模大、技术风险高、效益周期长等特点，投资者和金融机构一般不愿投资此类项目，军工企业融资多以企业内源融资和政策性外源融资为主。其中，内源融资主要来源于折旧、公积金、公益金和未分配利润等，虽然内源融资自主性大，基本不受外界影响，且成本较低、风险较小，但融资规模有限，可能无法满足企业需求，还必须借助外源融资。对于外源融资来源，因受项目保密程度限制，需要采取政策支持、财政拨款、债权和融资租赁等方式进行。例如，可对重点项目或核心企业进行税收、贷款利率优惠、贷款补贴等政策倾斜，还可加大财政支持力度，进一步扩大研发经

费投入规模，鼓励国有商业或政策性银行优先支持军工科研项目贷款；也可由国家统一购买相关大型公共设备，由军工企业采用租赁方式使用。对于涉密程度较高的项目，宜以财政拨款、政策性优惠贷款等政策性融资手段为主（见图6）。

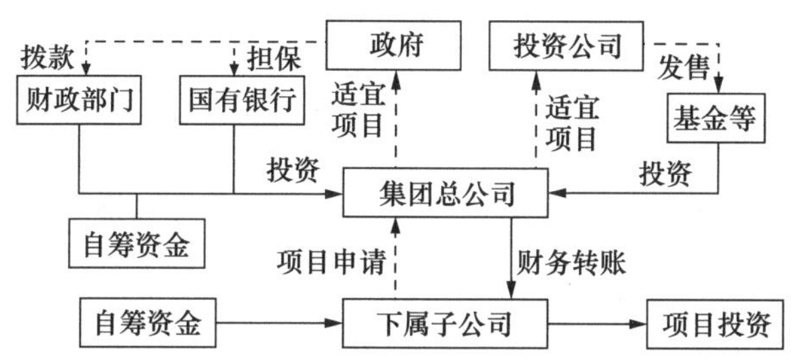

图6　涉密程度较高的投资项目融资模式

注：虚线代表项目流，实线代表资金流，下同。

军民结合程度较高的项目一般都有比较成熟的军用技术，项目主要面临运营风险和市场风险，可以利用市场融资风险分散功能降低风险，利用市场金融支持激励约束功能提高经营绩效。具体来说：①优先考虑股权融资。经过多年“军转民”的实践，军工企业经营经验丰富，管理能力不断增强，积累了一定的品牌、信誉，企业进行股权融资更为容易。军工企业可吸引风险投资、机构投资、私募股权等投资者入股，具备条件的可在深圳、上海A股市场上市，甚至还可以利用境内外创业板上市进行直接融资。②注重利用债权融资。军民结合程度高的项目市场前景好、不确定性因素相对较少，且军工企业信用体系、还贷能力良好，银行贷款已经成为可能。③注重公司内部资金来源。特别是对于一些发展良好的军工企业，应充分利用内部资金充足的优势，注重进行内部融资，可采取集资、发行内部债券等方式从企业内部筹集资金。总之，对于军民结合程度较高的项目，一般应采取股权融资、债权融资和自筹资金等方式进行融资（见图7）。

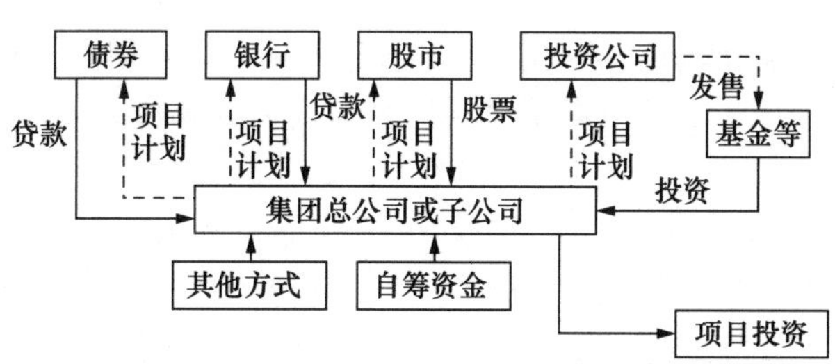

图7　军民结合程度较高的投资项目融资模式

五、国防工业军民融合融资机制实现路径

1. 规范政府职能，加强监督管理

由于国防工业的特殊性，政府投资仍然是军工企业筹集资金的重要来源。但在当前政府支出与国防工业全面发展所需资金矛盾日益突出的前提下，必须对政府投资进行有效规范。首先，对政府投资领域要有科学判断，只有那些事关国家核心安全技术、不宜采用市场化融资的项目，才应主要由政府出资；其次，对政府出资时机要把握准确，在预研、科学试验等阶段，宜以政府投资为主，但在后期定型和生产阶段可在适当保密的前提下，尽量吸引外部资金；最后，要对政府投资决策进行监督评价，设立专门机构对投资效果进行监督检查，提高投资决策的科学性。

2. 深化军工企业改制，规范企业融资行为

以市场为基础的军民融合融资机制要求融资主体具有独立市场经济地位。首先，应完善集团公司治理结构。军工企业多层法人治理结构过于复杂，集团公司与下属子公司的权利、义务不明确，通过完善公司治理章程，能够进一步明确集团公司与下属子公司的权利关系，真正建立起公司法人关系，避免母公司侵占子公司权益。其次，应完善上市公司治理结构。充分发挥股东大会、董事会、独立董事对公司经理层的监督作用，借鉴其他上市公司经验，采取各种手段对公司高管进行激励，促使其以股东利益最大化为追求目标。最后，应改善军工企业股权结构。进一步探索国有股比例问题，尽量避免一股独大现象。

3. 健全法律体系，创造良好的融资环境

我国资本、金融市场才刚刚起步，法律法规体系尚不健全，国防工业领域融资法规欠缺。与美国出台的《国防合同法》《合同竞争法》《国防拨款授权法》《国防拨款法》《信托法》《证券法》等众多法律相比，我国还存在很多法律空白，融资活动仍然依靠行政手段审批，市场还未真正起到配置资源的基础性作用，市场融资环境不佳，阻碍了国防科技工业的军民融合融资进程。

4. 改革现有军品价格形成机制

一方面，固定利润成本加成定价无法从根本上激励企业减少成本，容易忽视

军品中的无形价值，扭曲军工企业的资源配置。而在激烈的市场竞争中，低效率企业无法对投资者形成足够的吸引力，很难通过市场方式从资本市场上筹集到发展所需资金。另一方面，固定利润率的军品定价模式无法从资本市场吸引到追求高收益的风险资金，难以发挥资本市场的融资作用。

5. 走军民融合发展道路

一方面，军民融合式发展能够提高企业资源利用效率，改善各种绩效指标，使军工企业更容易在资本市场上以更好的收益率吸引资金；另一方面，军民融合式发展能够通过民品项目融资，补贴和弥补军品项目发展资金的不足，减少对国家财政拨款的依赖。

6. 完善军工企业退出制度

市场机制发挥重要作用的表现之一就是要对决策失误投资者实施惩罚，让效率低下的企业逐渐退出市场。只有这样，才能不断降低资本市场的融资成本和提高资金使用效率。目前，我国还缺少完善的军工企业退出制度，经营不善的军工企业长期依赖国家财政“输血”，成为集团公司的沉重包袱，影响公司整体绩效和融资信誉。除少数关系国家安全战略的核心军工企业外，必须实行有进有出的国防科技工业运行制度，依靠市场竞争压力迫使军工企业提高资源配置效率，凭借良好业绩在资本市场上筹集资金。

六、结语

国防工业军民融合融资机制是一项系统工程，既依赖于我国宏观资本市场的培育和发展，又依赖于微观层面军工企业市场经济主体地位的确立与发展，既要对现有管理体制如市场准入制度进行调整，又要对军品价格形成机制和装备采购制度进行改革。总体而言，军民融合将成为今后国防工业融资的主要方向，但融资机制的完善需要政府、军方、企业共同参与才能完成。

参考文献

[1] 贾伟. 我国国有企业融资机制的变迁与发展 [J]. 经济与管理，2004 (9): 79 -80.

[2] 范肇臻，蒋兆红. 中国军工投融资体制的历史性转变 [J]. 军事经济研

究，2008（11）：20－22.

［3］汪本强，江可申．中国航空工业企业融资机制的演变路径与资源易得性［J］．软科学，2010（4）：112－114.

［4］李正雄，杜涛．我国高新技术产业投融资问题探析［J］．经济问题探索，2005（7）：104－106.

［5］殷旭东，李东．国防科技工业投融资体制的改革与重构［J］．统计与决策，2007（8）：52－54.

［6］张笑．中国国防科技工业融资多元化实践探索研究［D］．北京：对外经济贸易大学硕士学位论文，2004.

［7］邱全宁．论建立我国重点产业投融资机制［J］．经济研究，1995（2）：55－59.

［8］郭励弘．中国投融资体制改革的回顾与前瞻［J］．经济社会体制比较，2003（5）：7－19.

战略性新兴产业军民融合发展的战略举措*

纪建强　黄朝峰

党的十八届三中全会指出，要推动军民融合深度发展。推动战略性新兴产业军民融合发展是国防工业领域军民融合深度发展的重要举措。对于中国等发展中国家而言，发展战略性新兴产业是转变经济发展方式、实现内生增长的重要途径，也能促进区域经济发展，提升区域硬实力和软实力。因此，有必要从战略高度统筹考虑，谋划战略性新兴产业的军民融合式发展道路，这不仅对我国社会经济科技发展具有重大引领带动作用，而且对未来一段时间国民经济发展、重大技术突破、国防科技进步都有重大意义。

一、建立军民融合的制度保障

任何产业都是在一定的制度背景、环境下发展起来的，而战略性新兴产业作为一种处于萌芽期、成长期的产业，其军民融合的发展更是需要良好的制度环境与制度安排。战略性新兴产业的军民融合发展，是制度、劳动、资本和技术等多种要素共同作用的结果，而且制度在其中又起到至关重要的作用，甚至有的学者认为对高新技术产业来说，“制度要重于技术”。特别是对于战略性新兴产业来说，其军民融合发展涉及政府与军队、军工企业与民用企业等多方面利益关系，需要理顺不同地区、行业部门、军地之间的工作关系，必须要在制度上对各主体的行为进行规范。目前，我国还没有建立起与战略性新兴产业军民融合发展相适应的制度体系，需要进行制度创新。

---

* 原载于《现代产业经济》2014 年第 1 期。

做好顶层设计和长远规划的制度安排。战略性新兴产业带动性强、外部性明显，需要政府进行规划，只有把战略性新兴产业的发展纳入国防建设的整体发展规划之中，才能真正实现军民融合。这就需要从顶层设计和长远规划方面做好制度保障，必须做好如下几个方面的工作：

一是建立战略性新兴产业军民融合工作领导决策机构。在顶层设计层面，要有国家层次军队相关部门参加的权威领导机构，强化国家宏观管理的领导职能，妥善处理地方与军队、整体与局部、短期与长远、行业之间、区域之间的利益关系。因此，需要设立权威有效、上下联动的决策机构，可考虑建立国家层面、军地双方参加的军民融合发展委员会，就战略性新兴产业军民融合的规划、途径、政策等方面进行统筹规划和协调，并上升为国家意志，强制执行。同时，各省市也应建立相应的领导机构，贯彻落实上级决策指示，就本地区战略性新兴产业军民融合进行统筹规划。

二是加强规划衔接。从国家层面首先在产业分工与布局上就要从长远打算，从协调国家经济建设和国防建设的角度进行战略性新兴产业的规划设计，制定国家层面战略性新兴产业军民融合发展的长远规划，避免重复建设、一哄而上、不讲军事效益的做法。同时，要在配套的国家科技发展规划、国防科技工业发展规划、国家信息化发展规划中充分考虑战略性新兴产业的因素，确保长远规划设计的按时完成。

三是统筹军民协调发展。站在国防科技工业发展和国家工业发展的角度，利用已有军民融合的成功经验，结合当前战略性新兴产业军民融合发展的现状，研究拟订军民融合发展规划指导意见，并以较权威的方式下发，确保政策的稳定性与连续性。

形成鼓励战略性新兴产业军民融合发展的制度环境。从微观主体的企业层面来看，战略性新兴产业军民融合的发展基本可以概括为如下几种现象：一是出现新企业发展军民一体化的战略性新兴产业；二是现有国防科技工业企业不断扩大自身规模，将资源要素向战略性新兴产业转移与集中；三是发展战略性新兴产业的民用工业企业开始进行“民参军”，不断扩大其产业的军事需求。

无论哪一种情况，实质上都是各种资源不断重组的过程，显然都需要产权明晰的产权制度、能够在军民市场自由转换的市场准入制度、适宜的企业兼并重组制度和退出制度。并且，为防止一家独大形成垄断的局面，还需要一些反垄断的规制措施，形成良好的制度环境。具体来说，需要优化如下几个制度环境：一是进一步形成鼓励技术创新的制度环境，确保尽快掌握战略性新兴产业发展所需要的核心技术；二是打破“民参军”的隐性制度壁垒，减少民营企业战略性新兴产业“参军”的交易成本；三是探索新的国有企业产权制度，提高国有企业发

展战略性新兴产业的资源配置效率；四是完善军工企业的破产退出制度，为各市场主体发展战略性新兴产业提供公平竞争的平台。

进一步深化国防科技工业管理体制改革。很长一段时间，我国国防科技工业由国防科工委和国务院相关机械工业部管理，民用工业则由经委/发改委等部委负责。2008 年，大部制改革后，民用工业的管理职责合并到工业和信息化部，并下设副部级的国防科技工业局管理全社会的国防科技工业。这是很大的改革，初步改变了过去那种国防工业与民用工业完全分离的管理体制，是在中央政府管理体制层面体现军民融合的一个重要变化。但是新的国防科技工业管理体制仍具有很大程度的独立性，行业垄断、部门垄断、行政性进入壁垒并没有真正打破。必须进一步加快改革步伐，尽快实现国防科技工业与民用工业管理体制的真正融合，建立适应国防建设和经济建设融合发展的宏观管理体制，为战略性新兴产业军民融合发展提供制度保障。以转变政府职能改革为抓手，加大行政放权力度，减少各种类型“民参军”的行政审批，在必要的保密原则下，包括国防科技工业局在内的工业管理部门将职能重点转变到信息发布、政策支持、军地协调等服务功能上来。

二、形成军民融合的运行机制

战略性新兴产业军民融合的发展，仅有相应的制度安排还不够，还要在设计的制度下各市场主体能够顺畅运作，即需要通畅的运行机制。

要形成充分发挥计划和市场两种机制的思维模式。战略性新兴产业军民融合发展既要发挥计划手段的调控力，又要借助市场机制的灵活性，统筹兼顾，坚持“两手抓”。对于战略性新兴产业军民融合发展来说，宏观方面的规划宜采用计划手段，充分发挥国家宏观调控和管制的作用。由于战略性新兴产业的战略性地位，涉及国家最新的前沿技术和核心机密，世界各国都是对其采取严格管控，而且战略性新兴产业发展所依赖的主导技术的突破显然离不开计划手段的宏观调控。例如，许多国家的经验表明，在历次世界科技革命中，国家的引导和支持都发挥了巨大的促进作用。国家从宏观层面加强对经济领域的调控和引导，成为刺激科技革命爆发、引导科技革命发展方向的必要条件，并且已经成为“二战”后各国政府普遍采取的永久性行为。同时，在微观层面，则适合用市场机制配置资源。市场机制的核心在于竞争，通过竞争能够使资源得到优化配置。战略性新兴产业军民融合的发展其竞争机制主要是在各企业主体之间展开，各企业按市场规律进行科技研发、组织生产，也就是说，无论是军工企业，还是民用工业企业，无论是国有企业，还是民营企业，在市场上都具有相同的市场主体地位，只要有能力、有意愿从事战略性新兴产业的发展，都应该享受同样的国家政策和市场机会。

完善战略性新兴产业军民融合发展的社会配套机制。社会配套机制是战略性新兴产业军民融合发展的重要外部运行环境，其配套的完善程度在很大程度上决定着战略性新兴产业军民融合式发展的长远性、持续性和健康性。社会系统配套机制主要包括基础设施建设、终端市场培育和新兴产业人才培育等。

主要做好如下几点：

一是建设有利于战略性新兴产业发展的基础设施平台。战略性新兴产业军民融合式发展，技术、资金、人才和信息等各种要素的融合是关键步骤之一。要素融合的有效性、时效性很大程度上依赖于国家基础设施建设的水平。特别是对于处于产业初创期的战略性新兴产业，产业发展面临的不确定性很大，风险很高，各种要素的流动会呈现比较缓慢的状态，需要综合运用体制、政策和市场的合力，完善相关基础设施。比如，一个运行良好的战略性新兴产业军民融合发展所需的市场信息、科技成果信息、融资信息等涵盖各种信息在内的交互平台，对降低军工企业、民用企业与科研院所、市场需求主体等各行业主体之间的信息不对称程度，减少交易成本具有至关重要的作用。

二是努力培育战略性新兴产业的产品市场。在新兴产业发展初期，通常主导产品尚未形成，产品呈差异化、多样化发展，很难形成规模经济优势，企业迫切需要订单以弥补前期大量的研发资金投入。因此，政府要对一些战略性新兴产业的产品进行有针对性的政策扶持，以培育良好的市场需求前景，帮助企业快速度过盈亏平衡点。

三是构建开放式的军民融合人才培养机制。以高技术为支撑的战略性新兴产业的发展离不开高科技人才的支持。目前，承担科研任务的军队院校和科研院所数以百计，科研人员达数万人。其中，两院院士 100 余名，有突出贡献的中青年专家 300 多人，享受政府特殊津贴专家近 8000 人，国家百千万人才工程人选 100 余人，3 名军队系统院士获得国家最高科学技术奖，超过全部获奖者的 1/5。军队人才济济，不仅是国防科技发展和武器装备研发的重要力量，也是我国高科技发展的一支重要生力军，必将在战略性新兴产业支撑技术的研发方面发挥重要作用。同样，民用系统也汇聚了大量的科技人才，特别是许多具备敏锐市场眼光的优秀企业家人才更是大多集中在民用系统领域。民用系统和军用系统领域的人才具有很强的互补性，唯一缺少的就是二者之间建立有效联系的机制和平台，通过打造军民融合式人才培养机制，能够实现军地系统人才资源优势的互补，共同为

战略性新兴产业军民融合式发展提供有效的智力扶持。

三、完善军民融合的法制环境

作为社会主义市场经济体制下的经济活动，战略性新兴产业的军民融合也需要相应法律法规的保障。我国虽然也曾出台了一系列有关军民融合的政策法律，但针对战略性新兴产业的不多，且尚未形成一个完整的体系，存在一些法律空白，或军地立法上不融合、法律执行缺乏保障等方面的问题。因此，有必要进一步完善法律法规体系，为战略性新兴产业军民融合发展提供契约保障。

一是增补法律空白，制定一套体系完整的军民融合法律法规体系。战略性新兴产业军民融合的法律体系应该在国家法律的各个层面都有所体现。基本法层面：鉴于《中华人民共和国国防法》中并未有军民融合的相关章节，可以考虑出台《中华人民共和国军民融合促进法》作为军民融合领域国家层面的基本法，为我国军民融合领域的战略规划进行顶层设计，并在其中单独设立某一章节突出强调战略性新兴产业的军民融合。行政法规层面：可考虑由国务院、中央军委，在《战略性新兴产业发展规划》基础上增加有关军民融合的具体举措，并作为各省市制定相应规划的依据。地方性法规及部门规章层面：由国务院各主要部委、总装备部、各省市出台一些更加详细的措施规定，如武器装备采办、军品市场准入、保密资质、国防知识产权等。这样，从国家层面的基本法，到地方性的行政策法规、部门规章，构成了互相联系、互为补充的战略性新兴产业军民融合法律体系，保证从宏观指导到微观个体的各个层面都能做到有法可依（见图1）。

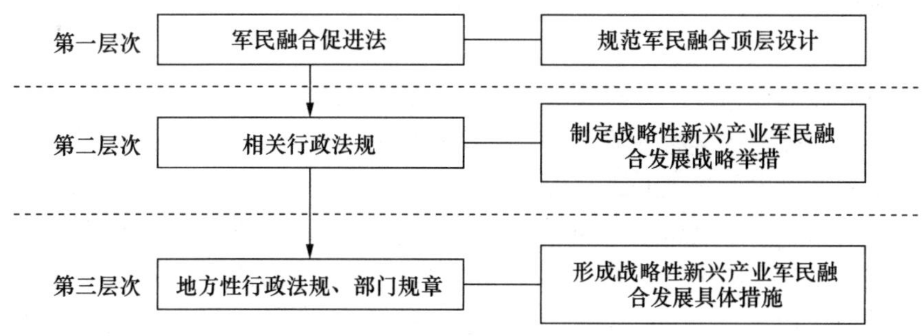

图1　战略性新兴产业军民融合法律体系

二是修订现有行政法规中相互矛盾的地方，提高法律效力。现有的行政法规多是军地双方相互独立地颁布，缺少沟通与协调，导致部门规章制度存在相互冲突现象，影响了法律的实施效力。如根据相关规定，民营企业要想获得武器装备的生产资格，需要同时具备《装备生产许可证》和《保密资质认证》，但《装备生产许可证》的获取前提条件之一是该单位要有《保密资质认证》，但《保密资质认证》的申请前提又是申请单位必须承担武器装备的科研生产，二者互为前提，形成“鸡生蛋、蛋生鸡”的两难困境，如果不是存在一些变通方法，许多民营企业根本无法具备武器装备科研生产资格，形成了典型的“玻璃门”现象。再如，《国防法》与《公司法》存在的一些冲突也需要进一步修改完善。因此，要在系统梳理现有法规基础上，根据实际情况对其中的一些老旧条款及时更新，对一些相互冲突的法规重新调整，维持战略性新兴产业军民融合发展的良好秩序。

三是完善军标民标标准体系。我国有军用标准和民用标准两套标准体系，但两种标准之间存在不能兼容的现象，而且随着民用领域相关技术的快速发展，这种冲突越来越激烈，增加了企业进行军民技术相互转换的成本，不利于企业走军民融合式发展道路。因此，应进行军用标准化体系改革，协调两个标准，对民用技术已经领先的领域要尽可能多地采用国家标准和行业标准，逐步实现标准体系的军民融合。

四、制定军民融合的政策措施

战略性新兴产业军民融合的持续健康发展，是我国实现产业结构调整和转型升级的重要途径，政府有必要制定相关的优惠政策，加快这一进程的完成。我国应充分借鉴国外先进经验，在结合我国国情的基础上，有针对性地制定培育政策，为实现战略性新兴产业军民融合式发展提供支撑。

一是要加强财政金融政策扶持力度，充分发挥政府资金对推动战略性新兴产业军民融合式发展的推动和引导作用。长期以来，国有军工企业为国防科技和武器装备发展做出了重大贡献，随着国家工作重心的转移，国有军工企业发展一直面临着资金紧张的困境。进行一定程度的财政政策倾斜是促进军工企业调整结构的有效手段，也是有效解决国防工业发展战略性新兴产业融资难问题的基本途径之一。中央和地方财政要积极支持战略性新兴产业相关技术开发和军民结合服务平台建设，加大对技术开发和改造的支持力度，探索建立战略性新兴产业军民融

合发展专项资金，推动战略性新兴产业向军民融合方面发展。仿照对军工企业武器装备研制进行基建技改费、型号研制费进行财政支持的方式，对于从事重要战略性新兴产业关键技术攻关或产品研发的项目，也进行财政补贴或直接财政注资。同时，还可以采取贷款贴息、贷款担保等多种方式进行金融支持。

二是深化国防工业融资机制改革，有效引导社会投资，形成由政府引导资金、风险投资资金、投资机构、金融机构、担保及其他中介机构组成的投融资服务体系。同时，加快推进金融产品和服务方式创新，积极拓宽融资渠道，支持符合上市条件的战略性新兴产业的相关企业上市融资。推进场外证券交易市场的建设，充分运用计划和市场两个机制，发挥政府资金和社会资本两种资源推动战略性新兴产业军民融合式发展。

三是制定产业政策，推动国防科技工业转型升级。我国军工企业普遍摊子大，社会负担重，制约了其发展战略性新兴产业的能力，需要制定产业政策进行调整。

（1）出台军工企业兼并重组破产政策，按市场规律优化现有国防工业产业结构，引导国防工业形成“哑铃型”格局，提高国防科技资源的配置效率。

（2）实行差别化优惠政策，优先发展先进军工制造业。对总体设计和总装集成、关键分系统研制生产基地、军民通用基础设施建设实行政策上的倾斜，而将那些附加值低、技术水平不高、零部件配套生产环节进行充分市场化改革，在市场竞争中实现优胜劣汰。

（3）鼓励军工大力发展战略性民品产业。根据七大战略性新兴产业与国防工业的结合情况，选择军工企业有比较优势的产业，鼓励其做大做强，避免只注重数量而忽视质量效益的粗放式发展。

四是深化军工企业改革，搞活微观主体。根据科斯的企业理论，军工企业作为一种组织理应是在边际交易费用与边际组织费用相等的点上进行，但由于我国军工企业都是按计划方式改制而来，组织费用较高，产业组织的演进没有经过市场规律的检验，市场失灵严重，需要政府运用产业政策加以调整。

（1）探索国有军工企业产权结构新形式。根据国家对军工企业国有独资、绝对控股、相对控股、参股或不能参股的指导思想，进一步探索国有股比例问题，尽量避免一股独大现象。或者探索国有资产出资模式，比如债权等。

（2）加快国有军工企业现代企业制度建设步伐。军工企业多层法人治理结构过于复杂，集团公司与下属子公司的权利、义务不明确。通过探索合理的集团公司结构，完善公司治理章程，进一步明确集团公司与下属子公司权利关系，真正建立起公司间法人关系，避免母公司侵占子公司权益现象。

（3）扩大对外开放，促进军工企业国际交流与合作。实行市场多元化战略，鼓励军工单位参与国际分工，扩大产品和技术、资本输出。出台政策，鼓励各军工企业积极利用外资、技术和设备。

五、健全军民融合的科技创新体系

军民两大创新体系的融合是推进战略性新兴产业军民融合发展的技术保障。实现两个创新体系融合，实质上就是要建立军民融合的国家创新体系，融合军地科技资源网络，促进创新要素的军民良性互动，提高国家自主创新能力。

构建军民融合的国家创新体系。

（1）消除国防科技创新体系与民用科技创新体系壁垒，将国防科技创新规划纳入国家科技创新整体规划中。调整军民分离的国家科技管理体制，由政府、军队围绕国家安全与发展的重大战略需求，整合军民科技资源，实现军民科技创新之间的相互协调、优势互补、良性互动，共同支撑战略性新兴产业发展。

（2）加强国家、区域层面国防科技创新体系与民用创新体系的协调互动，建立开放、协作的军民融合式科技创新体系基础。统筹军地两大系统的基础性科研机构和高等院校，强化其在国家科学技术基础与应用研究、前沿探索、先导技术开发中的主力军作用，为武器装备与战略性新兴产业发展增加知识积累和核心技术储备。

（3）建立一批以企业为主体、高校科研院所为支撑、战场和市场为导向、特色产品为核心、产学研相结合的长期稳定的科研创新联盟。通过政策引导，以满足战略性新兴产业军民融合发展的技术需求为主要目标，引导军民科技资源双向流动，优先支持军地两大系统的企业、高等院校、科研机构联合承担技术攻关项目，形成长期、稳定的以企业为主导和核心，军地双方高校、科研机构联动的协作创新机制，努力推动国防科技工业企业、军事科研院所和地方科技资源有机结合、科学配置。

建立健全军民科技资源共享机制。

（1）进行系统、深入的科技资源普查，摸清“家底”。新中国成立60多年来，我国科研设施、基地和人力物力财力资源等科技条件建设有了很大的积累和改善，但是由于缺少统一的普查机构，再加上历经多次体制变革，科技资源实力的系统掌握存在一定困难。可由科技部牵头，联合工信部、国防科工局、教育部和总装备部等相关部门，成立联合调查机构，定期系统调查各类科技资源数量、规模、使用情况等统计信息，彻底搞清大型科研试验平台、基地、人员等各类科技资源实际状况，为科学合理统筹规划军民融合式国家科技资源体系提供数据支撑。

（2）构建国家层面军民两用科技基础平台。虽然我国各类科技资源都积累了一定的规模，但与此同时，多年以来存在的多头投入、重复分散、利用率低下的问题仍然大量存在。因此，必须从国家层面优化科技资源分布与配置，建立军民两用的科技基础平台，提高科技资源利用效率。在国家科技基础平台建设中，要注意吸纳军民两大创新体系中的优质存量资源参加建设，军民共建、军民共用、边建边用，为军民两大创新体系服务。近期，应围绕制约七大战略性新兴产业长远发展的科学技术，由国务院、中央军委牵头，对相关科技资源进行全面普查，摸清科情科力。依托科技部国家科技基础中心平台已有成果，全面融合高校、科研院所、军队、军工系统和地方企业科技资源，打破当前军民分割、条块分割、相互封闭、重复分散的格局，形成服务于全社会战略性新兴产业技术创新需求的军民两用科技基础平台。

（3）完善以促进科技创新要素流动、知识扩散、军民两用技术双向转移为核心的科技资源服务体系。依靠工信部军民结合推进司、科技部、教育部有关司局、总装备部等单位，建立覆盖军地双方的中介服务体系，并加强国家层面、军队系统、区域层面科技中介服务体系的有机结合，提高对战略性新兴产业科技创新活动全过程服务的能力和水平。

加速军民两用科技成果推广转化。由于战略性新兴产业的发展主要依赖技术创新，所以对于战略性新兴产业来说，科技成果的有效转化是重中之重。而军民两用科技成果推广转化则是战略性新兴产业军民融合发展的重要途径。

（1）充分发挥国防科技创新对于培育发展战略性新兴产业的支撑作用。国防科技创新体系是国家创新体系的重要组成部分，战略性新兴产业的培育发展需要国防科技创新的引领和支撑。新中国成立以来，两弹一星、载人航天、探月工程、超级计算机、北斗卫星导航系统等重大军事科技创新项目，对我国核工业、航空航天工业、信息产业等战略性产业的发展，发挥了不可替代、不可或缺的关键作用。如由天津市滨海新区和国防科技大学共同建设，以天河一号千万亿次高效能计算机系统为基础构建的国家超级计算中心，已经并将继续带动石油勘探数据处理、航空航天装备研制、新材料开发和设计等战略性新兴产业发展，创造了上百亿元的经济价值。

（2）鼓励民用高新技术企业从事军民两用技术开发。目前，我国民用高新技术企业已经拥有丰富的科技资源，具备从事军民两用技术开发的能力。以国家高新区为例，2008 年，国家高新区拥有 5.3 万家企业，汇集了 7000 家研究开发机构，700 多个国家工程（技术）研发中心和开放实验室，300 多家产业技术检验检测平台，拥有各级科技人员135万人，占全国的30%，R&D投入接近甚至超过了许多发达国家平均水平，达1658亿元。民用工业企业已经在新材料、新能源、高端装备制造等领域取得了一批重要技术创新成果，可以从事相关领域军民两用技术的开发及产业化。

应做好如下几个方面工作：首先，建立民用高新技术成果的通报和展示制度，使军方装备部门能及时了解民用高科技企业具有军事应用潜力的成果。建立民企与军方合作开发军品项目的机制，减免民企的军工产品税。把装备研发由封闭的集中机制转变为开放式的民用企业都能参与的机制，更多地吸纳民用科技成果。其次，向民口单位发布可以利用先进民用技术的国防科研和武器装备协作配套科研项目指南，实现信息双向交流，并在武器装备科研生产许可和向国家推荐参加军工科研任务竞争方面，打破军民界限，实行同等政策，支持民用技术为军工服务。最后，设立军民两用技术开发中心，推动军民科技资源和先进技术的双向转移，构造小核心、大协作、军民兼容的军工科研体系。

（3）完善军民两用科技成果推广转化的法律体系。这方面，发达国家做得比较多。如美国自从20世纪90年代以来，就相继颁布了《国防授权法》《国家竞争力技术转移法》《国防工业技术转轨、再投资和过渡法》《联邦技术转移法》《国防采办系统》等法案，为军民两用科技成果推广转化提供了良好的法制环境。其他国家如英国、法国等也都有类似的法律法规。而我们国家的军民两用科技成果推广政策，大多是以领导人讲话和政府文件形式下发，尚无一部明确关于军民两用科技成果推广转化的法律，推广转化活动缺少稳定的法律保障，不确定性较大，不能有效促进军民两用科技成果的推广转化。

参考文献

［1］刘洪昌．中国战略性新兴产业的选择原则及培育政策取向研究［J］．科学学与科学技术管理，2011（3）．

［2］刘飞仁．战略性新兴产业管理评价基准浅析［J］．现代产业经济，2013（10）．

［3］袁中华，冯金丽．制度变迁与新兴产业——理论分析与实证［J］．经济经纬，2012（2）．

［4］吴敬琏．制度重于技术——论发展我国高新技术产业［J］．经济社会体制比较，1999（5）．

［5］刘铁，王九云．发达国家战略性新兴产业的经验与启示［J］．学术交流，2011（9）．

［6］朱瑞博，刘芸．战略性新兴产业机制培育条件下的政府定位找寻［J］．

改革，2011（6）.

［7］纪建强，陈晓和．国防工业发展战略性新兴产业模式研究［J］．管理现代化，2013（5）.

［8］黄花．国防科技工业军民融合创新体系研究［D］．长沙：中南大学．

［9］游光荣．加快建设军民融合的国家创新体系［J］．科学学与科学技术管理，2005（11）.

［10］纪晶华，许正良．发展战略性新兴产业的关键是实现自主创新［J］．经济纵横，2013（1）.

［11］宾建成．我国战略性新兴产业发展研究［J］．当代经济管理，2012（12）.

基于网络方法的国防科技工业区域融合研究*

卢周来　谢玉科

“军民融合”是信息时代国防科技工业发展的必由之路，在此进程中，国防科技工业的发展又呈现出了聚集化和区域化趋向。20 世纪后期以来，我国区域经济发展出现了大融合和大发展的态势，产业聚集区（产业区、开发区等）、城市聚集区（城市群、带）等区域空间形态得到了快速发展，并成为区域经济发展的主导力量。部分军工企业已经形成在一定区域乃至全国具有相对优势的产业集群，如光电子产业、新型电子元器件、智能仪器仪表等，培育了一批知名企业，如长虹、力帆，使国防科技工业成为实现地区崛起和促进区域经济协调发展的重要力量，比如说在东部沿海地区形成了船舶制造产业带。融合趋势与聚集化或者区域化趋势的重叠，需要我们在理论上将两者结合起来深入研究，并从整体上把握国防科技工业区域融合的动力机制和演变趋势，以更好地推进军民融合建设。本文试借助网络理论来研究这个问题，在对复杂网络结构分析的基础上，提出用产品—技术交联网络对国防科技工业区域融合进行整体分析，并利用产品—技术交联网络对国防科技工业区域融合的发展趋势进行探讨。

一、国防科技工业区域融合的一个分析工具：网络方法

网络分析方法成为研究国防科技工业区域融合的一个重要工具，是缘于网络在区域经济中的关键而又独特的地位。许多学者在研究产业区时，一直强调产业

* 原载于《军事经济研究》2014 年第 1 期。

区内以企业为节点的关系网络（包括正式与非正式的网络、经济和社会网络的融合等），对于整个区域经济发展的重要作用（Camigni，1991、1997；Capello，1999；Capecchi，1997；Cook 和 Morgan，1993；Morgan，1997；Scott，1992；Saxenian，1991、1994、1999）。联合国经合组织（OEDC，1996）也认为，在产业区内体现了企业之间网络联结的重要性，也体现了各行为主体之间相互作用和密切联结的网络关系。网络通常为高度关联的产业，从而形成一个地方生产系统。而因为这种网络联结，也使区域本身成为一个共同的企业。有的学者更直接指出，新产业区的发展过程可以看作结网及其根植的过程（Grabher，1993；王缉慈，1998）。区域内的网络如图 1 所示。

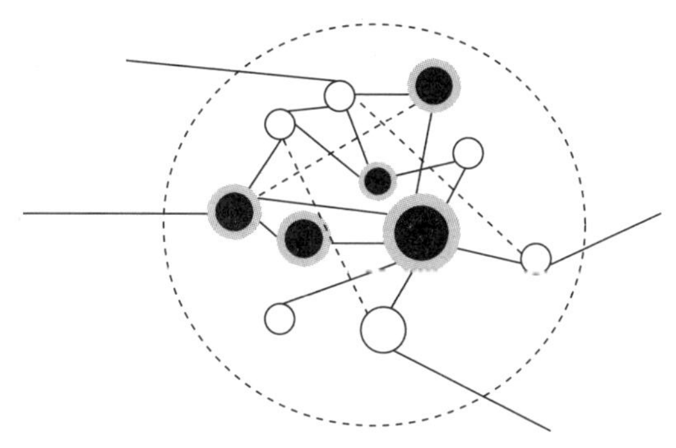

图 1　区域网络示意图

注：◌表示区域边界；●表示区域内军工企业节点；○表示区域内民用企业或其他组织节点；—表示节点之间比较稳定的关系链条；－－－表示节点之间不稳定的关系链条。

在网络视角下，国防科技工业区域融合是依托于“网络”进行的。区域内存在大大小小的军工企业和民用企业，将所有军工企业的集合称为军工企业群落，所有民用企业称为民用企业群落。这些企业并不是互相独立、彼此隔离的，而是有着广泛的联系。不仅每个群落内的企业之间有密切的联系，而且企业之间会突破群落的边界在群间发生各种各样的关系并结成网。若把区域内的军工企业和民用企业看作不同的节点，企业与企业之间的关系看作一个链接边，这样就构成了一张区域网络，每个企业都嵌入在网络结构之中，企业的经济活动在网络中进行。区域网络的链接关系不仅是单一的生产中的上下游链接关系，还可能包含环境、社会等相关的其他关系。在现实的网络中，由于信息技术的发展及应用，使得区域网络出现“捷径”，进而使得网络的平均距离缩小，军工企业群落网络和民用企业群落网络出现交错，企业与企业之间网络距离大大缩短，相互交流不断深化，加快国防科技工业区域融合的发生。

目前，网络信息技术成为理论界关注最多的技术，同时网络分析方法也成为目前研究的热点。Watts 在“nature”上发表论文，认为现实中的网络大多数介于完全随机网络和规则网络之间，是一种渐进随机网络，网络的演进会形成小世界网络。其研究成果被大量学者用来研究生物网络、关系网络、企业间网络等，这些网络基本上都满足无尺度的特性，即这些网络的度分布服从幂律分布。Newman 等（2004）还发现这些网络还有一些新的特性，如集群效应，而 Palla 发现网络中这些群落有交叠现象。这些研究成果给国防科技工业区域融合的网络分析带来许多新的启示。要对国防科技工业区域融合进行动态分析，就必须了解国防科技工业区域融合的内在机制，用网络的方法不但可以研究区域内节点、节点之间关系，还可以利用网络演化的统计物理特性来分析国防科技工业区域融合的内在机理。

二、国防科技工业区域融合的驱动因素分析

国防科技工业的区域融合是一个渐进的过程，促使区域融合发生的主要因素包括产业集群的聚集效应，信息技术、智能网络结构的发展和军事技术的军民两用化等技术因素以及武器装备采购规制的放松，它们共同推动国防科技工业的区域融合；反过来，这种融合的过程又会推动这些因素向纵深发展，并对军工企业和民用企业战略产生特殊影响驱动因素的关系（见图 2）。需要说明的是，图 2 中的军民融合部分，不是军工企业群落与民用企业群落的简单叠加，也不是两者的“混合物”，而是两者的“化合物”。它是在“技术—产品网络”交联互动作用下形成的，其内部由基于价值链分工的纵向网络和基于水平面竞争的横向网络相连的军工企业和民用企业组成。

究其外部因素，武器装备建设对军民通用产品的需求是区域内国防科技工业融合演化的重要外在动力。著名的国防经济学者沃克等（Walker et al.，1998）和斯科菲尔德（Schofield，1993）分析了军用产品（服务）的主要特征，认为国防工业领域“存在着一个从系统最终产品，一直到军民品界限逐渐淡化的低层次部件构成的产品等级系列”，这个系列当中存在着大量的军民两用的中间产品，装备建设对这些军民两用产品的需求为国防科技工业的军民融合提供了外在的动力。另外，随着装备采购制度和国防科技工业管理制度的改革，国家对武器装备采办的规制进一步放松，这使得区域内的信息、技术、人才、资本等要素能在两大群落（军工企业群落和民用企业群落）的内部及之间自由流动，区域融合的

内在活力得以充分释放。同时，区域融合会重组国防科技工业管理部门，进而使得国防科技工业区域融合在组织上得到保证。

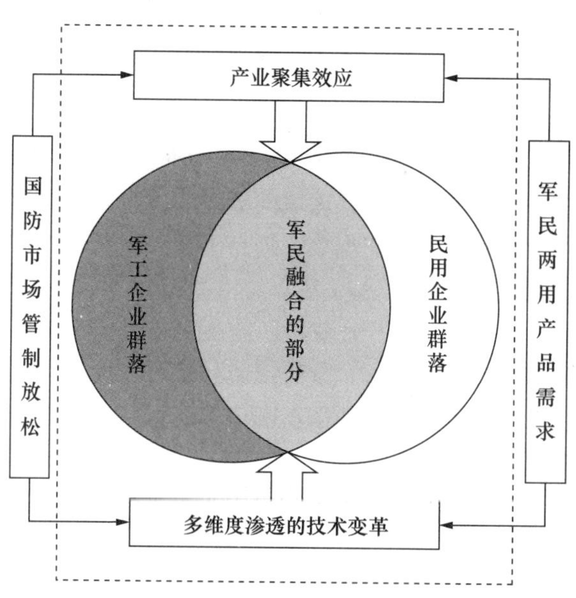

图 2　区域内军工企业群落与民用企业群落相互融合的驱动因素

在国防科技工业融合的驱动因素中，最根本也是最直接的就是技术的驱动。第一，技术的发展为国防科技工业区域融合提供关联网络环境，特别是互联网技术，不仅把区域内的军工企业和民用企业在物理上联系在一起，而且可能拓展出新的虚拟企业，如移动电子商务、虚拟的国防科技工业等，技术的渗透加快了军工企业和民用企业的互动，并为军工企业群落与民用企业群落的融合提供技术上的支持。第二，网络有助于知识共享和传递，能更好地激发新技术的需求，并引导技术的消化和扩散，为国防科技工业区域融合提供技术基础。同时，网络有助于降低军事资产专用性程度，加快国防科技工业之间的关联运作关系，造成国防科技工业区域集聚等现象，从而加快区域融合的进程。第三，在普适化的网络基础上军事技术的军民两用化变革对国防科技工业融合具有极为重要的推动作用。正是科学技术的军民两用性才使民用企业广泛地参与军品生产任务、军工企业利用自身优势生产民品成为可能和必要。

三、基于网络方法的国防科技工业区域融合机制分析

区域内的企业不是静止、孤立地存在的，它们之间存在各种相互影响的关系。从网络的角度看，每个企业只是区域网络中的节点，图 2 中国防科技工业区域融合是区域网络动态演化的特定现象，因而研究区域融合就需要搞清区域网络的内在演化机制。国防科技工业区域融合的内在机制不仅仅是简单的“军民结合”或“寓军于民”，从根本原因上讲，它是在互联网技术和军民两用技术作用下的多层次、多维度的网络化融合，分析国防科技工业区域融合必须分析技术网络的变化，只有全面分析区域网络和技术网络的内在演化机制，才能更好地分析国防科技工业区域融合的趋势。

由于军工企业和民用企业可以由军品和民品等产品来标识，区域内的企业网络在某种程度上可以抽象为产品网络。如果对产品网络有一个清晰的认识，那么国防科技工业区域融合也就便于分析了。技术对国防科技工业的融合式发展有直接的驱动作用，技术对区域内军民企业的渗透作用会最终体现在军民产品融合上。也就是说，技术网络技术创新与扩散推动着产品网络的军民融合，而产品网络的军民融合的变动又进一步推动区域内企业经济活动的军民融合。从这个意义上说，国防科技工业区域融合的内在机制就是区域内“技术网络—产品网络”的交联互动的过程。由于技术和产品是不同质的，技术网络和产品网络不能合成一个简单的同质的网络，即产品和技术的关系是多层次和立体的。技术—产品网络如图 3 所示：

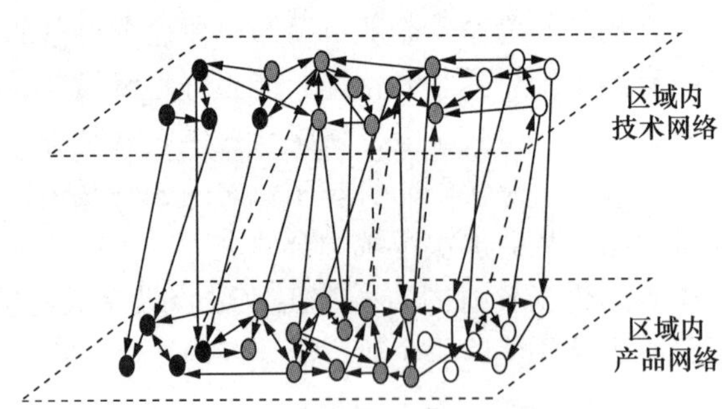

图 3　区域内的技术—产品融合网络

注：表示区域的边界；在技术网络中，●为军事专用性技术，●表示军民两用技术，O表示纯民用技术；在产品网络中，●表示军事专用产品，●表示军民通用产品，O表示纯民用产品。

在技术—产品互动网络结构中，上层的技术网络的链接一般是双向的，表示民用技术、军民两用技术、军事专用技术三类之间及各类技术内部的相互关系。这种关系是不对称的，也有不可逆的单向关系。在国防科技工业产业园等区域性经济体中，军民两用技术占有大部分比例，纯军用技术和纯民用技术占有比例相对要少一些，因此，技术网络中的军民两用技术比例更大。下层的产品网络的链接反映军事专用产品、军民通用产品和纯民用产品生产之间的关系网络，这种网络一般也是双向的，但这种关系也是不对称的。在图3中，向上的箭头表示产品需要某种技术，向下的箭头表示技术可以应用于某种产品中。技术—产品融合网络中存在着大量的技术融合和产品融合的现象。一种技术可以生产不同的产品的现象，即为技术融合；不同的技术可以提供替代性或互补性产品的现象，即为产品融合。这样可以看出，融合的直接驱动的内在机理就在于技术知识在网络中的流动，技术知识在节点间的流量越大，流速越快，则这些产品节点越容易产生融合。此处产品节点形成的融合，包括技术融合与产品融合，当更多的技术同时在军工企业与民用企业内部扩散时，军工企业技术的军事专用性会降低，军工企业可以剥离给市场的军事性不强的业务范围会更大，节点上的武器装备零部件将在市场上由民用企业提供。这同时意味着军工企业能在更广泛范围内和更深程度上实行军民融合式发展。流量大的产品节点相似性或互补性会很大。同时，这种大流量将会在相关的产品节点上进行分流，进而造成网络中其他的产品发生变化，引发新的技术需求，造成相关产品的融合。当产品技术需求和应用比较频繁时，会导致区域网络中更多的产品形成融合，最终在军工企业群落与民用企业群落之间形成了一个相互重叠的“交集”。

从表面上看，该“交集”的主体产品是军民通用产品，主体技术是军民通用技术，其构成是军民企业群落的相互重叠。从实质上看，该“交集”并不是军民企业群落的简单“混合物”，而是军民企业深度融合而发展起来的“化合物”，具有自身的特殊性质。该“交集”是产业组织垂直解体，军民企业基于网络分工协作，军民企业同构产品价值链而形成的军民一体的经济。“技术—产品网络”交联互动带来的技术融合与产品融合，最终在企业层面形成了功能融合（Functional Convergence）与机构融合（Institutional Convergence）。当区域内企业认为两项或多项产品之间存在相似的技术联系而生产或销售这些产品时即发生机构融合；当产品需求方认为不同的产品具有替代性或互补性时即发生了功能融合。机构融合与功能融合的发生，意味着每一个企业可以利用自身相似的技术基础生产其他企业的产品，自身企业生产的部分产品可以在市场上寻找到由其他企业生产的相似的替代品。对每一个企业来说，对这些相似的产品“企业是自己生产还是在市场购买呢?”基于分工效率的理性选择，企业仅会专注于生产自己擅长的产品，从市场购买自己不擅长的产品。在此逻辑下，对武器装备这样的复杂产品来说，完整的产品价值链中包括多个生产阶段，需要许许多多的中间产品。显然，军工企业也只会专注于自己擅长的生产阶段和产品，而将企业内部的许多功能外包给专业化的市场厂商。因此，机构融合和功能融合必然打破企业的边界，造成产品价值链垂直解体，每个企业专注于自己擅长的生产阶段，由此，区域内的企业之间结成基于价值链分工合作的纵向网络与处于同一生产阶段而相互竞争与合作的横向网络。纵向网络主要是在产品价值链上属于不同功能模块的企业，通过互补型合作关系相互连接形成的网络组织；横向网络是产品价值链上属于同一功能模块的企业，通过竞争型合作关系相互联结形成的网络组织。在纵横交错的网络之中，军民企业既深化分工，保留核心竞争能力，又借助网络共享外部资源来相互弥补资源不足，实现规模经济。同时，信息、技术、知识等要素在企业间网络中流动，不但突破了军民分割的藩篱，实现了军民企业的融合，而且在整个区域中，由于功能融合和机构融合在不断发生，军工企业之间和民营企业之间在区域中也实现了高度融合。

四、基于网络方法的国防科技工业区域融合趋势分析

通过技术—产品网络的交联互动，可以清楚地了解国防科技工业区域融合的实现路径：技术—产品网络交联互动——不同企业之间产生机构融合与功能融合——区域内企业分裂重组——企业基于区域内的横向网络与纵向网络实现深度融合。这一路径的各个阶段因素的变化趋势在某种程度上影响甚至决定了国防科技工业区域融合的一些趋势。

一是随着技术不断创新，国防科技工业区域融合呈现出动态演变的趋势。技术创新成果不断在技术—产品网络中扩散，使得技术网络与产品网络交联互动更为频繁，交叠区域的行业非常活跃，两者交叠程度高的部分可能分化，容易独立形成新的企业节点。因此，区域网络的规模与结构呈现出动态扩张与复杂化的演化，演化的方向是，网络的规模扩张在技术创新的效益与区域网络的扩张的成本相等时实现均衡；网络的结构向轮轴式网络方向演化。轮轴式网络是指区域内众多相关中小企业围绕一个核心的军工企业所形成的网络结构。与民用企业相比，我国军工企业占有很大的技术优势，是区域内技术创新的主要源头，军工企业以技术优势掌握整个网络的运行，并以自身的产业链为主导，使区域网络朝轮轴式

网络结构演化。

二是国防科技工业区域融合的群落化趋势。虽然原来国防科技工业区域内部的各企业相对独立，但是，技术创新在区域内的群落网络中扩散使企业之间形成了共同的技术基础，由于复杂网络的群效应，技术创新在区域内扩散很快，技术对区域融合的贡献广度和深度在增加，加快了区域融合的群落化趋势。

三是国防科技工业区域融合的“区位化 + 全球化”双重趋势。武器装备价值链的各环节对生产要素的需求存在较大差异，每个环节都有自己的最优区位，从经济效率看，长期趋势是国防科技工业各个生产环节处在各自的最优区位上。当然，区位可能是地区、跨地区、全国甚至是全世界。如果所有的生产环节在地理上是高度集中的，即生产环节密集分布在很小的空间区域中，则区位限定在地区范围；如果所有生产环节在地理上是高度分散的，生产过程的连续生产环节则分布在国家内部的较广泛的地区或全国范围。在全球化背景下，甚至分布在多个国家乃至全球范围。未来，军事强国与一般军事国家之间的合作，除了进行垂直分工之外，也将形成更多的水平分工，即落后国家在向先进国家提供原材料和军品市场的同时，也要求先进国家把部分军工生产线向其转移，使自己成为某种军用品或武器装备平台零部件的生产者，部分地与先进国家进行国防经济领域的水平型国际分工，把过去的垂直型分工转变为混合型分工，使分工更加高级化。

五、结语

本文讨论了网络分析方法在国防科技工业区域融合研究中的作用，基于区域中技术网络与产品网络相互关系，构建了技术—产品交联互动网络，在该网络的基础上对技术融合、产品融合和国防科技工业区域融合进行了分析，进而对国防科技工业区域融合的发展趋势进行了预测。运用网络分析方法来研究国防科技工业区域融合是一个全新的过程，还有许多方面需要进一步研究。比如，网络组织兼具市场与计划的特点，在国防科技工业区域融合过程中，如何利用网络的协调功能和自我演化机制，有效实现市场这只“看不见的手”与计划这只“看得见的手”的科学握手是一个极具现实意义的研究课题。另外，制度因素是国防科技工业区域融合的另一个重要因素，将制度变迁纳入区域融合的网络分析框架中也是下一步研究所要解决的问题。

参考文献

[1] 汤尚颖．区域融合与区域经济空间形态创新研究［J］．宏观经济研究，

2008（11）.

［2］于宗林. 论军转民与地区经济相融合［J］. 中国军转民，2001（8）.

［3］叶继涛. 区域优势产业军民融合理论及创新对策研究［J］. 科学学研究（增刊），2007（6）.

［4］Camagni R. （eds.）. Innovation networks：Spatial perspectives［M］. London：Beelhaven – Pinter，1991.

［5］Capecchi V. A history of flexible specialization and industrial district in Emillia – Romagana［J］. Paper Presented on the IGU Commission on the Organization of Industrial Space Residential Conference，Gothenburg，Sweden，August，1997.

［6］Watts D. J.，Strogatz S. H. Collective dynamics of small – world networks［J］. Nature，1998.

［7］Newman M. E. J.，Girvan M. Finding and evaluating community structure in networks［J］. Physical Review E，2004.

［8］Palla G.，Der Nyi I.，Farkas I.，et al. Uncovering the overlapping community structure of complex，networks in nature and society［J］. Nature，2005.

［9］Walker W. UK defence electronics：A review of government statistics［C］. PICT Policy Research Paper，ESRC，London，1988.

［10］Schofield S. Defence technology，industrial structure and arms conversion［A］. Defence Science and Technology：Adjusting to Change，1993.

［11］李美云. 国外产业融合研究新进展［J］. 外国经济与管理，2005（12）.

战略性新兴产业选择：从政策解读到理论评判*

纪建强　黄朝峰

当前，转变经济发展方式，优化产业结构转型升级，是保持我国经济持续健康发展的重要任务之一，而要实现这一任务，就必须选择和培育战略性新兴产业。因此，中央各部门、地方政府高度重视，纷纷将培育和扶持战略性新兴产业的发展作为产业政策的重要内容。但是，各地在战略性新兴产业选择中还存在诸多问题，如 LED 产业刚被选入战略性新兴产业却又很快陷入发展困局。甄选战略性新兴产业，前提条件之一就是要对其内涵有科学认识。认真研究战略性新兴产业的经济学属性，不仅对于从理论上进一步推进我国战略性新兴产业研究深入化，而且对于从实践上正确地选择战略性新兴产业，都有重要意义。本文的研究目的，就是探索性地对"战略性新兴产业"进行经济学理论概念化，并建立相应的选择指标体系，为推进该领域理论和实证研究，搭建对话、衔接和交流的平台。

一、我国战略性新兴产业选择存在的问题

2010 年 10 月，国务院发布的《国务院关于加快培育和发展战略性新兴产业的决定》（以下简称《决定》）明确提出了战略性新兴产业包括的节能环保、新一代信息技术等七个领域。与此同时，我国 31 个省（市）、自治区除西藏外，都推出了各自的战略性新兴产业重点发展领域，但各地战略性新兴产业选择不同程度存在产业同构、重复投资、项目拼凑、理解不到位、条件不具备等诸多问题。

* 原载于《当代经济管理》2014 年第 5 期。

一是产业选择雷同现象明显，同构趋势严重。根据各省公开资料统计，除新能源汽车仅有吉林、浙江、安徽等 11 个省市列为战略性新兴产业外，其他六大战略性新兴产业都有超过 20 个省市以上的地区选择。在更低一级的行政区域中，这种现象也比较普遍。在全国 333 个地级行政区中，292 个规划了战略性新兴产业，占比达 87.7%。布局最多的产业是新能源产业，有 248 个地级市涉及，占比 74.5%；其次是新材料产业，有 227 个地级行政区进行了布局，占比 68.2%；即使是布局最少的新能源汽车产业，也有 76 个地级行政区进行了规划，占比 22.8%。虽然在细则中各地选择领域的重点稍有不同，但大同小异情况居多。从中长期发展来看，各地产业趋同会造成效率低下、资源浪费，不利于发挥各自比较优势。

二是产业选择与区域优势结合度不够。根据李金华的研究，我国战略性新兴产业的布局应该是：生物医药应以山东、广东、江苏、河南为依托，节能环保应以广东、浙江、江苏、天津为依托，高端装备制造业应以山东、江苏为依托，新能源汽车应以吉林、广东、山东、上海、湖北为依托，新一代计算机和通信技术应以广东、北京、江苏、上海为依托。但各地的战略性新兴产业选择并没有与理论研究相一致。北京、吉林、浙江、安徽、湖北、广东、广西、重庆把国家列出的七大战略性新兴产业全部选择为本地区的战略性新兴产业，绝大多数省份选择的产业数量在五种以上。显然，对于本地区是否能够有足够的资源条件发展这么多的战略性新兴产业，不排除有的省市缺乏仔细论证，一味迎合国家政策，而不顾本地区的资源禀赋、比较优势、地方特色、发展阶段、产业基础、科技水平和人才储备，强行上马一些与国家规划名称一致但却根本不适合本地情况的产业。

三是存在对“区域战略性”和“国家战略性”的理解差异。从确定的七大产业来看，国家的主要意图是通过发展战略性新兴产业改造第二产业，转变经济增长方式，其战略性所指的是相对于国家而言，不可以从区域层面来理解。一些地区选择的产业要么是“新兴性”不够，要么是“战略性”不足，把区域的主导产业或支柱产业作为战略性新兴产业。如山西省把煤化工产业，河北省、山东省把海洋经济，广东省把核电装备列为本区域的战略性新兴产业，应该说是结合了本地区的经济技术基础条件，但这些产业无论在技术的先导性和产业的影响性等方面，并不能达到国家层面的战略意义。此外，一些地区将绿色食品、林产业、石化深加工、养生长寿健康等传统产业，把现代物流、文化创意、高端生产性服务业等第三产业也作为战略性新兴产业。

二、国内战略性新兴产业选择理论研究现状

1. 战略性新兴产业的内涵

战略性新兴产业是我国在2008年应对金融危机时提出的一个政策性概念，很少有国外学者使用这一概念。理论界关于战略性新兴产业的定义尚未形成一致意见，学者大都根据《决定》的说法。提出自己对战略性新兴产业内涵的认识，一些有代表性的观点如表1所示。

表1 国内学者关于战略性新兴产业内涵的认识

学者	战略性新兴产业内涵
万钢	在国民经济中具有战略地位，对经济社会发展和国家安全具有重大和长远影响；是着眼未来的，具有能够成为一个国家未来经济发展支柱产业的可能性
肖兴志等	在国民经济中具有战略地位，对国家安全产生重要影响，且有可能成为未来国家经济发展的支柱产业
刘洪昌	科技含量高、产业关联度高、市场空间大、节能减排优的潜在朝阳产业，是新兴科技和新兴产业的深度融合，既代表着科技创新的方向，也代表着产业发展的方向
郭连强	具有优化产业结构、转变经济发展方式、带动就业能力提升、加快科技进步、推进经济社会长期稳定协调发展的深刻产业内涵，具有潜在的先导性、主导性和支柱性产业特征
王新新	随着新一轮技术革命和产业革命而产生的科研成果、技术发明、知识创意聚集吸引技术、人才、资金等生产要素形成的对一个国家经济的长期战略发展具有支柱性和带动性的产业
王博宇	通过新兴技术和新兴产业深度融合，依靠重大突破科技带动产业结构调整和经济发展方式转变，并在一段时期内发展为先导产业或支柱产业的行业和部门

2. 战略性新兴产业选择的研究

在统计指标设计方面，周晶和何锦义依据《国民经济行业分类》和《高技术产业统计分类目录》，联系《决定》中对七大战略性新兴产业内涵的解释，以国民经济行业分类四位数编码细分行业进行选择。其他一些学者，也根据对战略性新兴产业的理解，设计了一些战略性新兴产业选择指标体系，如表2所示。

表2 主要战略性新兴产业选择指标

研究者	指标体系	
	一级指标	二级指标
贺正楚等	政府支持、资源环境、市场需求、技术研发、战略新兴性	国家政府法规、地方政府法规、政府体制创新、政府调控能力；硬件设施、金融环境、交通环境、特殊资源、对外交流；产品潜在市场、替代品市场、互补品市场；核心技术、科研机构、专业人才；产业关联性、产业先导性、就业劳动性、产业全局性
肖兴志等	产业发展力、产业主导力、产业竞争力	环境效率标准、技术效率标准、风险—盈利率标准、产业增长潜力；产业波及效应标准、就业效应标准；自主创新力标准、产业需求力标准、出口带动力标准
张绍勇等	综合指标、创新指标、成长与竞争指标、效益与质量指标	产业规模、产业关联、可持续发展；科技投入、自主产权、科研成果转化、高级人才储备；产业成长、市场前景、产业竞争力；盈利能力、创新能力、吸纳就业能力
刘嘉宁	发展性、战略性、新兴性、资源环境匹配性、产业体系完整性	市场需求、盈利能力；产业关联性、产业带动性；产业先导性、技术高新性；硬件金融交通、教育发展程度、专业人才流动、政府政策支持；产业链构成、产业协作关联、产业规模状况
贺正楚等	产业技术水平、技术进步速度、创新能力指数、影响力系数、感应度系数、生产诱发系数、劳动综合就业系数、单位耗能产值率、单位污染排放值系数	

3. 国内战略性新兴产业选择研究述评

综观国内相关文献发现，关于战略性新兴产业内涵，国内学者都认为：第一，对国民经济发展具有重要影响，具有全局性、战略性、长远性特征；第二，技术创新性强，需要重大科技突破支撑；第三，具有先导性，资源消耗少、环境污染小；第四，产业带动效应强。

但是，对于战略性新兴产业选择的研究也明显存在两方面不足：一是对战略性新兴产业的内涵大多停留在政策解读层面，缺少学理性的逻辑演绎。从搜集到的文献来看，对战略性新兴产业内涵的定位都是基于该产业的功能和地位，描述性语言多，学术性语言少，无法形成统一交流和探讨平台，不利于研究的进一步深入。二是对战略性新兴产业选择指标的设计，“战略性”指标多，“新兴性”体现不够。从表2中可以看出，学者对反映战略性新兴产业的“战略性”静态指标设置大多有共同认识，但对反映“新兴性”的动态指标几乎没有，而多用对资源、环境的影响或技术创新程度来刻画，设置的指标很难将“战略性新兴产业”与支柱性“高新技术产业”区别开来。

三、战略性新兴产业的经济学属性

直观地看，战略性新兴产业是战略性产业与新兴产业的交集，涉及产业、战略性和新兴产业三个关键词。产业在经济学上有明确而又通用的定义，即生产具有相互替代性产品的企业群体。一个产业的经济学特征主要表现在产业规模、产业组织和产业技术三个方面。产业规模主要有市场需求、投资存量、市场容量等标准；产业组织主要有企业规模、市场结构、进入退出壁垒、产业绩效等指标；产业技术主要反映在生产要素的边际替代率、生产要素特征、人力资本规模、R&D 存量等数值上。作为一种产业，战略性新兴产业理应可以用这些一般的数量指标进行刻画。只不过需要加上“战略性”和“新兴产业”的特殊性。

1. “战略性”的经济学内涵

战略性新兴产业一个重要关键词是“战略性”，也是最缺少经济学理论共识的一个概念。贺俊和吕铁认为战略性的经济学含义体现在两个方面：一是指产业所基于的主导技术的未来性和突破性；二是产业所面向的现实的和潜在的市场需求规模巨大。

综合其他学者的观点，本文认为，战略性产业是在一般产业的产业规模、产业组织和产业技术基础上加上如下一些限制条件：在产业规模方面，战略性产业是一国主导产业和支柱产业，市场需求大、投资存量巨大、市场容量大，可以解决规模经济与有效竞争之间的“马歇尔冲突”问题；在产业组织方面，战略性产业关系国民经济命脉和产业安全，受国家管制较多，核心企业需要规模经济，市场结构通常呈寡头或垄断格局，进入退出壁垒高、往往并不以经济绩效作为唯一考核指标；在产业技术方面，战略性产业都是具有先导性的高新技术产业，资源消耗少，环境污染小，需要在基础领域、应用领域和开发领域都有厚实的研究基础和技术支撑，核心产业技术依赖自主创新，不可能通过引进获取，人力资本是产业核心生产要素，人均固定资产比例高，而且技术资金的边际替代率低，技术开发风险大，需要高额的 R&D 投入。除此之外，战略性产业还应具有强大的产业带动作用，前向效应、后向效应和侧向效应强。

2. “新兴性”的经济学界定

战略性新兴产业的另一个特征是“新兴产业”。新兴产业是从时间维度对产业加了一个限定，对这个时间段的长短和阶段特征，不同的学者有不同的认识，但都承认新兴产业是一个产业发展生命周期的“早期”或“初创期”。产业生命周期理论指出：第一，不同产业的生命周期有所不同，但大都表现出相似的发展变化规律；第二，同一产业所处生命周期阶段不同，产业规模、产业组织和产业技术的经济学特征不同。初创期的持续时间主要是由产业所基于的主导技术的成熟度和技术产业化的时间决定。技术成熟度指的是原有生产技术被新技术改进或替代的可能性大小，即技术创新机会，技术越成熟技术创新的机会越小。

因此，新兴产业的“新兴性”是在时间维度上描述一个产业的产业规模、产业组织和产业技术动态发展变化特征，并且这种特征在普通新兴产业与战略性新兴产业之间有所不同。在产业规模方面，普通新兴产业处于产业发展初期，市场需求、消费者群体等不确定性因素大，产业规模会依赖产品需求情况迅速扩张（产业培育成功）或萎缩（产业培育失败）。但是对于战略性新兴产业来说，市场前景看好，容量大，产业规模呈快速上升趋势。在产业组织和产业技术方面，普通新兴产业所具有的特点是：主导技术并未出现。技术创新机会多，存在对潜在主导技术的不同理解，大量新企业（可能是新设企业，也可能是相关行业或无关行业既有企业的跨行业投资）携自己的产品或工艺技术进入该产业，市场竞争激烈，产业集中度低，市场结构分散，市场份额在企业之间的分布呈动态变化，没有出现占市场主导地位的垄断企业或寡头企业。但是对于战略性新兴产业，其主导技术需要重大科技突破，技术含量高，对研发资金和人力资本要求高，一般企业很难提供革命性的原始技术创新，甚至消化和吸收都存在一定困难。因此，产业初创时期的企业进入退出数量应比普通产业初创期的数量少，资金、技术和人才壁垒较高，市场集中度也相对较高，市场份额主要集中在掌握与未来主导技术相关的核心高科技企业手中，而且市场份额变动速率较缓慢，即使销售额快速增长，但企业往往并未达到规模经济的盈亏平衡点，需要忍耐一段时间的亏损，竞争对手大多是原有同行或政府新扶持对象，竞争的目标主要围绕主导技术研发和主导产品技术性能展开。

3. 基于经济学属性的战略性新兴产业选择指标体系

综合前面对战略性新兴产业在产业规模、产业组织和产业技术特征的分析，结合产业经济学的相关概念。可以设计出如表 3 所示的战略性新兴产业选择指标体系。

表 3　战略性新兴产业评价指标

	指标名称	指标说明	计算方法
产业规模	市场需求	市场需求弹性	销售额变化率/居民收入变化率
	市场容量	市场产值情况	销售额变化率
	市场规模	市场份额变化率	销售额变化率/GDP 变化率
	市场前景	经济增长贡献变化率	增加值变化率/GDP 变化率
产业组织	市场集中度	赫芬达尔—赫希曼指数	企业份额的平方和，CR（n）
	产业绩效	市场势力、收益率	勒纳指数、净利润/资产存量
	产业壁垒	广告强度	广告费用/销售额
	规模经济	成本变化率	平均成本/边际成本
产业技术	人力资本	人力资本比重	科学家与工程师人数、R&D 人员全时当量
	技术进步	技术进步贡献率	全要素生产率、全要素生产率变化率
	资金强度	资金密集程度	职工人数/总资产
	R&D 经费	R&D 经费增长率	R&D 经费变化率/增加值变化率
	资源消耗	单位产值能耗	能源消耗/增加值
	环境污染	单位产值排污量	污染排放量/销售额
产业影响	前向效应	产业带动效应	影响力系数、感应度系数
	后向效应		
	侧向效应		

四、结语

本文在全国各地纷纷发展战略性新兴产业的背景下，通过对我国战略性新兴产业选择的实践和学术界理论研究现状的剖析，从产业特征和企业行为的角度探讨了战略性新兴产业的选择问题，并提出了相应的选择指标体系。本文认为选择战略性新兴产业，必须要抛开政策解读的惯性思维，从经济学属性出发进行理论界定，依据企业行为判断产业所处阶段，依据产业绩效判断产业的战略性。此种方法的优点是能够为选择战略性新兴产业提供理论基础支撑，较为准确地判断产业所处发展阶段和地位，也能为继续深入研究提供交流平台，但该方法的不足是实证研究依赖于企业层面的微观数据支撑，对微观统计数据质量要求较高。

参考文献

[1] 李晓华．我国战略性新兴产业的所有制结构研究 [J]．当代经济管理，2014 (1)：57 -65.

[2] 张于喆．什么原因导致战略性新兴产业陷入困局 [N]．上海证券报，2012 -12 -06.

[3] 霍国庆．战略性新兴产业的研究现状与理论问题分析 [J]．山西大学学报 (哲学社会科学版)，2012 (3)：247 -257.

[4] 李金华．中国战略性新兴产业发展的若干思辨 [J]．财经问题研究，2011 (5)：5 -12.

[5] 于新东，牛少凤，于洋．我国战略性新兴产业的突出矛盾及相关对策 [J]．红旗文稿，2011 (19)：21 -23.

[6] 白千文．战略性新兴产业研究述析 [J]．现代经济探讨，2011 (11)：39 -43.

[7] 万钢．全面推动产学研合作　加快发展战略性新兴产业 [J]．中国科技产业，2011 (1)：10 -11.

[8] 肖兴志等．发展战略、产业升级与战略性新兴产业选择 [J]．财经问题研究，2010 (8)：42 -49.

[9] 刘洪昌．中国战略性新兴产业的选择原则及培育政策取向研究 [J]．科学学与科学技术管理，2011 (3)：89 -94.

[10] 郭连强．国内关于战略性新兴产业研究的新动态及评论 [J]．社会科学辑刊，2011 (1)：154 -157.

[11] 王新新．战略性新兴产业的培育与发展策略选择 [J]．前沿，2011 (7)：22 -25.

[12] 王博宇．中国发展战略性新兴产业的战略选择 [J]．江西社会科学，2012 (9)：67 -71.

[13] 周晶，何锦义．战略性新兴产业统计标准研究 [J]．统计研究，2011 (10)：5 -10.

[14] 贺正楚，张训，周震虹．战略性新兴产业的选择与评价及实证分析 [J]．科学学与科学技术管理，2010 (12)：64 -69.

[15] 东北财经大学产业组织与企业组织研究中心课题组．中国战略性新兴产业发展战略研究 [J]．经济研究参考，2011 (7)：47 -50.

[16] 张绍勇，孙延风，林永明．厦门市战略性新兴产业统计评价指标体系构想 [J]．厦门特区党校学报，2012 (1)：38 -42.

［17］刘嘉宁．战略性新兴产业评价指标体系构建的理论思考［J］．经济体制改革，2013（1）：172－176.

［18］贺正楚，张训，陈文俊等．战略性新兴产业的产业选择问题研究［J］．湖南大学学报（社会科学版），2013（1）：65－70.

［19］乔晓楠，李宏生．中国战略性新兴产业的成长机制研究——基于污水处理产业的经验［J］．经济社会体制比较，2011（2）：75－83.

［20］贺俊，吕铁．战略性新兴产业：从政策概念到理论问题［J］．财贸经济，2012（5）：108－115.

［21］林学军．战略性新兴产业的发展与形成模式研究［J］．中国软科学，2012（2）：31－39.

军民企业合作中的谈判力不对称问题研究*

彭春丽　张允壮

党的十八届三中全会指出，要坚持市场化改革方向，引导优势民营企业进入军品科研生产和维修领域，推动军民融合深度发展。这就要求国防工业发展在适应市场化改革条件下，军口企业与民口企业共同协作，按照市场机制运行规律，寻求一种最有利于降低成本、提高效益的科研生产以及组织制度安排。军口企业通常指我们所说的军工企业，包括国家现在正式认定的十一大军工企业集团，抛开企业的限定，军口单位还要包括军队自身内部的一些组织和机构。民口企业与军口企业相对，包含民营企业，一些不在军工体制内的国有企业也属于民口企业。军民融合过程中，军口企业一方面可以通过直接采购，购买民口企业的产品或服务，另一方面，军口企业也可以与民口企业开展合作研发或生产，发挥彼此优势，收获军民融合租金。前者由于民口企业具有成型的产品和技术状态，不确定性较少，而后者由于涉及一定的专用性投资，如何确定事后剩余控制权配置和产权安排的谈判就显得尤为重要。本文研究基于 Grossmar 和 Hart 的分析框架，从谈判力不对称的视角观察军民企业合作中的问题。

一、GHM 模型基础与问题的提出

1. GHM 模型基础

Grossmar 和 Hart 提出剩余控制权（residual rights）就是所有权，认为剩余控

* 原载于《装备学院学报》2014 年第 6 期。

制权的配置是改变参与者激励的决定性因素，其配置不当将带来事前专用性投资不足，产生效率扭曲。由于对专用性投资形成的准租金的事后侵占会逆向导致事前专用性投资不足和假定事后双方信息对称，将元效率转换成事前专用性投资不足问题，认为通过赋予投资最重要一方剩余控制权，可以降低事前专用性投资不足，相应的治理结构选择问题就变成产权的配置问题。

借用 Hart 和 Grossmar 的分析框架，可以分析军民企业合作中的产权配置问题。军民企业合作中，若双方投资重要性对等，直接进行市场交易即可。如果双方进行专用性投资以提高事后产出效率，随之而来的问题是双方关系被锁定，机会主义行为对准租金的侵占，使专用性投资方的收益与事前投资决定不一致，进而逆向影响了事前投资，此时一体化策略是一个合适的治理结构。产权理论认为一体化不会改变双方的信息结构，能提高兼并方的投资激励，而被兼并方的投资激励会减弱。因此，军民企业合作中的产权安排应该考虑各方投资的相对重要性，投资最为重要的一方拥有控制权将减少事前投资的扭曲，提高总收益。

2. 谈判力问题的提出

军民企业合作生产或研发时，双方发挥彼此优势，进行专用性投资，提高总效益，获得租金。由于合作契约的不完全性，这部分租金属于可挤占租金，为避免双方关系套牢而被“敲竹杠”，企业间所有权配置的最优模式是由承担主要风险的资本所有者（即对事前专用性投资具有更重要作用的一方）取得剩余控制权。然而，现实情况中的剩余控制权往往并非按照最优模式进行分配，而是由签订不完全合约当事人的谈判力决定。

由于所有权的最终分配取决于双方谈判力的较量，国内外学者辩证地审视决定剩余控制权的事前专用性投资和谈判力的关系，认为专用性人力资本在工人与资本家谈判时占据重要地位。杨瑞龙和杨其静认为资产专用性削弱了当事人的谈判力；赵德海和衣龙新基于此观点，构建了以“综合谈判力”为核心的企业所有权安排分析框架。探讨谈判力的影响因素也成为学界关注的热点。黄桂田和李正全认为要素的相对稀缺程度和可替代性决定了谈判过程中的“谈判势力”；陈炳辉和黄文锋认为决定谈判力地位的是抵押功能和稀缺性；袁建同等综合各学者观点，认为企业各要素的稀缺性、贡献大小、可抵押性、风险承担程度、主动性以及可监督性六方面是决定谈判双方博弈的重要因素。此外，谈判人的强硬程度也被认为是重要的影响因素。

上述对谈判力的讨论以及谈判力影响因素的考察仍是基于 GHM 模型中对权力的假设，即权力由双方物质资产决定，而真实情况的权力可以来源于多种因素，如关系网络等。Tsang 把关系网络看作是一种难以模仿的资源，认为关系网络能够为个人和企业创造出竞争优势。

Claessens 等发现，建立在关系基础上的交易在缺乏法律保护和有效的市场显示信誉情况下，成为企业交易的主要选择。可见，关系网络作为影响企业交易方式的重要因素已经成为国内外学者的共识，而只有对关系进行专用性投资后，才可能兑现承诺，建立较为稳定的合作伙伴关系。作为事前专用性投资的一部分，关系网络还具有稀缺性、专有性等特征，其拥有者将更有可能在谈判中占据优势，因此，关系网络是影响双方谈判力的重要因素。

二、基于专用性投资的谈判力不对称问题分析

由于基于物质资产的“权力”在 GHM 模型以及大量文献中都已经得到较为圆满的解释，本文“谈判力不对称”描述的是这样一种情况，即非物质资产因素同样使得谈判双方权力不对等。

1. 前提假设

研究的基本前提是军口企业和民口企业间存在大量专用性资产，且研究对象限定为优势民口企业与军口企业之间的合作。由于军口企业对产品的性能、制造工艺以及时效等方面都有特殊要求，达到这些要求需要民口企业进行一定专用性投资。假设谈判是重复博弈过程。考虑四个阶段的情况，第一阶段订立契约，由于第三方可证实的事前契约仅仅对物质资产的所有权分配以及交易的时间地点做出规定，因而契约是不完全的。事后，成本或价值的真实状态随着交易的完成逐渐显示，此时的事后谈判是有效率的，但由于专用性投资等形成的“套牢”，从而存在“敲竹杠”的风险。

考虑军口企业与民口企业首次进行联合生产。根据有关规定，民口企业参与军品生产需要获得相应的资格许可证书，包括武器装备科研生产许可证、武器装备科研生产单位保密资格认证、武器装备质量管理体系认证、装备承制单位注册证书等。这些资格许可证书的获得需要民口企业进行投资，属于事前专用性投资。由于国家对取得资格许可证书有明确的要求与规定，取得资格许可证书的民口企业应满足良好的军品生产能力和较好的财务水平等硬性要求，因此，资格许可证书等资格认证在一定程度上代表民口企业的生产能力。这里的资格认证是指获得第三方的资格认证，或是国防科工局的生产许可证及总装备部的资格注册证，这种能力信号的获得统称为资格认证。假设企业的关系专用性投资与企业最

终收益存在正相关，军口企业在市场上寻找生产能力最佳的民口企业进行联合生产。由于信息不对称，军口企业无法识别哪家企业具有更强的生产能力，或者说要识别企业的生产能力所需成本很大。在这种情况下，军口企业对民口企业生产能力的估计为产业平均生产能力。然而，随着生产和研发的推移，能力的真实信息逐渐显示。军口企业将根据合约期民口企业的表现评估其生产能力，并拒绝和生产能力低的企业合作。

2. 专用性投资对军民合作效率的影响

根据投资时序（见图1），在 t = 0 阶段，有意愿进入军品生产领域的民口企业进行关系专用性投资，这种投资无法在契约中得到体现，属于沉没成本，在一定程度上将转化为军工企业获得的不可观测的利润。此后，民口企业根据获得的信息，认为与军口企业合作生产军品的概率较大，再向相关部门申请资格认证。这笔投资也属于不可写入契约的专用性投资。此外，在缔结契约前，双方还将在非合作情况下进行专用性投资。t = 1 时，军口企业与民口企业缔结契约。随着自然状态显现，民口企业的真实成本和生产能力信息逐渐显现，军口企业和民口企业的再谈判是分析问题的关键。

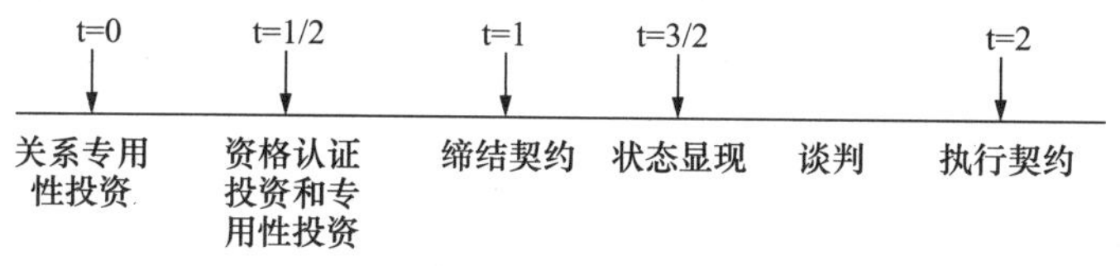

图1　民营企业的投资时序

静态情况下，军口企业与民口企业间存在“敲竹杠”风险。由于民口企业与军口企业的合作涉及大量专用性资产，同时由于契约是不完全的，双方都存在机会主义行为。民口企业为了给军口企业提供产品，进行关系网络投资和资格认证投资，并按照军品标准和生产要求建设或改造自己的生产线和设备，而这些专用性投资建设完毕后，军口企业就有可能采取机会主义行为，如以更换供应商或减少订货数量为条件要求降价。为了规避这种机会主义行为，民口企业期望与军口企业签订长期合同，锁定军口企业与民口企业之间的关系，规定军口企业只能从本企业购买该类产品。反之，这种关系一旦锁定，民口企业就有机会和能力对军口企业采取机会主义行为，如抬价或为了降低成本降低产品质量等。军口企业预知民口企业的这种机会主义行为会在合同中对产品价格以及质量做出详尽规定，但是契约仍然不可能覆盖所有情况。在动态市场上，由于契约的不完全性，一旦市场发生变动，而此时机会主义行为能给自己带来收益时，双方都会采取机会主义行动。

接着考虑“敲竹杠”风险在存在关系专用性投资和资格认证投资情况下的变化，以及这种变化对双方合作效率的影响。关系网络的存在使军民企业合作建立在狭窄的信任渠道上，在一定程度上使得军口企业对民口企业生产能力估计高于真实水平，并增加了民口企业的谈判力。因此，在相同产品质量和成本信息下，关系专用性投资较高的民口企业与军口企业进行合作时，与关系专用性投资较低或为零的民口企业相比，双方交易成本更低，容易维持原有高价，并续订契约，进行下一步合作。在可能情况下民口企业还会对产品进行抬价，谋取高额利润以弥补其事前的关系专用性投资、资格认证投资和其他专用性投资所付出的成本。假设所有民口企业的关系专用性投资分布是均匀的，军口企业将根据成本信息和生产能力的真实状态显现在再谈判时调整行动，拒绝与低能力和高价格的民口企业进行合作；假设关系专用性投资分布不均匀，在再谈判阶段，除非更换供应商带来的收益超过其之前获得的利润，否则不会更换供应商，因此，关系专用性投资分布的均匀情况成为影响真实状态显现的主要因素。由于关系专用性投资属于一对一专用性投资，各企业不可能完全相同，因此分布不均匀更符合现实情况。此外，在信息不对称情况下，关系专用性投资往往会直接影响资格认证的获得，使得资格认证作为民口企业质量信号的可信度有所折扣。因此，在关系专用性投资分布不均匀情况下，投资高的民企更容易降低交易成本，维持高生产能力显示，从而在再谈判过程中获得相对较大的收益，实际上是对军民合作租金的挤占，降低了军民企业合作总效率。

关系专用性投资和资格认证投资的存在，通过降低关系网络和资格认证持有者的民口企业与军口企业合作的交易成本，提高了优势民口企业相对军口企业的谈判力，降低了对不合理产权安排的修正概率，巩固了民口企业与军口企业的锁定关系，从而强化了“敲竹杠”风险。由于关系专用性投资和资格认证往往无法全面真实反映民口企业的实际成本信息和生产能力，而军口企业首次与民口企业合作时往往依据关系专用性投资和资格认证进行选择，且关系一旦锁定，更改的成本较高，将会带来效率与效益的损失。

三、军民企业合作共赢的对策建议

关系网络和资格认证等专用性投资使民口企业和军口企业间存在一定的谈判

力不对称，造成效率扭曲。为此，可从建立科学合理的信息发布制度，公平公开的招投标机制，优化资格认证或许可审批制度和程序，创新军民企业合作方式和渠道等多个层面入手，在安全保密的前提下，尽可能降低民口企业进入军工科研生产的门槛，以消除或降低关系专用性投资和资格认证成本的影响，从源头上解决效率扭曲问题。

1. 建立科学合理的信息公开制度

军品需求信息与民营企业技术和产品供给信息难以实现双向流动，在一定程度上提高了军民企业合作的交易成本。因此，要完善企业信息公开制度，特别是完善军工企业需求信息和民营企业供给信息，建立公平公开的招投标机制，实现军民企业的双向信息公开，以降低企业合作的交易成本。

2. 优化资格认证或许可审批程序

实现“行政放权”，要进一步深化行政审批，在标准问题和企业规模问题上，根据民企的技术现状和军事需求度优化标准体系，使得一些具有较高水平的优势民营企业，不论其产值大小、人员多少，只要能较好满足军事需求、提高军事采购效益，都有机会直接进入军品领域或与军口企业开展合作生产。

3. 推动军民企业合作方式多样化

囿于对国防科研保密的传统认识，国家在批准类似收购案时并未放开，导致通过资产收购、参股、控股等方式进入军口企业的民营企业并不多，也阻碍了有利于效益最大化产权安排的实施。因此，在保证国防核心技术保密前提下，应积极推动民营资本进入军口领域，放宽对民营企业注资军口企业的行政审核，为军民企业合作生产多样化创造宽松的环境。

国防工业基础军民融合边界研究*

谢玉科　卢周来

一、引言

国防工业基础走军民融合式发展之路，既是世界主要国家的基本做法，也是我国推进国防建设科学发展的必由之路。当前，国家正对国防工业基础进行改革调整，使其从板块式军民结合向一体化军民融合转变。然而，在转变过程中我们面临着一个重要理论问题，即我国国防工业基础的军民融合边界应该划在哪里？也就是说，"武器装备科研生产任务"哪些可以通过融合的方式转移给民用工业基础去完成？哪些只能靠国防工业基础进行保障？这些理论问题得不到解决将会持续制约国防工业基础的军民融合式发展。本文在理论和实践结合层面，确定我国国防工业基础军民融合边界，以回应国防工业基础改革调整过程中遇到的难点与热点问题。

二、确定国防工业基础军民融合边界的重大意义

1. 有利于更加充分利用民用工业基础的经济资源，提高军队建设效益

利用民用工业的经济资源而不是完全依靠国防科技工业来推动武器装备建

---

* 原载于《科技进步与对策》2014 年第 6 期。

设，能够发挥民用工业的成本和技术优势，降低武器装备建设成本。同时，由于武器装备建设的部分资源直接取自民用工业，也有利于国防科技工业把自身有限的资源集中保障于那些民用工业无法提供的领域，可以提高军队建设效益。从全社会看，利用民用工业的经济资源推动国防建设，还能够发挥国防建设需求对经济社会发展的牵引作用，有效提高民用工业经济资源的利用效率和全社会的资源配置效率。

2. 有利于维护国防工业基础的核心军事保障能力

在国防科技工业改革过程中，不断推进军民融合与维护核心军事保障能力二者缺一不可。一方面，通过不断推进军民融合，把能够依托民用工业完成的武器装备建设任务交给民用工业基础，有利于和平时期武器装备建设能够更好地从整个经济体系中获得技术和资源支撑，有利于发挥国防建设对经济发展的牵引作用；另一方面，维护国防科技工业的基础核心军事保障能力，有利于维护和提升国防科技工业技术创新能力，有利于在民用工业支持动荡或者缺失的环境下，国防科技工业能够有效地完成战时关键装备保障任务。因此，在和平时期国防科技工业发展过程中，要特别重视发挥军民融合的作用。而为了确保军队在任何条件与环境下都能得到可靠的武器装备保障，并有效履行作战任务，维护国防工业基础的核心保障能力同样重要。不仅如此，随着军民融合范围越来越广，程度越来越深，武器装备建设对民用工业经济资源的依赖越来越大。此时，要确保高效的国防科技工业军事核心保障能力，以防止因大量使用民用工业经济资源而弱化国防科技工业核心保障能力。这样才能真正发挥国防工业与民用工业两种资源的优势，取长补短，形成国民经济与军事经济兼容互利、协调发展的机制和格局。

3. 确定国防工业基础军民融合边界并加以制度化，是世界主要国家的通行做法

世界主要国家对武器装备建设任务的哪些领域、哪些项目可以“融入”民用工业，哪些不可以“融入”民用工业都有明确规定。法国明确规定一些核心国防工业必须由国家掌控，不得由私营部门进入。美国根据战时满足作战需要以及平时提高军队建设效益的要求，明确划定了军队必须维持的核心保障能力，并以法典的形式加以法制化。随着私人承包商越来越广泛地参与武器装备保障，1984 年，美国国防授权法案中第一次提出“核心保障能力”概念，将其定义为“维持武器系统和其他军事装备所必需的能力。”《美国法典》第 10 编第 2464 条明确规定“维持核心保障能力所必需的工作不可以承包给非政府方。”2009 年 1 月 15 日，经参联会主席马伦签发、美国国防部出台的新版《联合作战顶层概念》

文件中，明确把“导致军队对私人部门的过度依赖”，作为“运用《联合作战顶层》过程中面临的众多风险之一”，为防止“风险”出现，美国国防部通过不断出台、修正或充实《美国法典》《国防授权法案》《国防部指令》等形式，调整私人承包商进入军事领域的边界，在总体扩大利用民用工业经济资源的同时，又确保国家所拥有的国防科技工业核心保障能力。在将国防工业建设深深融入国民经济体系的过程中，越是面对武器装备建设的资源基础多元化，越要根据不断提高我军打赢信息化条件下局部战争的核心能力需要，研究和明确国防工业基础的军民融合边界，将其作为推进军民融顶层设计的有机组成部分，并以适当的形式加以制度化，这样才能真正确保我军在任何时候、任何条件下有效履行使命时都能获得有力的武器装备保障。

三、确定国防工业基础军民融合边界的理论依据

从国防经济理论研究层面看，世界主要国家研究“国防工业基础”核心军事保障能力边界时，一般都运用交易成本经济理论框架（Transaction Cost Economics，TCE）。对该理论发展做出最大贡献的是美国著名经济学家、2009 年诺贝尔经济学奖得主奥利弗·威廉姆森（Oliver Williamson）。

1. 交易成本经济学理论概述

TCE 理论关注的一个重点问题就是现实交易中为什么会出现不同的合同类型？这些不同的合同类型基本样式有三种：第一种是“古典”合同（Classical contract），即交易各方按纯粹的市场通行规则进行交易。在这种交易中，双方的具体身份并不重要，双方都无须专门签订对等合同，而只需遵守一般交易的法律规则。最典型的范例是顾客与超级市场之间的交易。第二种是“关系合同（Relational contract）”，也叫“双边治理合同”。合同双方必须通过专门的谈判来找到双方都能接受的交易方式。第三种是“内部合同”（Inside contract）或“纵向一体化治理合同”，即交易各方被并入一个组织内部，以类似企业的形式把各方关系固定化。

TCE 理论认为，决定交易各方采取不同合同类型的原因在于最大限度节省交易成本和新古典生产成本。其中，交易成本又被界定为“生产过程之外的成本”或“交易过程中产生的成本”。交易成本的产生主要有三个因素：一是交易机会主义行为导致的成本。比如，当买方按合同约定已给付了购买产品或服务的费用

之后，卖方却可能推迟交货甚至威胁必须提高价格否则不予供货。要消除卖方这种机会主义行为，必须付出成本。二是风险成本，指交易各方由于环境变化或不可抗力导致的意外事件而无法履行合同产生的成本。三是时间成本，指交易各方为找到合适的交易对象，为与合适的交易对象达成契约进行讨价还价所花费的时间。

导致以上三种成本的因素很多，但威廉姆森从中挑选出三种最重要的因素，这三种因素相应地决定了交易成本的大小。首先，资产专用性程度决定机会主义成本大小。资产专用性（Asset Specificity），是指为履行某一合约而购置的资产如果转用于其他用途，就会产生贬值。贬值的程度就是资产专用性程度，资产专用性程度越高，履行合约过程中被对方“敲竹杠”（Hold - Up）而导致的损失就越高。原因是所购置的资产专用性越高，资产被原先用途“锁定”的程度越大，资产转作他用导致的贬值越多，甚至根本无法转作他用。对手正好利用这一弱点，要求获得合约之外的更高利益。其次，不确定性程度决定风险成本大小。不确定性程度是指未被预测到的“意外”（Surprise）可能发生的概率。显然，不确定性程度越高，风险成本越大；反之则反是。最后，交易频率与交易标准化程度决定时间成本大小。交易频率的衡量指标是某一给定时间段内交易的次数。交易的标准化程度又与资产专用性程度联系在一起，一般来说，通用性越强，交易标准化程度越高；反之则反是。如果交易标准化程度高，即使交易频率很高，因为交易各方不需要每次都就交易进行谈判，所以时间成本较小。反之，如果交易标准化程度低，交易频率却很高，交易各方必须每次就交易进行谈判，时间成本将非常高。

TCE 理论认为，具有不同交易属性的经济活动，对应着不同的最优合同类型：①“古典合同”对应的是资产专用性程度低、不确定性程度低的高度标准化的交易。因为在这种情况下，如果用“关系合同”把交易双方的关系固定下来，反而因为没有选择余地使得市场竞争消失，最终导致福利损失。这就好像一位购买者本来可以在市场挑选更加物美价廉的某产品，但因为他签订了唯一的供货商，即使供货商所给的商品和服务质次价高，他也没有办法改变现状。这种情况下，更不可能用“内部合同”或“垂直一体化合同”。正如亚当·斯密曾经举过的例子：我们需要一个曲别针，如果由我们自己生产，成本高得可能无法想象。但我们如果去市场采购，只有几美分。市场是最主要的治理结构，尤其是当交易重复进行时，市场最为有效。因为双方仅凭已有经验就可以确定是继续保持交易关系还是以极小的转移费用去寻找新交易伙伴。由于是标准化交易，寻找另一种交易安排也不成问题。因此，即便是持久的交易关系，也可以通过一系列短期契约来维持。②“关系合同”对应的是资产专用性程度较高、交易频率较高、不确定性程度较高的混合性非标准化交易。因为，资产专用性程度较高，最怕对方中途违约，使得已经形成的专用性资产贬值。也因为资产专用性程度较高，如果交易频率也较高，而每一次交易都到市场中临机寻找合适的缔约方再进行一对一谈判，时间成本也太高。与此同时，在不确定性程度较高时，保证交易的安全与可靠显得非常重要。因此，在此背景下，通过长期合同将交易各方关系固定化，是交易成本最为节省的一种方式。③“内部合同”“纵向一体化”对应的是资产专用性程度特别高、不确定性程度特别高的交易。在这种模式下，会出现一种极端情况，即市场中找不到交易者。由于资产专用性程度非常高，一旦交易方出现违约，已形成的专用性资产会极度贬值。显然，作为“理性经济人”不会在市场上进行专用性资产投资。在不确定性非常高的情况下，面临的不可预知风险颇多，订立合同也不可能。因此，“纵向一体化”将被采用，即由一方来买断另一方，完全控制整个交易并承担全部责任。“纵向一体化”的优势在于，它把专用性程度和不确定性程度高的交易活动内部化，实现了交易活动的连续性和稳定性，并且交易活动内部化后，联合利润最大化可在一定程度上得到保证。

TCE 理论框架广泛应用于讨论企业与市场的边界，也被许多经济学家用来研究国防工业领域的相关问题。

2. 交易成本经济学理论在国防工业基础研究中的应用

美国著名国防经济学家邓恩（J. Paul Dunne，1995）从“军事或战争行为专用性程度”角度，把军用产品与服务按照军事专用性程度从高到低分为三类：①大型或小型的杀伤性武器系统；②非杀伤性的战略物资；③军事部门日常消费的其他产品。邓恩指出，由于专用性程度不同，军用产品与服务的军民界限也不同：第一类产品与服务，具有军事或军队专用性，与民事部门基本没有关系，也不可能军民共用或通用。第二类产品与服务，如军用油料、军用飞机或舰船等，其技术专用性不强，但最终产品专用性较强。这类产品与服务的上游与中间部分可以军民通用或共用，但最终产品与服务仍然是军事专用。第三类产品与服务，如食品、服装、娱乐等，无论是技术还是最终产品都是军民通用。邓恩虽然对军用产品和服务按照军事专用性程度进行了分类，但他没有对三类产品应该由谁提供的问题进行研究。

国防经济学者沃克等（Walker et al.，1998）和斯科菲尔德（Schofield，1993）则进一步指出了不同专用性程度的产品应该由不同部门来提供。他们首先从“专用还是通用”的角度，分析了军用产品（服务）的主要特征，认为国防工业领域“存在着一个从系统最终产品，一直到军民品界限逐渐淡化的低层次部件构成的产品等级系列。”如图 1 所示。

在沃克看来，图 1 中越是处于顶层或接近顶层的军事专用性强的产品，越应该由国防工业基础的核心供应商来提供。而一旦到了子系列及以下的分装、部件及材料层次，非国防工业基础的私营部门相关企业也都可以参与提供和保障，这些私营部门构成国防工业基础核心供应商的分包商或采购方。沃克等认为，国防工业基础的核心应该受到国家保护。

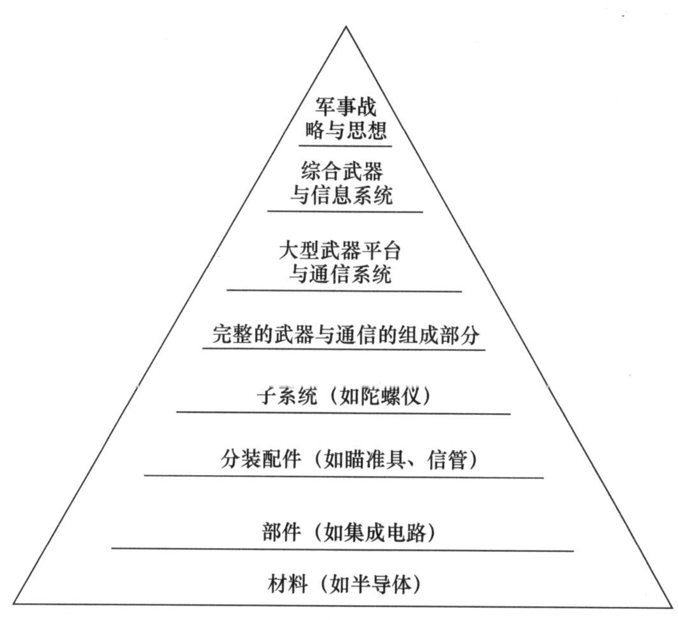

图 1　军用产品或服务的军事专用性程度等级结构

研究武器采办模型的先驱佩克和谢勒（Peck M. J. and F. M. Schere，1964）是最早引入交易成本经济理论研究军事合同特点的国防经济学家。他们注意到，军事采办合同较之于一般交易合同有两大特点：

（1）军事采办存在很强的不确定性。主要有两种不确定性，即内部不确定性和外部不确定性。内部不确定性一般由技术问题带来，如军方在合同中提出的技术在当前不可行，或者由于整体技术进步使得供应商拥有的技术已经过时，都会引发采办结果的不确定性。外部不确定性主要由武器需求不确性引发，一国对某种武器装备的需求取决于一系列因素：外部威胁、可替代的武器装备供给情况、军方采办意愿、国家经济发展状况等，由于这些因素时刻处于变化状态，使得军事采办的不确定性大量存在。这些不确定性使得军方与国防厂商所订立的长期合同或者固定价格合同很难完全执行，甚至变得不可行。

（2）军事采办存在着唯一需求方的垄断市场。军方是唯一的买者，这决定了厂商的技术与生产设备的专用性很强。这一特点所引发的主要后果是，厂商担心他们将自有资金用于新武器研发或者有形资本投资时，在军事采办存在不确定性的情况下，这些投资和费用将得不到有效补偿。如果没有相应机制来保障，厂商根本不愿意进行国防专用性资产和装备研发的投资。为此，国防采办部门往往通过三种途径加以应对：①由国防采办部门直接投资进行国防研究与发展；②由厂商自身投资于专用设备和专用研发，采办部门与厂商则签订保证合同，即使采购项目失败或者取消，厂商投资于专用设备及研发的费用也会得到补偿；③建立大量激励规则和政策，鼓励厂商主动开展国防武器装备研发工作。该激励机制的核心就是通过军品采办高利润的吸引，发挥国防市场竞争机制的作用，刺激国防厂商主动投资国防研发和投资专用设备。

交易成本经济学及其在国防经济领域的应用，对于研究国防工业基础军民融合的边界具有重要启示。我们也可以把研制生产武器装备所需的各项资源分为三类：第一类是资产专用性程度低和供应不确定性低的产品（服务），可以完全由市场提供，以竞争性市场采购方式筹集，如一般性原材料。第二类是具有较高资产专用性和较高程度供应不确定性的产品（服务），如武器系统的部件、集成电路等，可以部分由民用厂商提供，但军方需要与民用厂商签订长期合同来确保供应。第三类是资产专用性极高或者不确定性程度极高的产品（服务），只能由国防厂商来保障。显然，交易成本经济理论为分析这三类资源筹集提供了理论框架。

四、国防工业基础军民融合边界确定

为了简化问题，使理论分析的逻辑线索更为清晰，我们将“全部的国防科技工业组合”抽象理解为“一个”能生产各类武器装备的“国防工业集团”。由此，国防工业基础军民融合边界理论分析，就变成了对这个“国防工业集团”军民融合边界的理论分析，即哪些项目和哪些领域应该在“集团”的边界之内，由这个“国防工业集团”来承担，哪些项目和哪些领域应该在“集团”边界之外，交给市场即民用工业基础去完成。

1. 国防工业基础军民融合边界确定依据

通过对“交易成本经济学”的合同分析，不难理解，不同的合同类型都是为了降低交易成本，以保证交易的经济性、可靠性与及时性。而与一般交易合同首先满足经济性即满足预算约束不同的是，由于军事领域的对抗性与风险极高，在国防工业领域的武器装备供给中，可靠性和及时性放在第一位，经济性原则放在第二位，即在满足可靠性前提下，再满足经济性要求。在“交易成本经济”理论框架中，影响可靠性、及时性和经济性的两大因素是资产专用性程度和交易不确定性程度，这两个因素也是确定“国防工业军民融合边界”的主要依据。

（1）资产专用性程度。一个产品（服务）的军事专用性程度越高，则通过市场由民用工业去完成该产品（服务）的成本就会越高，产品（服务）应该由国防工业自身来生产。反之，如果军事专用性程度较低，产品（服务）就应该由民用工业去完成。与此相联系的是标准化程度，标准化程度越高，就越适合通过市场由民用工业来生产。反之，标准化程度越低，项目越是只能由国防厂商自身进行生产。以核弹制造公司为例，对于那些通用性强，随时可以在市场上购买的办公用品，企业完全可以通过市场来实现交易，一般不需要订立合同，对于那些有较高程度军事专用性的生产设备，企业一般与生产设备供应商订立双边供货合同，对于那些专用性程度极高和不确定性极高的核弹材料铀－235，一般由企业自身来生产供应，交易关系需要内部化到企业中去。

（2）产品（服务）供给的不确定性程度。产品供给的环境风险与不可预测性越高，依靠民用工业基础进行保障的可行性就越低。反之，产品（服务）供给环境越具有稳定性或可预测性，依靠民用工业基础来供给的可行性就越高。由此，不难确定，越是战争环境或应急状态中所需要的产品（服务），为了保证其保障的可靠性和经济性，越需要国防厂商自身提供。而在和平时期武器装备建设中，借助民用工业力量就具有优势。

2. 国防工业军民融合边界划定

根据上述两条主要依据，可以划定国防工业基础军民融合边界。

如图 2 所示，横轴表示产品性质的军民通用性程度，纵轴表示产品供给的确定性程度。在原点 O 处，产品具有纯粹的军事专用性，其供给的环境风险与不可预测性最高。线段 AB 为产品军民通用性程度为 A 和产品供给确定性程度为 B 时的连线。从图 2 中不难看出：

（1）越是靠近 O 点的产品，其军事专用性程度和不确定性程度越高，其生产和供给越应该由国防工业部门来保障，而不是交给市场，由民用工业来生产和提供。越是远离 O 点的产品，其军民通用性和确定性程度越高，其生产和供给越应该交给市场，由民用工业部门来承担。

（2）在远离 O 点过程中，必然存在许多这样的产品，即产品由国防工业基础来提供的综合边际成本 MCM 与由民用工业基础来提供的综合边际成本 MCC 相等，即 MCM = MCC，将所有符合此条件的产品连成线，这条线就是国防工业基础军民融合边界。这里的综合边际成本主要包括边际生产成本和边际交易成本。我们假定这条边界是产品供给的确定性程度 B 点和产品性质的军民通用性程度 A 点之间的连线。AB 线段右侧的广阔区域，表示产品性质具有较高的军民通用性，其市场供给具有较高的确定性。因此，这些产品的生产和供给比较接近于“标准化交易”，应该通过“军民融合”的方式，交给市场或者民用工业去完成。AB 线段左侧的区域即 OAB 的面积，表示产品性质具有较高的军事专用性，产品市场供给具有较高的不确定性。因此，这些产品的生产和供给应该留在国防工业部门内部完成，它也表示国防工业基础必须保留的核心保障能力。

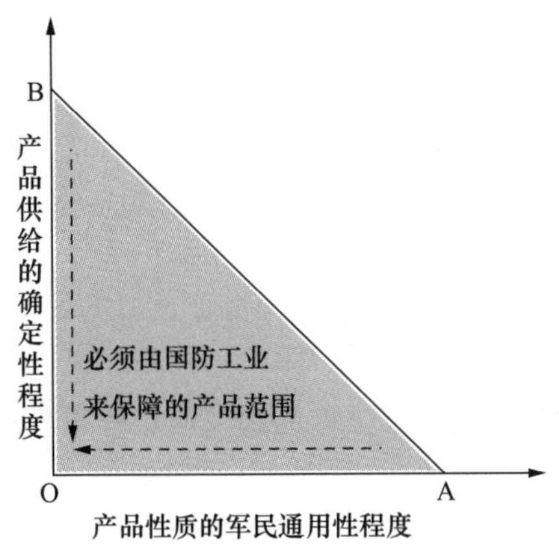

图 2　国防工业基础军民融合边界

（3）当产品的军民通用程度及产品市场供给的确定性程度沿着图 2 中虚线所示方向递减时，三角形面积也将缩小，表明国防工业基础的军民融合范围在扩大，程度在加深。

（4）在产品性质的军民通用性程度或供给环境的确定性程度两条标准中，只要有一项为 0，交给市场去生产的可能性即为 0，亦即只能依靠国防工业来保障。

五、国防工业基础军民融合边界在实践中的具体运用

根据理论上确定的融合边界，可以把武器装备采办过程中各个阶段的“主要

项目”，根据其军事资产专用性程度和交易环境不确定性程度，在实践中分别归由军队、国防工业基础和民用工业基础来完成。

1. 武器装备研制阶段

对事关武器装备革命性转型的先进技术，或者具有广泛和深刻影响的基础性技术，其预先研制应由军队自身的科研机构来保障。对于武器装备性能边际改进和提升的前沿技术，其预先研究应由国防工业基础来承担。对军民通用性强的一般性技术，其预先研制可通过竞争性采办从民用工业基础获取。

2. 武器装备生产阶段

一些战略性武器如核武器、生物武器、化学武器及太空武器、综合武器与信息系统（如国家预警平台）、大型武器平台与通信系统、完整的武器与通信的组成部分，应该由军队和国防工业基础的核心企业来提供。子系统、分装配件、部件（如集成电路）和材料等，宜通过竞争性采办从民用工业基础获得。

3. 武器装备维修阶段

战场环境下主战装备核心维修能力宜由军队自身进行保障。平时条件下，一般通用性维修服务宜通过竞争性采办方式从市场获得。基层级专业维修能力应由军队自身进行保障。中等专业维修应由军队和国防工业基础核心供应商共同保障。大维修宜由国防工业基础核心供应商进行保障。

当然，上述“项目安排”的界线并非固定不变。在信息化条件下，军民通用技术在武器装备生产中被广泛运用，军用技术标准和民用技术标准日益趋同，武器装备生产的资产专用性程度逐渐降低，从而使得民用工业基础承担武器装备生产任务面临的技术障碍和标准障碍在不断减少。这种变化趋势必然会扩大和加深国防工业基础的军民融合范围及程度，相应地，上述“项目安排”的界线，即国防工业基础军民融合的边界会发生相应移动，表现为图 2 中的 AB 线段向左移动，OAB 的面积变小，也就是说，由国防工业来提供保障的武器装备生产范围会变小。国防工业会更加专注于战略性和关键性武器装备的研制和生产，更加专注于武器装备研制和生产的关键阶段，而众多非关键性生产阶段和军民通用性强的零部件生产，将通过分包的形式委托给民用工业基础去承担。在武器装备建设任务的牵引下，国防工业基础周围会形成一个主要由民用厂商组成的，具有各种网状结构联系的产业集群，武器装备将在产业集群中由许多企业基于分工而共同生产出来。

参考文献

[1] 卢周来，于连坤，姜鲁鸣．世界各主要国家军民融合建设评介［J］．军事经济研究，2011（2）：69－71.

[2] 奥利弗·威廉姆森，斯科特·马斯特．交易成本经济学［M］．北京：中国经济出版社，2005.

[3] 托德·桑德勤，基斯·哈特利．当代国防经济前沿［M］．曾立，黄朝峰，李湘黔等译．北京：军事谊文出版社，2011.

军工企业“大而全”“小而全”问题的经济分析*

王 成 吴 鸣

我国军工企业“大而全”“小而全”的问题比较复杂，既有历史的原因，又有现实的经济根源。“三线”建设时期，军工企业曾经出现以区域布局的“大而全”“小而全”，其目的主要是出于备战备荒的战略考虑。改革开放以来，虽然国际形势缓和，非公经济快速发展，国有企业出现大规模兼并重组，产业结构得到显著升级，但是我国军工企业“大而全”“小而全”的问题并没有多大的改观。军工企业“大而全”“小而全”的问题有其产生的经济根源。实际上，军品市场的信息不完备、专用性投资和资产专用性是决定军工企业“大而全”“小而全”的根本原因。

一、信息不完备造成交易双方的遏制

军品市场是一个典型的不完全竞争市场，产品价格和交易量不是由市场自由决定的，而是由供求双方通过谈判共同商定的。信息不完备会造成交易双方的相互遏制，产生无效率的结果。为简化分析，我们先忽略掉专用性投资，设有两个当事军工厂商：供给者和购买者。假定有两个时期：事先（$t=1$）与事后（$t=2$）。他们在时期 1 可以签合约，也可以不签合约。在时期 2 刚刚开始时，他们双方都可以知道交易所带来的好处，可是在时期 1 时，交易的好处对他们中的每一方来说，都只是一个随机变量。为什么要等到时期 2 双方才知道交易的好处呢？可以这样设想：供方为求方所进行的投资项目在时期 2 实现了效益。假定交易品

* 原载于《军事经济研究》2014 年第 9 期。

是不可分割的，于是时期 2 的成交额为 1 或 0。买方对于该交易的主观评价为 v，供方生产该交易额的实际成本为 c。因此，交易的净所得应为 $v-c$。问题是如何在供求双方之间分割这“$v-c$”。如果价格为 p，那么进行交易，买方的剩余为 $v-p$，卖方的剩余为 $p-c$。如何分割，取决于 p 的水平。

设在时期 1 双方对于交易没有签合约。到时期 2，谈判就会出现。谈判涉及两个问题：要不要进行交易？以什么价格进行交易？如果信息是完备的（即在谈判前双方都知道对方的 v 或 c），那么是存在有效交易的，并且有效交易的充要条件是 $v \geq c$。此时 p 只取决于双方的力量对比。至于事后的交易无效问题在这种信息完备的场合并不会发生。

在军工行业实际生产中，v 与 c 往往是私人信息。v 只为买方自己知道，c 只为供方自己知道。这样就可能产生无效的结果。举例来说，如果 c(成本)是共同的信息，而 v 只为买方知道。供方只相信，v 在封闭区间$[v_1, v_2]$内的概率分布 $F(v)$($F(v_1)=0$，$F(v_2)=1$)，其密度函数是 $f(v)>0$。假定从交易中获利的概率为正(即 $v_2>c$)(如果 $v_2 \leq c$，就不会有获利的可能性)。又假定，供方在时期 2 拥有全部的谈判权，即价格完全由供方决定，买方“爱买不买”。这样，卖方只有当自己对交易的主观评价大于或等于 p 时，交易才会发生，出现交易的概率是 $1-F(p)$。

这样，对于供方来说，其预期的利润为

$$\pi(p)=(p-c)(1-F(p)) \qquad (1)$$

这是一个价格 p 的函数。对（1）式求关于 p 的一阶条件，得

$$[1-F(p)]-f(p)(p-c)=0 \qquad (2)$$

这是说，如果价格从 p 上升到 $p+dp(dp>0)$，那么供方的边际所得为 $dp[1-F(p)]$；但价格上升对于供方的边际损失为 $dp \times f(p)(p-c)$。因为一旦供方在 p 点再提高一点点价格，就会有 $f(p)$ 的可能使得买方退出交易。在最优点，左右两边相互抵消。从(2)式中可以看出，实际价格 p 在$[v_1, v_2]$之间。原因是如果 $p=c$，供方会无利可图，而只要提高价格，对他来说，即存在获利的概率。

通过分析，我们知道在信息不对称的条件下，即使 $v-c>0$，交易也可能会不存在。如果 c 与 v 都是私人信息，一般来说，事前协商好的价格就不会再有效，因为事后会有一方要求修改协议，进行重新谈判。而这会产生交易费用，这时双方都可能会对对方进行遏制。

我们知道军工行业由于产品的特殊性，产品和企业信息一般都有很高的保密要求，造成军工市场的信息不完备程度远远高于民品市场。可以说军工行业的信息不完备性是造成军工企业“大而全”“小而全”的重要原因。由于军工市场的不完备性，现实中的军工企业为了节约搜寻成本以及避免较高的交易风险往往倾

向于扩充企业边界，需要什么就自己生产什么。

二、专用性投资造成的交易风险

现在假定不存在信息不完备的问题，即 c 与 v 都是公共信息。但供方可以在事先($t=1$)进行专用性投资，这种投资可以降低事后的边际成本。但该投资是为事后的交易专门进行的，如果在事后交易没有发生，那么供方就会有损失。我们假设，合约是在 $t=2$ 期初签订，这时供方已知买方的评价 $v=3$。供方如果在 $t=1$ 期进行了专用性投资，设 $I=2$，那么等到 $t=2$ 期，供方的边际成本为零；而如果供方事先不进行投资($I=0$)，则到 $t=2$ 期，其 $c>3$。在信息完备的条件下，假设事后买卖双方之间的谈判导致纳什均衡，即他们之间均分交易所带来的好处。于是，如果供方事先进行了投资，则 $v-c=3$，供方和买方就各得 1.5 的剩余。如果供方在事先不进行投资，那么 $v-c<0$，就不会有事后的交易发生，买卖双方的剩余为零。我们可以专门考察供方的利益：如果他在事先不投资，那么其剩余为零；如果事先进行投资，那么其事后的净剩余为 $1.5-2<0$。显然，比较这两种可能的结果，供方从私利出发，会选择事先不投资。但是从社会利益角度考察，如供方进行事先的投资，那么社会净剩余为 $v-c-I=1>0$，显然供方应该事先进行专用性投资。可见，事后定价的纳什均衡，会导致供方事前的投资相对不足。它揭示了只要进行事前投资的一方在事后不能获取投资降低成本所带来的全部节约，只要交易的另一方能在事后通过使用“我不参加交易了”这种否决权来讹诈一部分事前投资的利益，那么事前的专门性投资就会不足。

从上面的分析可以看出，军工企业“大而全”“小而全”在一定程度上避免了军工企业事前专用性投资的不足和可能发生的交易失败风险。目前，我国军工行业计划色彩仍然十分浓厚，合同不规范，法制不健全，造成了军工企业为了避免被遏制和交易失败，往往会采取“大而全”“小而全”的企业模式。

三、资产专用性造成企业边界的扩展

从买方角度来看，如果需要购买的产品存在高度的资产专用性，也可能会造成企业边界的扩张，形成“大而全”“小而全”的企业模式。那么，军工企业如何决定所需产品是通过从外部进行购买还是通过并入其他企业自己生产呢？我们可以通过下面的模型进行分析。

假设企业从外部购买所需产品，其所花费的成本除产品价格之外还要付额外的“交易成本”：

$$G = W(s) + ACW' > 0 \tag{3}$$

其中，G 代表企业的成本，W 代表交易成本，s 代表资产专用性程度，AC 代表产品的价格（等于平均成本）。资产专用性程度越高，面临被“敲竹杠”的概率越大，则从外部购买的交易成本越高，于是有 $W' > 0$。资产专用性参数的取值范围为 $0 \leqslant s \leqslant 1$。若 $s = 0$，说明无资产专用性，那么买方就可以到市场上随意买到所需产品，这时买家只需要付正常的购买费用；若 $s = 1$，说明资产专用性非常高，一旦买方需要该种产品，那么提供专用资产的企业就处于垄断的地位，无法找到另一家替代企业，这时买方就要支付很高的交易成本。

假设企业通过兼并，把对方变为自己的一个部门，它就不会产生遏制的问题，但会产生“内部治理成本”：

$$G = a + AC \tag{4}$$

其中，a 表示“内部治理成本”。

这样，企业就会面临两种成本：一种是从外部购买所面临的交易成本，另一种就是自己生产并管理专用性资产所引起的内部治理成本。我们假定：

$$W(0) < a < W(1) \tag{5}$$

（5）式是说，当资产专用性程度为零时，从外部购买产品的成本会小于并购企业自行生产的成本；但当资产专用性很高时，从外部购买产品的成本就会大于并购企业自行生产的成本。

由于 $W' > 0$，因此存在着一个资产专用化程度的临界水平 s^*，使得 $W(s^*) = a$。当 $s > s^*$ 时，企业应该通过并购，让提供专用性资产的部门成为自己的一部分；当 $s < s^*$ 时，则可以让内部某些部门分离出去，成为另一家独立的企业，原企业需要产品时直接购买就可以了。从这个意义上来说，s^* 实质上规定了企业的边界。资产专用化程度低，企业容易分别经营；资产专用化程度高，企业倾向于扩张边界，把一切统进来搞成“大而全”“小而全”。

从军工企业的实际情况来看，无论是生产所需的零部件还是制成品，资产专用性都很强，而且专用性投资一旦投入，就变成了专用性资产，除了生产既定产品外别无他用，这样就会造成企业很高的成本投入。特别是大型高科技武器装备的生产，资产专用性强，所以企业往往为了降低交易成本和避免被“遏制”而自己建设零部件配套生产厂商，或者与配套厂商签订合作协议，结成同盟并形成长期合作关系。

四、解决军工企业“大而全”“小而全”问题的政策建议

通过分析，可以看出军工企业“大而全”“小而全”的问题有其存在的客观原因，简单地认为只要对军工企业进行合并重组就能解决“大而全”“小而全”问题的观点是脱离实际的。我们认为军工企业“大而全”“小而全”的这种现状是在既定约束条件下企业不得不为之的选择，原因归纳起来无非是为了避免被“遏制”以及降低交易成本。要实现帕累托改进，就必须根据其产生的经济根源改变其赖以存在的制度环境约束，从而实现规模经济和市场效率的有效融合。

第一，减少行政干预，改革现有的军工集团模式。现有的十一大军工集团事实上形成了十一大垄断实体，军工集团相互之间进行封锁，供求信息得不到有效流通，集团与集团之间相互遏制，迫使军工集团为了避免被遏制什么都自己生产，这又进一步导致不同集团之间的交易成本增加，进入一个恶性循环的怪圈。所以现有的军工集团模式是造成军工企业“大而全”“小而全”最重要的制度性根源。因此，必须打破现有的军工集团依靠行政手段管理军工企业的模式，减少对军工企业的行政性干预，赋予军工企业独立的利益主体地位。这样才能打破军工集团的封锁，使得各种信息在市场上更顺畅地流通，用军工企业之间的相互竞争替代企业与企业的相互遏制，让市场机制在军工市场最大限度地发挥作用，降低军工企业在集团之间的信息搜寻成本和交易成本，使得军工企业“大而全”“小而全”的问题在那些资产专用性不强、专用性投资不高的领域失去生存的土壤。

第二，规范军品采购合同，建立和完善军品市场法规。目前我国军品采购中普遍存在合同不规范、法制不健全，进而造成了军工企业交易没有法律保障，缺乏强有力的规则约束，使得军品市场中经常出现事前投资不足、事后肆意压价行为。为了避免造成损失，军工企业往往希望与供应商和需求方结成同盟，抱团共同规避风险，结果就形成军工企业“大而全”“小而全”的局面。对于专用性投资可能造成事前投资不足和可能发生的交易风险，规范的合同和完善的法律法规能起到很好的作用。交易双方可以在事先写清合约，如果买方在事后以退出交易相威胁来获取供方事前投资的好处要受处罚，并明确规定交易价格。这需要一方面在军品采购市场中推行规范的合同契约制度，另一方面必须建立完善的法律法规对违规行为进行处罚。

第三，转变政府投入方式，建立专用性设备的补贴机制。其实市场进行的交易活动大多会受到遏制问题的困扰，如果一方在专用程度很高的资产上进行了投资，则在客观上就会面临另一方机会主义行为的遏制。相反，如果专用性投资的价值比较低，则遭受重新谈判所带来的风险就比较小。军工企业生产军品所需设备一般都具有较高的专用性，对于那些资产专用性极强的设备，企业为规避风险往往不愿意购入。因此，有必要建立统一的军工企业专用性设备补贴机制，具体方法上可以把现在国防科工委管理的基建技改费拿出一部分成立专用性设备补贴基金。这样，还可以带动军工企业投资热情，推动军工产业的产业升级和发展壮大。

战略性新兴产业军民融合式发展的产业融合分析*

——以核能产业为例

彭春丽　黄朝峰

一、引言

战略性新兴产业是以重大技术突破和发展需求为基础，引领国家经济发展和产业结构转型升级的支柱和主导产业。在培育和发展战略性新兴产业过程中，军民融合式发展是统筹国防和经济建设，坚持富国和强军相统一的重大战略的内在必然要求。然而，实现战略性新兴产业军民融合式发展并非易事，面临诸多困难与挑战。为了破解这些难题，需要在既往研究的基础上，进行深度理论解读。

二、产业融合视角下战略性新兴产业军民融合式发展

产业融合是指通过放松管制来降低行业进入壁垒或者通过技术创新使产品突破产业边界以促进不同需求融合，不同产业内企业采取兼并、一体化、多元化经营突破产业边界相互渗透，最终使得多个独立产业得以合并。自 20 世纪 80 年代以来，产业融合由于在形成新产业、促进产业结构调整以及优化资源配置等方面的作用而受到学术界关注，对产业融合问题的研究也由最初基于信息技术的产业

---

* 原载于《科技进步与对策》2014 年第 22 期。

技术交叉融合现象研究拓展到其他产业及多种类型产业融合领域。集群化、融合化已经成为现代产业发展的新趋势，产业边界模糊化、技术和产品融合化等成为当今产业的发展特征。

广义产业融合理论认为，产业融合是由于通用性技术在一系列产业中广泛应用与扩散，导致过去各自独立的产业边界模糊的过程。从这一视角看，战略性新兴产业军民融合式发展可看作是产业融合的特殊应用，即伴随军民两用技术突破，军工产业和民用产业的产业边界逐渐模糊的过程。战略性新兴产业军民融合式发展涉及军工产业和民用产业之间的技术、企业、需求、制度等要素的协同发展，其外延包括技术融合、企业融合、需求融合与制度融合。

1. 军民技术融合

技术融合是引发产业融合的重要机制，也是促进军民融合的重要基础。技术融合最早由美国学者罗森伯格提出。技术融合的根本原因是不同技术可以满足同一需求，不同技术进行融合能产生新功能或提高现有生产效率，而技术融合的源泉是技术创新。技术融合意味着存在两种或两种以上的技术，根据技术在产品生产过程中的作用及相互关系，可以将技术融合分为技术替代型融合和技术互补型融合。

技术融合是战略性新兴产业军民融合式发展技术创新的必然要求。创新性技术是战略性新兴产业形成与发展的核心要素，而技术研发有两种基本方式：①在现有技术基础上寻求突破，产生新技术替代原有技术，即技术突破方式；②将多种现有技术或改良技术进行融合，产生杂交技术，即技术融合方式。当技术发展到一定程度时，技术突破方式很难成为持久性技术研发方式，这时，就需要通过技术融合方式来取得突破。军民技术转移使国防工业和民用产业都能引入新技术，这对军口或民口是一种技术融合式技术创新，也是在现有条件下技术研发的主要形式。因此，战略性新兴产业技术创新必然要求军民产业在技术转移的基础上，形成长久顺畅的交流机制，即军民产业技术融合。

技术融合是战略性新兴产业军民融合式发展的起点。军民融合式发展涉及技术、产品以及制度等多层面融合，其中，技术融合是最基础，也是最重要的前提条件。战略性新兴产业军民融合式发展与传统产业军民融合式发展的重要区别在于，传统产业军民融合大多建立在军转民技术的基础上，产业发展潜力有限，市场相对饱和，技术进步对产值贡献率较低；而战略性新兴产业军民融合具有广阔前景的产品市场，技术进步贡献率高，主导技术尚未形成，在技术突破相对困难的情况下，国防工业和民用产业通过技术融合能更高效地研发新技术，降低产品生产成本。

2. 军民企业融合

企业是产业的微观组成。在产业融合过程中，不同产业系统中的企业通过并购或战略联盟等互动形式，逐步向对方领域扩散，使不同企业的经营业务内容向同一个方向汇合，这从本质上看是企业业务多元化与趋同化。

战略性新兴产业军民融合式发展主要通过企业融合实现，即军民企业融合是战略性新兴产业军民融合式发展的重要实现路径。企业融合是中国军工集团向军民两用工业集团转换的必经之路。多家中国大型军工集团占据军工产品市场的绝大部分份额，它们进行军民融合式发展，向民品市场拓展业务范围，最常见的做法是兼并或与民用企业合作。兼并作为军民企业融合的重要方式已成为国外军工集团走军民融合式发展道路的常用方法。如美国洛克希德·马丁公司、波音、诺斯罗普·格鲁曼、通用动力等军工供应商都是从并购潮中逐渐壮大的。

军民企业融合也是民用企业走军民融合式发展道路的重要途径。中国战略性新兴产业领域的大多数民用企业还处于企业发展的形成期，需要大量技术资金以及人才智力的支持。目前，中国对民用企业进行军工产品生产还有非常严格的规定和烦琐的程序，通过军民企业融合有利于民用企业进入军工产品市场。株洲时代新材料科技股份有限公司是从事高分子减振降噪产品、高分子复合改性材料和特种涂料及新型绝缘材料三大系列产品研制开发、生产、销售和服务的民营企业。2011 年 11 月，它通过对内蒙古一机集团力克橡塑制品有限公司增资扩股，持有力克橡塑 49% 的股权，成为该公司第一大股东，成功拥有了军品科研生产资格。

3. 军民需求融合

在技术可行的条件下，需求融合最终导致市场合并与产业融合。Stieglitz 从需求角度出发，将需求融合分为产品替代型融合和产品互补型融合，即需求替代型融合和需求互补型融合。需求替代型融合是指由于需求者对产品偏好的变化，部分产品取代另一种产品，从而带来产业融合。需求替代型融合形成的原因主要是技术进步。为了与消费者需求偏好的变化同步，原来独立的两个产业市场间竞争加剧，技术追赶速度加快，最终两个产业融合成为一个新产业。需求互补型融合则是由于消费者偏好的变化，导致两种或几种产品成为彼此的互补品，从而带来产业融合。当某项新技术出现、社会经济条件变化、管制放松等外界条件变动时，原来独立的两种或几种产品可能关联使用。由于互补产品常常影响产品性能体现，需求互补型融合能有效促进生产者协同合作，在极端情况下，互补产品融合能够形成一个稳定市场，促进新产业形成。

战略性新兴产业是面向重大战略需求而发展的产业，属于需求拉动型产业，因此，军民需求融合对战略性新兴产业军民融合式发展具有重要作用。需求融合是战略性新兴产业军民融合式发展的重要拉动力。在信息时代，高速发展的科技创新、雄厚的社会经济实力以及开放的市场环境促使战略性新兴产业和国防科技工业的需求方形成相同或相似的产品需求。目前，在中国确定的战略性新兴产业七大重点发展领域中，民用需求和军用需求已经出现融合趋势。在高端装备制造领域，军用飞机、军用卫星、舰艇制造以及军用机器人等军用智能装备，在技术开发、后勤保障等环节均能实现资源共享和产业融合。从宏观层面看，中国战略性新兴产业军民融合式发展既服务于国家经济建设，也服务于国防安全建设。从微观层面看，战略性新兴产业的产品既服务于民用企业生产需求、人们生活需求以及其他民间用途，又服务于武器装备生产、国家信息安全建设。如高性能计算机既服务于军事用途，又能为天文、气象服务；北斗卫星导航系统既可用于军事训练和作战，又能为民用导航服务。

4. 军民制度融合

制度融合是指两个或两个以上产业在宏观与微观层次上的各项制度性壁垒消失，并且向新制度汇合的过程。宏观层次的制度融合是产业系统开放性的标志与决定因素之一，而微观层面的制度融合表现为标准融合。不论是宏观层次的融合还是微观层次的融合，都对消除不同产业间的制度性壁垒有着重要作用。

军民制度融合表现在微观和宏观两个层面。微观层面表现为取消部分军用标准，促进军用标准与民用标准对接，包括军用技术与民用技术标准融合、军品和民品生产工艺标准融合等。融合既表现为军工产业和民用产业间的标准差异消失，也表现为在军工产业和民用产业的基础上生成统一的新标准。随着科学技术的进步，军用标准吸收了大量国家工业基础规范，而许多民用标准比现有军用标准更能满足军用需求，有关部门甚至开始选择一些民用标准在军事部门进行试点。宏观层面表现为国家法规政策的融合，包括制定鼓励民营企业进入军工生产系列文件、军民融合战略性文件以及推进军品采购制度改革等。这为战略性新兴产业军民融合式发展提供了宽松的宏观环境和重要的外部推动力。目前，中国正在努力营造良好的融合环境，从中央到地方都制定了一系列推动战略性新兴产业军民融合式发展的优惠政策及行业规划。

三、中国核能产业军民融合式发展现状及问题

核能产业是中国战略性新兴产业发展的重要领域，也是核工业走军民融合式

发展道路的典型产业。中国核工业起步于20世纪50年代，其发展历程可分为两个阶段：从起步到改革开放初期，核工业发展“以军为主”，通过独立自主开展核工业建设，首次实现核试验，建立了一套比较完整的国防核工业体系；改革开放至今，在党中央“保军转民”方针的指导下，核工业根据国民经济发展和市场需求，结合自身技术、人才和资源优势，将核技术应用于国民经济领域，并确定了以核电、核燃料工业、同位素和辐射技术应用、消防产品、核仪器设备、精细化工等为主的多种民品发展领域，进行了数千项军用技术转移，形成了具有特色的发展格局。

1. 核能产业军民技术融合

核能产业在军民融合式发展过程中，前期以军转民技术为主，后期则同时存在技术替代型融合和技术互补型融合。

前期，核能产业的民事用途从无到有，其关键技术基本源于军工产业。以核反应堆技术为例，中国第一座核电站秦山核电站就是在借鉴核潜艇动力反应堆经验基础上自主设计而成的。此外，作为核事业发展的基础，核燃料循环产业是核武器和核力量的重要基础。

后期，随着民用核技术的发展，民用核能产业在建设与发展过程中，研发的新技术可与军工技术进行替代型融合和互补型融合。如核电站乏燃料后处理技术可以为军事服务，弥补军工技术漏洞。此外，民用核技术的发展将带动核基础理论和应用开发研究，为军工技术开发提供支撑。

然而，当军工核技术和民用核技术均难以满足军民需求时，从国外引进先进技术、消化、吸收、再创新取代军民技术融合，成为现阶段中国核技术的主要创新方式。这在一定程度上反映了核能产业领域军民技术融合的创新驱动力不强、核人才队伍建设不力等潜在问题。

2. 核能产业军民企业融合

核能产业领域的企业融合通过军民企业间的战略联盟及并购活动实现。截至2013年10月17日，对国泰安数据库中核能产业领域的41家上市公司并购重组情况进行研究发现，在1029次交易行为中，资产收购行为441次，吸收合并11次。现以中核苏阀科技实业股份有限公司为例，对核能产业领域通过兼并重组实现军民企业融合进行说明。

1997年上市的中核苏阀科技实业股份有限公司前身是苏州阀门厂，创建于1952年7月，1962年初成为原第二机械工业部军工企业，1979年转型为民营企业。中核苏阀科技实业股份有限公司主营业务是生产制造各种阀门，前五大客户中包括中广核工程有限公司和中国核电工程有限公司，两者每年营业收入占公司营业收入的10%以上。

该公司上市至今，发生过两次重大股权变动：2005年，中国核工业集团收购中核苏阀科技实业股份有限公司；2013年，中国核工业集团以中核科技股份换取东方锆业股份。第一次股权变动是该公司在2002年经历负利润后寻求扩大市场、调整产品结构的战略之一。通过股权变动，该公司成为当时中国核工业集团在资本市场的唯一平台。2005年的收购，为中核集团进军资本市场和民用市场提供了平台，也为中核苏阀科技实业股份有限公司重新进入军工市场提供了机会，完成了第一次军民企业融合。2013年的股权变动则是中国核工业集团借助中核苏阀科技实业股份有限公司的平台，成功达到了资金注入和深化的目的。中国核工业集团以中核科技股份换取东方锆业股份的资本运作，实际控制东方锆业。此外，中国核工业集团、中国核工业建设集团还通过与大型民营企业建立战略联盟关系，完成企业融合。2010年，中国核工业集团与上海电气签订三门核电3号、4号机组核岛压力容器、蒸汽发生器、堆内构件、控制棒驱动机构等总价值约10亿元的供货合同，维持着长期合作关系。

然而，在核燃料、核电运营领域，私营企业很难通过并购或战略联盟进入军品市场。尽管2007年发布的《军工企业股份制改革实施暂行办法》规定，国有控股的境内上市公司可以对国有控股的军工企业实行整体或部分收购、重组，但现实进展仍然比较缓慢。

3. 核能产业军民需求融合

核能产业军民需求融合主要表现为产业链中上游产品的军用需求与民用需求趋同。由于核产业链上游产品的军用与民用需求总值难以通过公开渠道获取，因此，以微观企业的军品与民品收入为切入点，对核能产业军民需求融合情况管中窥豹。

中核建中核燃料元件有限公司隶属于中国核工业集团公司，是以核燃料元件为主营业务的大型军民融合企业，也是中国唯一的压水堆核燃料组件生产基地，其产品涉及军、核、民三大板块，而核产品属于军民融合型产品。军品产值和品种难以通过公开渠道获取，其核产品主要是核燃料元件，非核民品主要有香料以及锂、钙系列产品。根据2006~2009年《宜宾年鉴》《宜宾县年鉴》以及《四川科技年鉴》，该公司垄断了国内核燃料元件市场。2009年，其核燃料组件总产值同比增长42%，贡献了工业总产值增长比例的绝大部分份额。2006~2009年，军品收入占公司总收入比例分别为14.11%、17.69%、9.21%、27.31%。可见，军品和军民融合型产品贡献了该公司的绝大部分收入，说明核燃料组件的军用需求与民用需求的相似度较高。

核能产业需求融合的总体情况难以直接获取，但从微观企业数据可以发现，军民需求趋同已经成为核能产业的发展趋势。深究原因可发现，政策导向作用仍占主导地位，需求拉动型经济尚未成长起来。因此，军民需求融合对军民融合深度发展的拉动作用尚未体现出来。

4. 核能产业军民制度融合

核能产业制度融合以宏观层面为主，表现为核能产业军民融合式发展的政策颁布和制度建设。

核产业的安全有序发展得益于国家政策扶持。以核电站为例，其初期投资大约占核电站的全寿命期总成本的 70%。据估算，中国已建成核电站平均投资为 1742 美元/千瓦，这个数字是一般煤电投资的两倍。这些数字说明，核电产业在中国目前的经济条件下不具备自发成长的动力。因此，实现核能产业军民融合式发展，推动核电产业发展必须依靠国家政策支持。2008 年，为支持核电事业的发展，财政部和国家税务局下发了《关于核电行业税收政策有关问题的通知》，对商业投产 15 年以内的核电企业实行增值税先征后退政策。

除国家政策支持外，采购制度、会计制度改革对核能产业军民深度融合也具有推动作用。如核能产业军队采购的对象主要包括核燃料、原材料以及核设备，采购制度改革扩大了采购供应商的范围，使民营企业也能进入军方采购供应商目录。统一管理则为采购减少了中间环节的管理成本，这些管理成本在实践中往往转化为供应商成本，并通过产品谈判价格反映出来（抬高交易价格）。这为核能产业民营企业提供了进入军品市场的机会，降低了交易费用，从而有利于促进军民融合。

值得注意的是，宏观层面的制度融合是核能产业军民制度融合的主要方面，而微观层面的标准融合不够仍是制约核能产业军民融合式发展的瓶颈。

四、对策建议

综上所述，战略性新兴产业军民融合式发展是技术融合、企业融合、需求融合和制度融合共同作用的动态过程，推动战略性新兴产业的军民融合式发展，需要从技术、企业、需求以及制度等多个方面入手。

1. 夯实军民融合技术基础

技术创新驱动力不强，最重要的原因是军民融合技术基础薄弱，军民技术融合渠道不通畅。夯实军民融合技术基础、畅通军民技术融合渠道可从以下几个方面着力：①构建军民融合国家创新体系。将国防科技创新规划纳入国家科技创新整体规划中，加强国家层面、区域层面国防科技创新体系与民用科技创新体系的协调互动。②实现军民科技资源共享。从国家层面优化科技资源分配，搭建军民两用科技基础平台，提高科技资源利用效率。③加速军民两用科技成果推广转化。鼓励民用高新技术企业从事军民两用技术开发工作，制定民用高新技术成果通报制度，完善军民两用科技成果推广转化的法律体系。

2. 打造军民融合产业园区

军民企业之间通过兼并或联盟方式进行融合的实例较少，部分原因是企业生产研发模式仍以自给自足或市场购买为主，缺乏企业融合动力。因此，可打造军民融合产业园区，综合利用园区资源，提升军民企业融合效益：①培育和发展军民融合型产业集群，形成规模效应与学习效应，提高军民融合效益；②探索跨区域、跨行业、跨部门的“大协作”军民融合产业发展模式，突破行政区域限制，运用市场机制，形成规模优势。

3. 建立军民融合需求拉动机制

尽管军民需求趋同已经成为产品发展趋势，然而，这种趋同趋势仍依赖于两种渠道的通畅程度：需求信息从消费者到生产者的渠道以及产品信息从生产者到消费者的渠道。建立军民融合需求拉动机制，需从以下两个方面着手：①突破军品需求信息壁垒，通过多种渠道将军品需求信息传递给参与军品竞争性采购的企业，鼓励有意愿、有能力的民营企业根据部队需求参与武器装备科研生产竞标，引导他们主动跟踪世界军事技术和武器装备的发展动态，为部队研制生产性能优良、质量可靠的产品。②努力培育战略性新兴产业军民融合的产品市场。对一些战略性新兴产业的军民融合产品给予政策扶持，以培育良好的市场需求前景，帮助企业快速度过盈亏平衡点。

4. 完善军民融合制度建设

尽管国家在军民融合法制机制建设方面已经取得了很大成就，但在制度的具体落实、微观制度建设以及整体战略布局方面仍有待完善。因此，推动军民融合深度发展，应注重完善军民融合制度建设：①做好顶层设计和中长期规划的制度

安排。站在国家全局利益的高度，妥善处理地方与军队、整体与局部、短期与长期、行业之间、区域之间的平衡关系。②形成鼓励军民融合式发展的制度环境。打破“民参军”的隐性制度壁垒，降低民营企业“参军”的交易成本。③进一步深化国防科技工业管理体制改革。以政府职能改革为抓手，加大行政放权力度。改革军工企业体系，将军工集团按总成商、分包商和零部件供应商 3 个层面进行配置，形成真正的市场供求关系。

参考文献

[1] 马健．产业融合论［M］．南京：南京大学出版社，2006.

[2] 郑明高．产业融合：产业经济发展的新趋势［M］．北京：中国经济出版社，2011.

[3] Sahal D. Technological guideposts and innovation avenues［J］. Research Policy，1985，9（14）：61 – 82.

[4] Rosenberg N. Technological change in the machine tool industry：1840 – 1910［J］. The Journal of Economic History，1963（23）：414 – 446.

[5] Stieglitz，Nils. Digital dynamics and types of industry convergence – the evolution of the handheld computers market［M］//J. F. Christensen，P. Maskell. The Industrial dynamics of the new digital economy. London：Edward Elgar，2003.

[6] 汤文仙．技术融合的理论内涵研究［J］．科学管理研究，2006，24（4）：31 – 34.

[7] Cameron G. Proudman J. Redding S. Technological convergence，R&D，trade and productivity growth［J］. European Economic Review，2005，49（3）：775 – 807.

[8] 费钟琳，魏巍．扶持战略性新兴产业的政府政策——基于产业生命周期的考量［J］．科技进步与对策，2013（3）：104 – 107.

[9] 株洲时代新材料科技股份有限公司［EB/OL］. http：//www. trp. com. cn/Page/865/language/zh – CN/default. aspx，2014.

[10] 胡金星．产业融合的内在机制研究——基于自组织理论的视角［D］．上海：复旦大学，2007.

[11] 姬鹏宏，汤文仙．我国军民标准融合的现状、问题及对策研究［J］．军民两用技术与产品，2013（5）：15 – 17.

[12] 宋昌钰．中国核电产业分析［J］．中国核工业，2007（2）：9 – 12.

[13] 上海政府门户网站［EB/OL］. http：//www. shanghai. gov. cn/，2014.

[14]《宜宾市年鉴》编纂委员会．宜宾市年鉴（2007 ~ 2010）［M］．北京：

中央民族大学出版社，2011.

［15］汪渝．宜宾县年鉴（2007～2010）［M］．北京：中央民族大学出版社，2011.

［16］四川省科学技术厅．四川科技统计年鉴（2007～2010）［M］．成都：四川省科技厅史志办公室，2011.

［17］闫庆友，汤新发．技术不完全自给条件下我国核电产业发展对策［J］．改革与战略，2012（7）：50－53.

［18］邹树梁．中国核电经济性分析［J］．南华大学学报（社会科学版），2009（2）：1－3.

国防工业转型升级下科技资源配置问题研究*

张远军　纪建强

国防工业是我国国民经济的重要构成，是维护国家安全、促进经济社会发展的物质技术基础。作为我国经济转型升级的重要内容，推进国防工业转型升级，既是建设“巩固国防和强大军队”的需要，也是转变经济发展方式的关键。科技创新是推进国防工业转型升级的动力源泉。因此，推进国防工业转型升级，需要优化科技资源配置，增强科技创新能力。

一、国防工业转型升级的动因与目标

如何实现产业转型升级是一个国家（地区）发展到一定阶段面临的重大发展难题。因为，能否实现产业转型和升级，不仅关系到产业自身发展，也关系到一个国家经济发展的国际竞争力。国防工业既是国防和军队建设的物质和技术基础，也是先进制造业的重要构成，其转型升级既是国防工业自身发展内在的要求，也是转变战斗力生成模式和转变经济增长方式的客观需求。国防工业转型升级指国防工业由传统的劳动密集型向资金技术密集型转变，并实现产业结构的合理化，使各产业实现协调发展，逐渐形成适应武器装备发展的供给保障能力、自主创新能力、军民转换和平战转换能力、市场竞争能力、高素质人才的生成和创造能力，以满足国家和平发展和军队有效履行新世纪、新阶段使命的要求。

---

* 原载于《经济纵横》2015 年第 10 期。

1. 国防工业转型升级的主要动因

一是要素的供给。根据新结构经济学理论，一个国家的产业结构是内生于一个国家资源要素禀赋的。同样，国防工业的产业结构也受制于国防工业科技资源的相对丰富程度。如果国防工业的科技资源在人力、财力、物力等资源要素方面不是均衡投入，那么就会形成国防工业领域各类科技资源要素之间的相对优势，从而改变国防工业的产业结构及所处的价值链环节。

二是市场的需求。国防工业是武器装备市场的供给方，军方的需求会牵引军工企业的发展方向，引起整个国防工业市场结构的变化。军方对军事装备技战术指标不断提高的要求，引导国防工业不断地转型升级，以确保国防工业始终能够为军队建设提供可靠的、充足的、关键的核心装备。同时，军方对国防工业不同部门的武器装备发展优先次序的变化，会引起国防工业供给能力建设的变革，进而促进国防工业的产业结构发生动态调整。

三是环境因素和发展战略。一个国家国防工业的建设与发展，深受国家安全发展战略的影响。如果国家的安全环境出现问题，则需加快国防工业转型升级的步伐，努力提升国防工业的科技创新能力和武器装备科研生产能力。如果国家重视某一个或某几个国防工业产业部门的发展，则会促进国防工业的产业结构不断调整。

2. 国防工业转型升级的目标

一是提高信息化武器装备科研生产能力。现代军事形态正在由机械化向信息化转型，新军事革命在作战理论、作战样式等方面的变化，已打破了原有的国防工业秩序，军事装备正在向信息化、智能化、数字化方向发展，原有的适应机械化装备维持能力的国防工业基础，已无法提供满足信息化需求的军事技术与武器装备，必须加快国防工业改革、主动作为，提高国防工业供给、确保维护国家安全所需军事技术和武器装备的能力。

二是优化国防工业产业结构。当前，我国国防工业的产业结构尚未很好地适应现代军事和国民经济发展的要求，老旧产品产能过剩、高技术产品供给能力不足，自我封闭、自成体系。因此，必须按照“小核心、大协作、寓军于民”的要求，重新进行结构调整和优化。

三是转变经济增长方式，实现内涵式发展。我国经济发展阶段和国际经济发展趋势要求整个国家工业体系向技术、知识和资金密集型方向发展。适应我国经济发展的客观要求，我国国防工业也需要建立起以核心军工企业为主体、军事需求为牵引、市场为导向、政府调控、产学研相结合的技术创新体系。国防工业要

从过去依靠要素投入、扩大投资、乱铺摊子的粗放型增长方式，转变成依靠科技进步和劳动者素质提高基础上的技术、管理和制度创新驱动发展方式。

二、科技资源配置影响国防工业转型升级的作用机理

科技进步是推动产业结构调整的核心动力，也是产业优化升级的重要支撑。只有依靠科技进步，才能不断催生新的具有更高附加值的产业部门，吸引更多的企业从事这些利润率较高的行业，逐步淘汰旧有产业，最终促成产业结构的不断变化。国防工业转型升级也是如此。当一种新的军事技术创新成果出现时，需要将军事新技术转化为新型军事装备或对原有军事装备进行升级换代，这就需要出现新的国防工业部门来完成，随着原有军事装备的服役期满，相应的国防工业基础也会逐渐消失，这样就不断完成整体国防工业部门结构的升级变化。

1. 科技资源配置调整与技术选择

在科技进步促进产业转型升级过程中，技术选择是最基本的、最核心的问题。技术选择的结果影响并制约着国防工业转型升级的进程，也影响着国防工业的可持续发展。林毅夫认为，如果没有根据自身的要素资源禀赋结构选择适宜的技术，必然造成资源配置扭曲和经济效率低下；相反，如果遵循了要素资源禀赋的比较优势，选择了最优的技术，则能够带来产业的转型升级，促进国家和地区经济的快速发展。也就是说，从根本上讲，国防工业的转型升级是通过不断调整国防工业科技资源配置规模和配置结构，进而改变一个国家用于国防工业领域各类科技资源的相对丰裕程度，从而改变国防工业科技资源的相对价格，实现国防科技进步，促使国防工业不断由劳动密集型产业向资金技术密集型产业过渡。在这个过程中，逐步调整国防工业内各产业的比例结构，不断促进国防工业形成科学合理的产业结构。值得指出的是，国防工业的科技资源配置结构的调整与改变，既可以通过市场进行，也可以通过政府调控方式进行，而不同方式的过程和结果也不尽相同。如果通过市场机制进行，调整的速度相对较慢，但不需要太多政府的资金支持，政府财政资金只需要向那些率先进行调整的国防工业部门或国防工业企业给予适当的鼓励性补贴，以补偿其面对的技术和市场不确定带来的种种风险。如果由政府完成这一过程，调整速度会较快，也能按照政府的意愿来集中力量发展一些不符合比较优势的产业，达到在局部领域实现国防和军队现代化建设目标的有效需求，但这也会导致企业缺乏“自生能力”，需要政府财政资金

的强力支持，长期下去会在一定程度上影响国家的经济发展。

2. 科技资源配置对国防工业转型升级的作用机理

本文用林毅夫提出的新结构经济学的逻辑分析国防工业的科技资源配置对国防工业转型升级的影响过程和机理。假设只有人力和财力两种科技资源，且使用这两种资源可以创造出一种军事装备。现根据这两种科技人力资源和财力资源状况，得出等产量曲线 U（如图 1 所示），等产量曲线的含义是每个点都表示用不同国防科技水平制造相同数量的军事装备，相当于假设生产军事装备在科技人力资源与科技财力资源之间具有相互替代关系，越靠近纵轴的地方代表军事装备的资金含量越高、性能越优越，国防工业不断由劳动密集型向资金密集型升级，也就是沿着等产量线不断从右下方（A 点）向左上方（B 点）移动的过程。

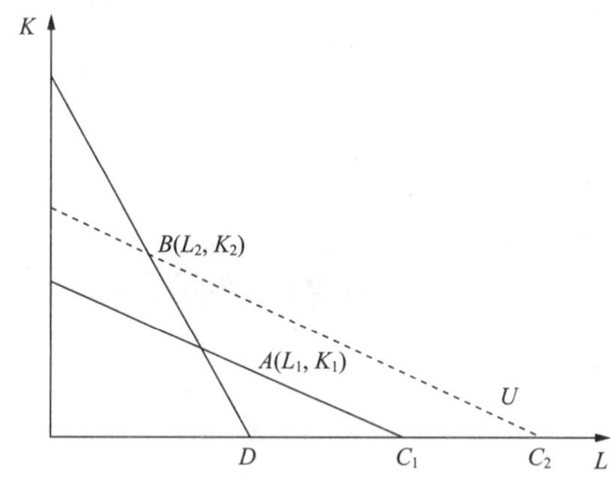

图 1　科技资源配置与国防工业升级的关系

科技资源配置如何影响国防工业转型升级，要看国防工业的科技人力资源与科技财力资源的相对丰裕程度，也就是看人力资源与物力资源连线的斜率（两者之间的连线可看成是成本约束线）。如果一国国防工业的科技人力资源与科技财力资源的成本曲线为 C_1，那么达到 U 产量的最优资源配置比例在 A（L_1，K_1）点；同样，如果一国国防工业的科技人力资源与科技财力资源的成本曲线为 D，那么达到 U 产量的最优资源配置比例在 B（L_2，K_2）点。显然 B 点的国防科技水平要高于 A 点，也就是一个国家实现从 A 点到 B 点的国防工业升级的过程，需要通过改变该国国防工业的科技人力资源与科技财力资源的相对价格体系来实现。

如前所述，实现国防工业从 A 点向 B 点的优化升级，有两种方式：第一是市

场调节。现有国防工业的科技部门在 A 点进行生产，能够实现利润最大化，经过自发地不断地将利润转向资本积累，不断改变科技人力资源与科技财力资源的相对丰富程度，即逐渐旋转成本曲线 C_1 直到达到成本曲线 D 的水平，就实现了从 A 点到 B 点的国防科技进步。第二是政府调控。即使现有国防工业最优生产水平在 A 点，但由于政府受到国家安全环境、军事变革等因素影响，需要实现国防科技的快速进步，要求立刻改变国防工业的科技人力资源与科技财力资源的相对价格，也就是必须减少国防工业科技部门 L_1-L_2 数量的科技人力资源数量，并且增加 K_2-K_1 规模的科技财力资源投入，只有这样才能实现国防科技从 A 点向 B 点进步，这也是发展中国家实现技术赶超战略或国防科技部门优先发展战略的基本逻辑。

可见，市场调节速度较慢，不能立刻改变一个国家的国防科技发展水平，但不需要政府的强力扶持，国防工业部门能够主动自发完成，这时国防工业部门对国民经济产生的是“溢出”效应。而政府调控速度较快，但要承担一定的成本支出。例如，如果国防工业初始最优点在 A 点，需要加快国防科技进步，即达到在 B 点进行生产的状态，国防工业部门则不能处于亏损状态，政府需要向国防工业部门提供的补贴额为 C_2-C_1，这时国防工业部门对国民经济产生“挤出”效应。

总之，如果每一个军工企业都能够保持收支平衡，不需要政府的资金补贴，国防工业中每个产业部门都应该在符合各自产业部门资源比较优势基础上的环节组织生产，则整个国防工业的科技资源配置就会达到最有经济效率的水平，国防工业结构也就处于一个最优的比例关系。也就是说，国防工业的科技资源经济效率意义上的最优配置决定国防工业的产业结构、技术水平、产品类型。如果要实现国防工业的转型升级（结构调整、技术进步），就要从根本上改变各类国防工业科技资源的相对比例关系。

三、合理配置科技资源推进国防工业转型升级的具体措施

国防工业转型升级依赖于国防工业各类科技资源要素禀赋的变化情况。因此，实现国防工业转型升级，要采取科学有效的配置方式，实现国防工业科技资源的合理配置，提高国防工业的科技资源配置效率。

1. 充分发挥市场的导向作用

由于国防工业科技资源的稀缺性，任何一个社会都必须通过一定的方式，把有限的国防工业科技资源合理分配到适当领域，以最小的资源投入，最大限度地提升国防科技创新能力，推动国防工业转型升级。市场经济是各种经济资源通过市场不断交换的经济，这一特点决定任何资源都通过市场最大限度地发挥效用。党的十八届三中全会通过的《中共中央关于全面深化改革若干重大问题的决定》要求充分发挥市场对“各类创新要素配置的导向作用”。国防工业科技资源作为重要创新要素，也需要充分发挥市场对其配置的导向作用。在国防工业科技资源配置中，充分发挥市场的导向作用，就是在社会主义市场经济环境下，充分发挥价格、竞争、供求机制等市场机制的导向作用，合理引导国防工业科技资源的流向流量，使各种科技资源要素按其贡献的边际产品价值获取相应的报酬，实现国防工业科技资源在市场运行规律作用下的有效配置，积极引导国防工业科技资源向国民经济各个领域的扩散和民用科技资源向国防工业科技资源的有效转化，实现国防工业科技资源与经济资源的有机结合，从而实现国防工业科技资源配置规模、配置结构的科学合理。

2. 充分发挥政府的宏观调控作用

国防工业科技资源由于涉及国防和国家安全之类纯公共产品的生产，因此，具有一定的公共物品属性。在不完全竞争市场条件下，私人提供的公共产品无法有效满足需求，且存在可能的“市场失灵”风险，在合理配置国防工业科技资源过程中，需要发挥政府的宏观调控作用，以有效克服市场失灵问题，降低由于信息不对称等原因造成的交易费用，提高国防工业科技资源的配置效率。在国防工业科技资源配置中发挥政府的宏观调控作用，就是要在充分尊重市场导向作用的基础上，紧贴国家安全与发展战略对国防科技创新与军事装备发展的现实需求，政府和军队相关职能部门通过规划国防工业产业发展战略、制定财税政策、提供金融服务、加强科技管理与评估以及制定教育发展战略等政策措施，调整国防工业科技资源的配置方向、配置规模和配置结构，协调不同国防工业科技资源配置主体（军工企业、军工院校和军工科研机构）之间的关系，确保把有限的科技资源配置到国防科技创新与军事装备发展的重要领域和重要部门，不断培育出新的产业增长点，以助推国防工业转型升级。

3. 高度重视全球化配置的战略补充作用

当今社会，经济资源的全球化流动和配置已成常态，作为一种生产要素，国防工业科技资源也不可避免地日益呈现全球化配置趋势。军事技术创新与大型军事装备的科研生产是一项极为复杂的系统工程，任何国家仅凭本国有限的国防工业科技资源，根本无法在所有的军事技术领域和军事装备生产领域保持全面领先优势，这就需要在全球范围内配置国防工业科技资源，以延长国防工业科技资源的供给半径，突破国防工业科技资源有限性约束，增强国防工业创新能力，推动国防工业转型升级。因此，世界各国，尤其是发达国家纷纷把全球化配置作为国防工业科技资源配置方式的重要补充，积极调整国防工业科技资源的配置规模、配置结构与配置方式，最大限度地在全球范围内寻求一切可以弥补本国国防工业科技资源不足的其他国家或地区的国防科技资源，拓展国防工业科技资源供给半径，增强国防工业科技创新力，以创新驱动国防工业转型升级。在国防工业科技资源配置过程中，发挥全球化配置的战略补充作用，就是要充分运用信息技术平台，以防务合作和技术交流为主要手段，积极推动资金、技术、人才在全球范围内流动和配置，不断拓宽本国国防工业科技资源的配置空间，促进我国国防工业科技资源配置规模、配置结构的调整优化。

4. 确定军民一体化配置的战略方向

在 21 世纪的今天，军民一体化逐渐成为当今世界科技、经济和军事发展的基本态势。这一发展态势必然要求国防工业科技资源配置的战略方向是实现军民一体化，突破科技资源军民分割的藩篱，以有限的国防工业科技资源投入满足国防工业转型升级和经济发展方式转变的最大需求，实现国防建设与经济建设的融合发展。根据军民融合深度发展的战略安排，适应军民一体化的发展态势和大型信息化武器装备研制的需要，实现分散于军地不同领域、不同部门、不同行业间的各类国防工业科技资源的一体化配置，能够加快国防科技创新与武器装备研制活动的进程，并且有助于促进国防建设与经济建设的军民融合发展。推进国防工业科技资源的军民一体化配置，需要站在统筹国家安全与发展的战略高度，通过建立军民一体化配置的宏观管理体制、资源配置体系和激励约束机制，不断突破科技资源军民分割的藩篱，促进国防工业科技资源与社会科技资源之间相互补充与融合，促进国防科技创新体系、国家创新体系和全球创新体系的有机统一，把游离于国防科技创新体系之外的其他社会科技资源、其他国家或地区的科技资源纳入我国国防工业科技资源配置体系，实现国防工业科技资源“一分投入，两分产出”的目标，推动国防工业经济建设与地方（区域）经济建设的无缝对接，实现我国国防科技资源配置规模、结构的合理调整与优化配置，以期更好地满足维护国家安全利益与发展利益的战略需求。

参考文献

[1] 谭晶荣. 长三角地区产业转型升级特征、路径与实施方案 [J]. 企业经济, 2012 (9): 5 -9.

[2] 王国平. 产业升级规律与中国特色的产业升级道路 [J]. 上海行政学院学报, 2013 (1): 4 -15.

[3] 陈求发. 贯彻落实"十二五"规划纲要, 努力建设先进的国防科技工业 [J]. 国防科技工业, 2011 (5): 10 -14.

[4] 王玉灵, 厦国平. 产业结构调整中技术选择的机制分析 [J]. 北京航空航天大学学报 (社会科学版), 2005 (3): 26 -31.

[5] 林毅夫, 董先安, 殷韦. 技术选择、技术扩散与经济收敛 [J]. 财经问题研究, 2004 (6): 3 -10.

[6] Lin J. Y., F. Cai and Z. Li. The Lessons of China's Transition to a Market Economy, Cato Journal, 1996, 16 (2): 201 -232.

[7] 林毅夫. 发展战略、自生能力和经济收敛 [J]. 经济学 (季刊), 2002 (1): 269 -300.

[8] 林毅夫, 刘培林. 自生能力和国企改革 [J]. 经济研究, 2001 (9): 60 -70.

[9] 林毅夫. 解读中国经济 [M]. 北京: 北京大学出版社, 2012.

[10] 程延江, 许东. 国防科技工业资源优化配置探析 [J]. 国防科技工业, 2005 (4): 44 -45.